科研成果
保护和利用

张亚峰　刘海波　著

知识产权出版社
全国百佳图书出版单位
——北京——

图书在版编目（CIP）数据

科研成果保护和利用/张亚峰，刘海波著. —北京：知识产权出版社，2024.9
ISBN 978-7-5130-9287-6

Ⅰ.①科… Ⅱ.①张… ②刘… Ⅲ.①科技成果—知识产权保护—基本知识—中国 Ⅳ.①D923.404

中国国家版本馆 CIP 数据核字（2024）第 030655 号

内容提要

本书从投资和保护、利用和回报、管理和服务、实践和展望四个方面详尽阐释了如何更好地保护和利用科研成果，总结归纳了科研成果保护和运用过程中的关键环节和典型案例，理论与实践相结合，既可作为教科书，也可作为工具书。

责任编辑：李 潇 刘晓琳 责任校对：潘凤越
封面设计：杰意飞扬·张 悦 责任印制：刘译文

科研成果保护和利用

张亚峰 刘海波 著

出版发行：知识产权出版社有限责任公司	网 址：http://www.ipph.cn
社 址：北京市海淀区气象路50号院	邮 编：100081
责编电话：010-82000860 转 8133	责编邮箱：191985408@qq.com
发行电话：010-82000860 转 8101/8102	发行传真：010-82000893/82005070/82000270
印 刷：三河市国英印务有限公司	经 销：新华书店、各大网上书店及相关专业书店
开 本：787mm×1092mm 1/16	印 张：15.25
版 次：2024 年 9 月第 1 版	印 次：2024 年 9 月第 1 次印刷
字 数：310 千字	定 价：98.00 元

ISBN 978-7-5130-9287-6

2017 年 4 月，一个关于科研成果保护和利用的成功案例引起广泛关注。山东理工大学毕玉遂教授团队研发的无氯氟聚氨酯新型化学发泡剂技术以高达 5.2 亿元的合同金额与山东补天新材料技术有限公司签订专利独占许可协议，首付款为 4100 万元，创下当时国内高校单项成果转化金额的最高纪录，80% 的收益归科研团队所有，其中"技术秘密+专利布局"的科研成果保护策略值得关注。

按照时间线可以把无氯氟聚氨酯化学发泡剂的保护和利用抽取出以下几个关键事件。2003 年，毕玉遂产生研制无氯氟聚氨酯新型化学发泡剂的想法。2008 年，经过五年的艰苦努力，取得理论突破。2011 年，试验成功，其后分别在上海和德国某城市为某跨国企业进行演示。2013 年 9 月 30 日，实验室被盗，18 台电脑的硬盘全部被撬走；幸运的是，毕教授为了防止技术被窃，从来不在实验室放任何相关资料。2016 年 2 月，毕教授向学校领导汇报研究情况，学校认为此事意义重大，给国务院提交了报告。2017 年，在国家知识产权局专家组的帮助下，毕玉遂团队布局完成由 2 件核心专利、3 件 PCT 专利、42 件外围专利组成的专利网。这些关键事件可以帮助我们更加清晰地分辨出科研成果保护和利用的核心要素。

从科研成果的保护和利用的角度看，上述案例给本书带来的第一个启发是：**什么是科研成果、科研成果保护从什么阶段开始？**2003 年，毕玉遂就产生了开展相关研发的想法，这当然不是科研成果，只能算是科研设想。不过，毕玉遂高度重视这个设想，为了严密保护这个设想，甚至不申请科研经费，仅依靠自己的工资和朋友的资助独立开展研究。也就是说，毕玉遂对科研成果的保护开始于科研设想阶段。实际上，科研成果保护应当贯穿于科研项目全过程。

案例的第二个启发是：**谁是科研成果保护的责任人？**毫无疑问，科研项目负责人是科研成果保护第一责任人。在案例中，毕玉遂竭尽全力地履行这个责任。此外，围绕无氯氟聚氨酯化学发泡剂进行的专利布局，申请人（权利人）均为山东理工大学，因为毕玉遂的科研成果属于职务发明创造，其在职的山东理工大学对相应科研成果的保护和利用亦负有一定的责任。在职务发明创造中，发明人和其所在单位之间的权利义务关系是一个重要且敏感的话题，进一步细化处理发明人和其所在单位之间的权利义务关系的规则并非易事。

案例的第三个启发是：**用哪些手段、工具来保护和利用科研成果？** 2016 年以前，毕玉遂使用的基本手段是保密。2017 年，其在国家知识产权局专家组的帮助下进行专利布局。期间的根本转折点是毕玉遂主动向学校汇报科研进展和成果保护情况，学校把相关情况向国务院报告，引起各方重视，国家知识产权局派出专家组予以支援。从这个过程可以看出，不管是保密还是专利布局，都需要成本。实际上，在研发的不同阶段，针对科研成果的不同类型、不同方面，需要不同的保护手段，亦表现出不同的专业力量介入和不同的成本分布。在毕玉遂的案例中，有个非常独特的现象，就是没有明确的科研经费资助方。一般情况下，科研活动都有经费资助方，经费资助方对科研成果的保护和利用所应承担的权利义务，也是一个值得讨论的话题。

本书的结构，从主体看，涉及研发人员、项目组、项目承担单位、项目资助单位、研发成果使用方等；从过程看，涉及立项、阶段性研发产出、研发完成、结题等；从手段看，涉及保密、申请知识产权、知识产权布局、许可等；从资源看，涉及资金、政府部门、专业服务力量等。

随着科研建制化、科研市场化、科研国际化等科研趋势的演进，以及来自政府和市场对科研成果的迫切需要、对科研投资的双轮驱动，科研成果的保护和利用已经成为自然科学领域、医学科学领域、技术科学领域、工程科学领域、社会科学领域、政策制定领域、产业经济领域等多方面共同关注的重要议题。

之所以把保护和利用放在一起讨论，原因在于：科研成果的保护需要借助一定的手段和举措实现，其中伴随包括公共资源和私人资源在内的资源投入，因此科研成果的保护应当是合目的性、合价值性的，否则就会造成资源投入的浪费，而利用就是主要目的之一。科研成果的利用包括科研成果在人类经济社会各方面的利用，比如治疗疾病、缓解环境和气候问题、开发适销对路的新产品等，当然也包括在商业领域的一些策略性运用。如果不对科研成果进行有效保护，可能会导致科研投资不能得到有效回报，不仅违背社会公平，也会打击潜在的科研投资积极性，不利于科技创新的可持续发展。因此在讨论科研成果的利用时考虑保护问题是合规律性的需求，具体涉及市场规律和科学发展规律等。

本书对科研成果的保护和利用这一主题的讨论从四个层次展开：投资和保护、利用和回报、管理和服务、实践和展望。

在"投资和保护"部分，本书提出"科研活动在本质上是一种投资活动"的观点。基于这一观点，本书重点明确了政府、企业、私立基金会这三类科研投资主体。对于科研成果保护的讨论主要从科研过程视角、知识产权保护视角展开，并结合专利讨论了如何打造高价值科研成果。

在"利用和回报"部分，本书讨论了国家、学术、商业这三种科研投资回报场景，提出了四个科研投资回报基本原则，讨论了旨在打通科研成果利用"第一公里"的概念验证活动，并分析了现代金融体系下科技、金融与知识产权的结合以及促进科研成果利用的制度工具。

在"管理和服务"部分，对几个重点方面进行阐述。这些重点包括面向科研组织的全过程知识产权管理，冲击科研活动的各类风险、纠纷管理，科研活动利益冲突管理，为科研成果保护和利用提供关键支撑的科技服务。

在"实践和展望"部分，介绍了科研成果保护和利用的代表性案例并努力做了规律性的总结与提炼，提出了"大科学与小科学""技术国家主义与技术全球主义""科研市场化、科研国家化与科研自由化""国家权益、单位权益与个人权益"四个时代性选择问题，并讨论了新发展格局下的科研成果保护和利用。

本书的研究和撰写工作得到国家自然科学基金青年科学基金项目（72104228）和北京市自然科学基金面上项目（9212019）的支持，特此致谢！

CONTENTS

目 录

第四部分　实践和展望

第一部分
投资和保护

　　创新在我国现代化建设全局中居于核心地位，科技创新是创新的主要内容，而科技创新来源于科研活动。由谁来投资决定了由谁来主导科研活动和支配科研成果，这其中涉及科研活动的目的、投资回报的场景等内容。对科研成果进行保护是现代产权制度与现代科研活动交汇的必然要求，是投资主体、科技创新主体适应时代要求获取投资回报的重要支撑手段。以什么形式对科研成果进行保护、通过什么手段对科研成果进行保护都是非常关键的议题。

| 第一章 |
| 向科研投资 |

进入 21 世纪以来，全球范围内的科研活动都异常活跃，发达国家通过投资科研保持领先地位，发展中国家通过投资科研进行追赶。向科研投资、从科研获利是当今时代的突出特征。狄更斯在《双城记》中写下的名言"这是一个最好的时代，也是一个最坏的时代"，每个人都可以基于自身的情况对时代给出诠释，科研人员亦概莫能外。或可模仿曰："这是一个最好的科研时代，也是一个最坏的科研时代。"科学技术研究开发几乎成为彻头彻尾的投资活动，科研规律对研发的影响，远不及投资规律来得巨大。基于科研投资得到的超额回报，又使资本更愿意向科研投资。

一、科研活动的本质是投资*

现代科研活动本质上是一种投资。世界知识产权组织发布的报告《2020 年全球创新指数报告》专门以"谁为技术出资"为年度主题。纵观这个报告，可以把这个主题的潜台词理解为"谁向科技投资，如何从中获利"。早在 2011 年 4 月，美国高智发明公司（Intellectual Ventures）创始人兼首席执行官梅尔沃德（Myhrvold）在《哈佛商业评论》发表的文章 The Big Idea：Funding Eureka！主张高智发明公司试图努力建立一个支持发明创造的资本市场，该市场与支持创业企业的风险投资市场和振兴低效率企业的私募股权市场相似，意在让应用研究成为一个有利可图的活动，吸引比现今多得多的私人投资①。正是因为高智发明公司的模式在盘活科技市场上的有效性，我国学者提出了借鉴其经验成立专利投资公司的建议②。

本书认为，对科研活动的投资涉及两个关键环节。

---

* 此部分内容发表于 2022 年 9 月《中国科学院院刊》，本书进行了删改。

① MYHRVOLD N. The big idea：funding eureka！[J]. Harvard business review, 2010, 88（3）：44-50.

② 魏世杰．"高智发明"经营模式的冲击与启示 [J]. 高科技与产业化, 2012（10）：100-104.

第一个环节是向产出科研成果的研究开发活动进行投资。科研投资的主要资金来源包括三个方面：一是政府财政投入，如我国国家自然科学基金委员会资助的项目、科学技术部等部门资助的各类研发项目、中央高校基本科研业务费资助的项目等；二是企业投入，主要指企业利用其营业收入或其他收入开展研发活动；三是基金会投入，如比尔及梅琳达·盖茨基金会资助的研发活动。由于研究开发是高投入、高风险活动，通过将市场资本引入该环节有助于扩大研发投入资金来源渠道，促进创新成果的产出，而且市场资本自身的利益导向也有助于研发产出的后期商业化利用。

第二个环节是在科研成果形成后针对其市场转化进行投资。科研成果的转化需要跨越"达尔文之海"和"死亡之谷"，资本的介入有助于提高成果转化成功的机会。一是在国家层面，2008 年全球金融危机爆发后不久，一些主要发达国家就开始探索利用新的投资模式从知识产权角度激发科技的作用。一个重要表现就是在政府支持下各类主权专利基金的兴起[1][2]，这些基金通过投资研发活动、开展知识产权运营，促进专利等科技成果的商业化。例如，2009 年，美国政府设立了社会创新基金（Social Innovation Fund）；2010 年，韩国政府支持设立了智力发现公司（Intellectual Discovery）；法国政府支持发起了被称为欧洲第一个完全致力于专利推广和商业化的主权专利基金（France Brevets）；日本设立了生命科学知识产权平台基金（Life-Science Intellectual Property Platform Fund）。二是在企业层面，以高智发明公司为例，其设有一支发明科学基金（Invention Science Fund，ISF），不仅在研发环节的前端对发明家、技术专家进行资助，还设置了 ISF 孵化器，旨在将该公司的发明成果与有经验的创业家匹配，促进科技创业。三是在高校层面，很多高校通过调整机构设置等举措促进成果转化。例如，美国斯坦福大学从 1970 年就正式设立了技术许可办公室（Office of Technology Licensing），至该办公室成立 50 周年，已实现超过 21 亿美元许可总收入[3]；美国北卡罗来纳州立大学的科研商业化办公室（Office of Research Commercialization）自 20 世纪 80 年代成立后，已经催生了 190 余家初创企业的创办[4]；英国牛津大学设立牛津大学创新公司（Oxford University Innovation），专门负责科技成果的商业化。

---

① JARCHOW S, RÖHM A. Patent-based investment funds: from invention to innovation [J]. The journal of technology transfer, 2019, 44 (2): 404-433.

② 孟奇勋，张一凡，范思远. 主权专利基金：模式、效应及完善路径 [J]. 科学学研究，2016, 34 (11): 1655-1662.

③ Stanford University Office of Technology Licensing. Stanford Office of Technology Licensing annual report FY 2020: A half century of pioneering innovation [R]. Redwood City: Stanford University Office of Technology Licensing, 2021.

④ 数据来源于北卡罗来纳州立大学 2022 年科研商业化办公室影响力报告。

二、科研成果相关概念

本书的展开始终围绕科研成果这一主题，对科研成果相关的概念进行清晰的界定是重要的讨论基础。

（一）科研活动

科学技术研究开发，即本书所称的科研。联合国教育科学及文化组织（UNESCO）的《科学技术统计指南》（*Guide to Statistics on Science and Technology*）和经济合作与发展组织（OECD）的《弗拉斯卡蒂手册》（*Frascati Manual*）对科学技术研究开发的界定被广泛应用。其中，《科学技术统计指南》把科学技术活动定义为"与全部科学技术领域知识的产生、发展、传播和应用密切相关的系统性活动，包括自然科学、工程和技术、医学和农业科学、社会科学和人文科学"，把研究与试验发展定义为"为增进包括人类、文化和社会知识在内的知识积累，和运用这些知识来发明新的用途而进行的任何系统的创造性工作"，把科学研究活动定义为"旨在增进科学知识的积累和实际应用而进行的任何系统的和创造性的工作"。《弗拉斯卡蒂手册》把研究与试验发展定义为为了增加知识储量而在系统的基础上进行的创造性工作，包括有关人类、文化和社会的知识，以及利用这些知识储备来设计新的应用。

科学技术研究开发通常被划分为基础研究（Fundamental/Basic Research）、应用研究（Applied Research）和试验发展（Experimental Development）三种类型。基础研究主要是为获得关于客观现象和客观事实的基本原理的新知识所进行的实验性或理论性工作，没有任何特定的或具体的应用或使用目的。应用研究是为获得新知识而开展的独创性研究，主要是为了达到某一特定的实际目标。试验发展是运用从基础研究、应用研究和实际经验中获得的知识，为了生产新材料、新产品、新设备，建立新工艺、新系统、新服务，或为了对已产生和已建立的上述各项进行实质性改进，而进行的任何系统的创造性活动。[①] 虽然科研活动被人为划分为三种类型，但都具有创造性特征，而创造性和创造性知识的产出也是鉴别科研活动的决定性因素。此外，科研活动区别于科技教育活动、科技服务活动、科技传播活动。

在实践中，基础研究、应用研究和试验发展有时是相互交融的，这就导致不同科研类型的边界变得模糊，尤其是基础研究的应用导向被突出强调，基础研究"没有任

---

① 联合国教科文组织科技统计处. 科学技术统计指南 [M]. 宋化民，肖佑恩，等译. 武汉：中国地质大学出版社，1990：13-14.

何特定的或具体的应用或使用目的"的特征逐渐弱化，并出现了如"应用基础研究"的科研类型。这种实践的进展与理论上的类型界定并不矛盾，但是在用相关理论分类指导实践的过程中要特别注重场景的差异。

本书把科学技术研究开发简称为科研，是因为"科研"一词在我国已经被普遍接受和广泛使用，其基本含义和前面引述的两个国际通用的文献界定的内容并无二致，故为行文方便，本书使用科研指代科学技术研究开发。

（二）科研人员

科研人员即从事科研活动的专业人员。从科研活动类型来看，包括从事基础研究、应用研究和试验发展的各类人员。从领域或学科来看，包括从事自然科学研究、医学研究、工程技术研究、人文社会科学研究等的科研人员。

《中华人民共和国职业分类大典（2022 年版）》专门纳入了一系列与科研人员相关的职业分类，包括科学研究人员、工程技术人员、农业技术人员等，其中科学研究人员包括哲学、经济学、法学、教育学、历史学、自然科学和地球科学、农业科学、医学、管理学等研究人员。本书从相对广义的范围对科研人员进行界定。

还需要强调，参与科研活动的科研人员可能来自高校、科研机构、企业或其他组织，也可能是不隶属于任何组织的独立个人。本书所指的科研以有组织的科研或职业化的科研为主，但是不排除其他形式的科研，比如非职业化的科研、不是在特定组织内进行的科研。本书所述科研成果的主要场景是来自高校、科研机构的科研人员产出的成果，这些科研人员开展科研活动、产出科研成果的一个重要特征是高度依赖外部资金。当然，这样的界定也不使本书的讨论范畴排斥高校和科研机构之外产出的科研成果，有关结论也同样适用于其他场景。

（三）科研项目

科研项目是组织科研活动、取得科研结论的基本形式和手段。

项目管理理论把项目界定为在一定约束条件下具有明确目标的一次性任务，要求在一定的时间限制和预算约束下达到预期目的。项目作为一种实现任务目标的有效工作形式，被越来越广泛地接受和使用，甚至有观点认为"一切都是项目，一切也都将成为项目"。科研项目当然也是项目的一种类型，其区别于一般项目的本质特征在于，科研项目是基于科研目的、按照科研的规律组织实施的项目。和一般项目相比，科研项目的最大特点就是目标实现的不确定性或风险性。因为科研活动的本质是探索未知领域，对未知领域的探索能否取得预设或预期的目标，是天然的概率事件。

在具体科研实践中，常常会碰到"项目"和"课题"这两个关联密切但又有所区别的概念。在科研管理工作中，项目是上位概念，通常用项目来组织课题，从复杂程度、工作量和资金需求等方面看，项目比课题大。一个项目可以包括若干课题，或者说，一个项目可以分解为若干课题。从工作性质看，项目有较明显的组织资源、规划推进的色彩，课题更强调具体研究的意味。当然，项目和课题的区分是相对的，比如我国国家自然科学基金委员会资助的"面上项目""青年科学基金项目"都没有要求设置下属课题。实践中，科研人员在日常工作中，经常不会对哪些工作属于"项目"层面、哪些工作属于"课题"层面进行严格区分。与项目或课题相关的还有"计划"或"工程"，后两者通常是规模更为宏大的科研活动，比如各类大科学计划、大科学工程，有的甚至需要多个国家共同参与，分批次设置众多项目、课题来推进研究。

本书不对项目与课题之间的区分予以关注，而笼统地使用"项目"一词，在个别情境下也使用"课题"一词。

（四）科研过程

审批和立项、执行（或实施）和结题是科研项目生命周期的主要环节，也是科研项目管理的基本节点。

立项是指决定去做一个具体的科研项目。在这样的决定中，一般包括要解决的科学技术问题是什么，采用什么样的方法或技术路线解决这个科学技术问题，预期在多长时间内解决这个问题，在这段时间里需要投入多少人力、财力、物力等。很多项目需要经过专家评议和有关部门审批，前述相关内容就是做出立项决定的依据，任务书（合同书、委托书等）的签订通常是立项成功的标志。

项目立项后，开始按照任务书执行，即进入项目执行阶段。项目执行阶段是产生科研成果的最重要阶段，当然也是科研成果保护的最重要阶段。在这个阶段，项目组要围绕项目进展召开专家咨询会、学术研讨会，要考虑根据阶段性产出撰写论文、申请专利，还可能在阶段性产出的基础上和产业界、金融界进行合作洽谈。也有项目组成员调离项目组、项目组学生毕业离开项目组等人员流动的情况发生；还有基于阶段性产出创业的情况。在这些情况下，项目组需要对相应的科研成果进行确认和保护。

结题是指项目完成研究开发任务后做的总结。通常情况是，按照项目任务书规定的时间，对项目的执行情况进行总结。项目的甲方（或委托方、立项方）一般会利用验收评审的方式进行结题。因为涉及对项目形成的研发成果的评价结论，所以项目组通常会高度重视结题和评审工作。由于科研项目有很强的学科性、专业性特点，甲方需要聘请相关学科的专家组成评审专家组（或委员会）对项目进行评审结题。项目组要按照任务书的要求，向专家组汇报研发结果。专家组根据任务书的规定做出是否通过评审予以结题的结论。此外，专家组一般还要对科研成果的水平、可能的发展前景等做出评价。这个评价对成果的利用会产生一定的影响。

结题通常意味着一个科研项目的生命周期进入收尾阶段。但是对于科研项目产出的科研成果的利用而言，其生命周期才刚刚开始。

（五）科研成果

"什么是科研成果"，这真是个"人人心中有，个个笔下无"的"问题"。《中华人民共和国促进科技成果转化法》（以下简称《促进科技成果转化法》）对科技成果有定义，《科技成果登记办法》对科技成果有分类，但没有对"科研成果"给出明确定义。包括清华大学、北京大学、中国科学院所属研究所等高校和科研院所的网站上，都有"科研成果"栏目，甚至每个科研人员的年度考核表上都有"科研成果"栏目要填写。那么法律条文、政策文件规定的"科技成果"和日常语境下的"科研成果"到底是什么关系？

《促进科技成果转化法》第二条规定，本法所称科技成果，是指通过科学研究与技术开发所产生的具有实用价值的成果。《科技成果登记办法》列出了三种登记类型，分别是应用技术成果、基础理论成果、软科学研究成果。《公安信息代码第 242 部分：科技成果形式代码》列出了七种科技成果形式：技术方法、软件系统、设备产品、集成系统、标准规范、研究报告、专著。

或者可以这样理解，"科技成果"指的是科学技术成果，是科学技术演进图景中的一个断点或截面，是和经济、社会等大维度相对应的一个用语，是法律法规、规划政策层面的概念。"科研成果"指的是科学技术研究开发的正面产出，是表述科研活动的具体结果，是工作层面的概念。在法律层面，《中华人民共和国科学技术进步法》（以下简称《科学技术进步法》）[①] 在提到相关内容时的主要表述是"科技成果"，但是在"监督管理部分"专门强调"任何组织和个人不得虚构、伪造科研成果，不得发布、传播虚假科研成果"，这时在提到组织和个人就侧重工作层面。本书引用的山东理工大学毕玉遂教授的无氯氟聚氨酯新型化学发泡剂，是科研成果，也是科技成果。凡是符合《科技成果登记办法》要求进行成果登记的都是科技成果，虽然《科技成果登记办法》规定的科技成果类型和《促进科技成果转化法》规定的科技成果不能完全对应。

本书在表达过程中，不对科研成果与科技成果进行区分。

---

① 《科学技术进步法》于 1993 年通过并施行，于 2021 年 12 月 24 日第二次修订，修订后自 2022 年 1 月 1 日起施行。如无特别说明，本书引用的《科学技术进步法》均为 2021 年修订的版本。

三、数字经济时代的科研范式

继信息经济、知识经济之后，数字经济已经成为当今世界经济发展的主导范式。在数字经济时代，数字技术的蔓延和数据的泛化不仅给经济社会带来了深刻变革，也给科研带来了巨大变革。微软公司于 2009 年出版了《第四范式：数据密集型科学发现》（*The Fourth Paradigm：Data Intensive Scientific Discovery*），从研究范式变化角度分析了大数据变革及其影响，认为基于数据密集型计算的科学研究已经成为新的科学研究范式，对所采集并保存的实验数据进行挖掘和分析是第四科研范式的重要特征。

（一）数字经济席卷全球

数字技术从知识经济的众多新知识中脱颖而出，逐渐成为新时代经济发展的领头羊。从计算机技术的萌芽到信息经济时期网络技术的应用，技术迭代与数据增长的速度在急剧加快，其量级超越了人类智力的处理能力。如果说，知识经济代表以人类逻辑处理形成有用知识的期望，那么，数字经济则代表着以智能逻辑处理形成有用知识的趋势。

数字经济发展在世界范围内得到各国的高度重视，而数字技术成为保障经济增长的关键。经济合作与发展组织发布的 2017 年《数字经济展望》报告提出将数字变革的政策意义和制定整体性综合政策框架作为工作重点。联合国发布的《2019 年数字经济报告》提出数字经济的发展需要非常规的政策分析和国际对话，将数据转化为数字智能是发展的关键。2019 年 6 月，联合国发布了《数字相互依存的时代：联合国数字合作高级别小组报告》，报告提出了全球数字合作体系的三种模式，以期在数字经济发展的全球化治理建设中发挥更大的作用。

以美国、欧盟、英国、德国、日本等为代表的国家和地区纷纷启动数字经济发展战略，重点关注数字规则、数据安全、数字科技发展等问题。

美国借助信息经济时代的科技基础优势，数字经济发展战略侧重科技领域部署。美国自 2012 年发布《大数据研究与发展计划》后，陆续发布了开放数据行动计划、澄清域外合法使用数据法、联邦数据战略 2020 年行动计划。美国强化数字经济发展的国家战略，不断提升其数字经济发展实力，在 2020 年与日本签署数字贸易协议。

欧盟分别于 2010 年和 2015 年提出了数字议程和单一数字市场战略，通过打造统一的数字市场来促进数字经济的繁荣发展。2020 年，欧盟委员会接连发布《塑造欧洲的数字未来》和《欧洲数据战略》等数字经济发展战略。2020 年 12 月，欧盟委员会发布了《数字市场法案》和《数字服务法案》以规范欧洲数字市场秩序，防止大型数字平台形成垄断。2021 年 3 月，欧盟发布《2030 数字化指南：实现数字十年的欧洲路径》，设定了 11 项先进技术发展目标。

英国自 2009 年发布《数字英国》白皮书后，2010 年通过了《数字经济法案》，并陆续发布《数字经济战略（2015—2018）》《英国数字战略》（2017 年）和《国家数据战略》（2020 年）等战略计划，把数字化发展作为国家重要战略，并形成了由内阁办公室，商业、创新和技能部，数字、文化、媒体和体育部等部门构成的数字战略体系。

德国数字经济的发展重点是制造业数字化转型，由联邦教育与研究部、联邦经济与能源部牵头负责"工业 4.0"战略中的工业数字化转型任务。2013 年提出"工业 4.0 平台"（Platform Industry 4.0），通过建设网络平台实现德国工业数字化发展。2016 年，联邦经济与能源部发布"数字战略 2025"，通过挖掘数字化创新潜力促进经济增长，以打造出数字化社会。2018 年，德国发布"高科技战略 2025"，将数字化转型作为科技创新发展战略的核心。2019 年，德国发布"国家工业战略 2030"，认为机器与互联网相互连接构成了"工业 4.0"，以互联网技术为基础的工业生产得以实现制造、供应、销售信息的数据化和智慧化。2021 年 6 月，德国启动信息技术安全研发框架计划以资助信息技术安全领域的研发工作，从而扩大该领域的技术主权。

日本也积极推动数字技术和数字经济的发展。2017 年，日本提出"互联工业"战略，将人、数据、技术和设备互相连接以提高创造的附加价值。日本在 2018 年与欧盟签订数据共享协议；在 2019 年与美国签订数字贸易协议；2019 年主导发布 G20 关于贸易和数字经济的部长声明，并提出 DFFT（Data Free Flow with Trust）原则以表达日本对数字贸易规则的主张。日本制定的《科学技术创新综合战略 2020》关注人工智能、物联网、大数据等数字技术发展以构建"社会 5.0"，并在初高中教育阶段增设人工智能知识相关课程以提高 STEM 人才培养程度。为进一步加强信息基础设施升级，日本发布了《ICT 基础设施区域扩展总体规划 2.0》，用以加快 5G 和光纤的铺设进度。

（二）第四范式昂然崛起

美国科学哲学家托马斯·库恩（Thomas Kuhn）提出了科学"范式"（Paradigm）的概念，并在其《科学革命的结构》等著作中进行了系统阐述。库恩论述了关于范式的一些基本观点，认为科学发展就是范式的更替，科学共同体在范式的支配下开展活动。库恩在书的序言中指出，"我所谓的范式通常是指那些公认的科学成就，它们在一段时间里为实践共同体提供典型的问题和解答。"① 中国社会科学院金吾伦研究员在其著作《托马斯·库恩》一书中对范式的意义和功能做了进一步概括：范式是开展科学活动的

---

① 库恩. 科学革命的结构 [M]. 金吾伦，胡新和，译. 北京：北京大学出版社，2003：4.

基础；范式起到世界观和方法论的作用；范式同时又是实用的工具（提供具体的解题方式）[①]。总的来看，范式是科学工作赖以维持运转的学理基础和实践规范，对从事某一领域研究的科学共同体来说，范式就是这一群体所共同遵从的科研行为方式。

数据库专家、图灵奖获得者吉姆·格雷（Jim Gray）在 2007 年 1 月 11 日召开的美国国家研究委员会计算机科学和电信委员会大会上发表演讲《科学方法的革命》（*A Transformed Scientific Method*），提出将科学研究分为四类范式，依次为：实验归纳（实验科学）、模型推演（理论科学）、仿真模拟（计算科学）和数据密集型科学发现（数据密集科学）。格雷总结了科学范式在不同历史时期的特征[②]：

> 几千年前——科学以实验为主，描述自然现象；
>
> 过去数百年——科学出现了理论研究分支，开始利用模型和归纳；
>
> 过去数十年——科学出现了计算分支，对复杂现象进行仿真；
>
> 今天——数据爆炸，将理论、实验和计算仿真统一起来，由仪器收集或仿真计算产生数据，由软件处理数据，由计算机存储信息和知识，科学家通过数据管理和统计方法分析数据和文档。

在格雷看来，第一科研范式以实验为主，第二科研范式以理论为主，第三科研范式以计算和仿真为主，第四科研范式强调以数据为中心。实验范式以观察和实验为依据，主要描述自然现象，侧重对于经验的总结；理论范式以建模和归纳为基础，是对某种现象或事实的科学解释，形成包括一系列概念、命题及其论证的知识体系；模拟范式是以模拟复杂现象为基础的计算科学范式；而数据密集的第四科研范式将实验、理论和计算仿真进行了结合[③]。

中国工程院院士邬贺铨在给《智能时代》一书作序时写道：

> 科学研究发展经历了四个范式：即描述自然现象的实验科学、以牛顿定律和麦克斯韦方程等为代表的理论科学、模拟复杂现象的计算科学和今天的数据密集型科学。即便在实验科学、理论科学和计算科学范式时期，数据也仍然起了重要作用。作者在介绍科学发展史时用实例说明了数据在科学发现中的位置，在牛顿和麦克斯韦时代，他们所导出的简洁的公式给出的确定性的规律是由大量观察数据验证的。现在我们面对的是更复杂的自然和社会现

---

① 金吾伦. 托马斯·库恩 [M]. 台北：远流出版事业股份有限公司，1994：65-69.

② TONY HEY, STEWART TANSLEY, KRISTIN TOLLE. 第四范式：数据密集型科学发现 [M]. 潘教峰，张晓林，译. 北京：科学出版社，2012：X.

③ 陈明. 数据密集型科研第四范式 [J]. 计算机教育，2013，189（9）：103-106.

象，多维度和多变量导致很大的不确定性。虽然还不能用解析式来说明因果关系，但如果从足够多的数据中发现相关性也能把握事物发展的轨迹，这就是数据密集型科学产生的背景。

科研数据在第四科研范式中起到关键基础作用，被认为是托举科研成果的"水下冰山"①。在第四科研范式下，数据不再仅仅是科学研究的结果，而是变成科学研究的基础条件和"原材料"。科研人员通过对数据进行监测与分析来解决科学问题，同时把数据作为科学研究的对象和工具，基于数据开展科学研究。数据密集型科学是伴随着高性能算力、智能算法等技术的迅速发展，在海量数据的驱动下产生的，是由传统的假设驱动向基于科学数据进行探索的科学方法的转变。2018 年 3 月 17 日，国务院办公厅发布《科学数据管理办法》，明确"科学数据主要包括在自然科学、工程技术科学等领域，通过基础研究、应用研究、试验开发等产生的数据，以及通过观测监测、考察调查、检验检测等方式取得并用于科学研究活动的原始数据及其衍生数据"。2021 年 3 月发布的国家标准《科技计划形成的科学数据汇交 技术与管理规范》把科学数据界定为"人类社会科技活动积累的或通过其他方式获取的反映客观世界的本质、特征、变化规律等原始性、基础性数据，及其系统加工整理后产生的各类数据的统称"。

第四科研范式以数据为基础，这是其核心的、根本的特征。此外，数据驱动的科研范式还具有以下几方面的特征。

一是人工智能驱动是主要驱动机制。2023 年 9 月 27 日，《自然》（Nature）杂志发布了其对 1600 多位科学家的调查报告，显示科学家们普遍认为，人工智能很快会成为科学研究的核心工具②。人工智能在数据处理效率方面具有显著优势，并且具有较高的精度。在数据密集的科研活动中，人工智能模型工具的参与有着重要的现实意义。考虑到第四科研范式中数据的海量规模特征，分析处理这些数据对于人工智能有着必然的需求。这其中又突出强调了人工智能相关模型和算法的作用。在新药、新材料等研发场景中，通过人工智能进行模拟预测可以有效提高成功率。需要注意的是，人工智能模型及相应的软件、算法并不是普适性的，需要根据每个学科、每个领域方向、每个具体问题进行设计和开发。

二是数据的存储介质和处理工具是基础支撑。存储介质和处理工具主要包括科学计算硬件和软件。为促进国产科学计算软硬件的发展，科技创新 2030——"新一代人

---

① 王彦峰，袁汝兵，张素娟. 建立数据成果评价机制，推动科研数据共享 [N]. 科技日报，2021-10-26 (005).

② VAN NOORDEN R，PERKEL J M. AI and science：what 1600 researchers think [J]. Nature，2023，621 (7980)：672-675.

工智能"重大项目 2022 年年度项目申报指南中列出了"人工智能科学计算共性平台""人工智能基础模型关键技术研究""高能效模拟计算 AI 芯片""自组织自演化 AI 芯片及应用"等题目。

三是交叉融合是重要形式。数据在不同科研领域的运用依赖于对数据及数据所包含信息的高效率处理和分析，这一过程是传统意义上的单一学科或单一领域难以实现的，需要不同学科、不同领域的知识、工具、理论、数据进行交叉融合，尤其是数学、计算科学、材料科学等与其他学科领域的交叉融合。

四是开放合作是前行路径。科学的进步依赖于数据资源的共享。在大科学时代，不少国家投入巨资建设大科学装置，这些大科学装置具有一定的公共属性，通过共享数据可以更好地提高利用率并促进科技创新。截至 2023 年 7 月，被誉为"中国天眼"的 500 米口径球面射电望远镜（FAST）已发现 800 余颗新脉冲星，而 FAST 的数据开放也是其对科技和社会做出贡献的主要渠道之一。FAST 每天接收到的观测数据量达到 30TB~40TB（2023 年 2 月数据），这些数据为天文研究提供了重要基础。基于 FAST 观测数据，已经产出了大量科研成果。同时，FAST 数据也面向国内外开放，截至 2023 年 7 月底，已经发布 14 批数据开放公告。

（三）相关政策和实践进展

为了回应科研活动和科技进步对数据的依赖与需求，很多国家采取了包括制定科学数据管理政策法规，成立科学数据管理机构，建立数据库、数据中心和数字图书馆等举措。

1. 国内进展

我国政府部门在政策制定和项目资助方面已经表现出对数据在新科研范式中的作用的重视。2022 年 7 月，科技部等六部门印发《关于加快场景创新以人工智能高水平应用促进经济高质量发展的指导意见》，提出"推动人工智能技术成为解决数学、化学、地学、材料、生物和空间科学等领域的重大科学问题的新范式"，并专门提到新药创制、基因研究、生物育种研发、新材料研发、深空深海几个科研领域。2022 年科技创新 2030——"新一代人工智能"重大项目申报指南中，专门部署了"重大科学问题研究的 AI 范式"任务，要求生物、医药、材料、地学、化学、空间等科学研究领域，通过融合人工智能模型算法和领域数据知识，实现重大科学问题和发现的研究突破。2023 年，科技部、国家自然科学基金委员会联合启动"人工智能驱动的科学研究"（AI for Science）专项部署工作，围绕药物研发、基因研究、生物育种、新材料研发等重点领域科研需求布局前沿科技研发体系。

2. 国外进展

美国国家航空航天局（NASA）的科学任务委员会于 2019 年专门成立了 AI 工作组，并发起有关人工智能/机器学习的倡议。前沿发展实验室（Frontier Development Lab，FDL）是 NASA 联合 Trillium Technologies 公司、地外文明搜寻研究所（SETI Institute）和英伟达（Nvidia）成立的公私合作研究项目。该项目的设立是 NASA "小行星大作战"（Asteroid Grand Challenge）项目的最后一项举措，发起于 2016 年，最初的名称是 "独行侠实验室：应用数据科学加速器"（Mavericks Lab：Applied Data Science Accelerator），定位是将人工智能应用于太空探索研究。

作为美国前沿发展实验室的姊妹计划，欧洲前沿发展实验室于 2018 年在欧洲成立，采用与美国前沿发展实验室相同的模式，由欧洲航天局、Trillium Technologies 公司和牛津大学联合成立，旨在将人工智能技术应用于空间科学，推动研究前沿并开发新工具，帮助解决人类面临的挑战。

3. 科研实践

在科研实践中，已经可以看到数据科研范式在不同领域的多个典型实践。在化学领域，中国科学技术大学开发的 "机器化学家" 是数据驱动的精准化学研究新范式的体现。"机器化学家" 包括化学大脑、机器人实验员和智能化学工作站三部分。化学大脑作为核心部分，通过分析大量化学实验和理论数据，建立知识图谱，实现了阅读理解文献、设计化学实验、自主优化方案的能力，并配备了人机交互的操作系统。

在生物领域，2018 年谷歌 DeepMind 团队开发出的 AlphaFold 首次亮相便在第 13 届国际蛋白质结构预测竞赛（CASP13）上预测出了 43 种蛋白质中 25 种蛋白质的最精确结构，取得第一名；2020 年，AlphaFold 2 在第 14 届国际蛋白质结构预测竞赛（CASP14）中，预测准确性更是达到了可以与实验解析误差接近的水平。

在物理领域，美国麻省理工学院（MIT）的研究人员开发了一款名为 "AI 物理学家"（AI Physicist）的人工智能系统，可以模仿人类物理学家的研究方法，结合数据描述的陌生环境梳理出相应的物理规则。

（四）科研范式转变的挑战和需求

1. 对数据存储的要求

美国科学史家普赖斯在 20 世纪 60 年代出版的影响深远的著作《小科学，大科学》一书中指出了 "大科学时代" 的到来。大科学时代包括两方面的重要特征：一是科学研究和科技进步更加依赖于大型研究基础设施（也称为大科学装置、重大科技基础设施），比如以英国钻石光源（DIAMOND）、欧洲同步辐射光源（ESRF）、中国散裂中子源、英国散裂中子源（ISIS）、美国散裂中子源（SNS）和日本散裂中子源（J-PARC）等为代表的各类光源和加速器装置，以"中国天眼"、切伦科夫望远镜阵列、斯巴鲁望远镜、平方公里阵列射电望远镜（SKA）等为代表的大型望远镜；二是科学研究和科技进步更加依赖于多国合作的大科学计划、大科学工程，比如人类基因组计划（HGP）、国际热核聚变实验堆（ITER）计划、地球观测组织（GEO）和平方公里阵列射电望远镜等。而无论是大科学装置的运行，还是大科学计划、大科学工程的实施，都将产生规模庞大的数据，而且数据的产生是持续不断的。要想将这些数据运用于科研，首先要解决数据存储的问题，这对存储数据所需要的介质、空间和所消耗的能源、资源都提出新的需求。

2. 对数据处理的要求

随着数据体量的增加，数据处理也面临新的难题。巨大的计算需求给科学计算的架构和方式带来挑战，对算法使用、科学计算软件设计、计算处理器等都提出更高要求。

3. 对数据开放的要求

近年来，尽管包括我国在内的多个国家积极推动科研数据的开放共享，但是实践中还面临重重困难。首先，科研人员和科研机构需要将科研数据提交到有关数据聚集平台或机构（比如各个领域的科学数据中心），但是掌握数据的科研人员和机构有可能缺乏提交数据的内在激励。其次，数据聚集平台或机构作为科研数据管理的主体和开放共享的关键中介，还没有形成良好的模式，而且可能会面临持续性的人力、硬件等方面资源投入的约束。

4. 对科技伦理的挑战

数据的广泛使用给科研人员的伦理道德也带来新的挑战。一方面，科研人员在遴选数据以获取"自己想要的结果"时有更多的选择，导致其在公开发表过程中可能会选择回避部分关键问题。另一方面，最终科研成果的产出可能来源于多种数据，科研人员应当在多大程度上对数据的初始贡献者给予回馈，目前还缺乏实践标准，更没有政策依据。

5. 对产权制度的挑战

在我国，数据已经被广泛界定为与土地、劳动力、资本、技术并列的生产要素。在科研领域，科研数据也是科研活动的生产要素。作为"要素"，其重要特征在于可以进行交易和生产。进而，科研数据既是科研活动的"原材料"，也是包括科研活动在内的各类活动过程中的一项"交易物"。但是这样的界定将导致科研活动的最终成果，包括技术、论文、专利等，在产权界定方面更加复杂，面临更多困难。

6. 对科研组织模式的挑战

前文提到的美国前沿发展实验室在科研实践中广泛地与外部创新主体开展合作，利用到英特尔的 AI 技术和处理器、英伟达的解决方案和训练模型、IBM 的 AI 解决方案等。基于数据的科研过程与产业链非常相似，链条上任何关键环节的缺失都会影响科研活动的有效开展。我国的创新生态和综合科研水平在充分支撑数据科研范式方面还有待加强。

四、投资方做主

"Money talks"是投资界的一句格言，韦伯大辞典给出的解释是"用于说明金钱对于人的行为和决策的强势影响"，中文译为"投资方做主"或无不当。"投资方做主"，在一般投资界如此，在科研界亦如此。

（一）政府投资

政府资金是科研活动的主要资助来源。近一个世纪以来，尤其是第二次世界大战之后，世界上越来越多的国家都在致力于促进科研活动、提升科研水平。1945 年，美国的科学研究与发展办公室负责人、麻省理工学院教授范内瓦·布什向总统递交了报告《科学：无尽的前沿》（Science：The Endless Frontier，以下简称布什报告）。该报告主要基于时任美国总统罗斯福提出的四个问题"战争期间的科学知识如何普及应用""如何推进医学和相关领域的工作""如何促进公共及私人组织的研究活动"和"如何发现和发展美国青年科学人才"进行了回复。报告的一项重要内容，或者说重要贡献和意义，就是强调并明确了政府在科学技术发展中的角色和职责。布什报告认为科学是政府应有的关注点，政府应促进开辟新领域，这是美国的基本政策，科学进步必须是政府的根本利益所在。

布什报告提出了一系列建议，其中的一个核心就是希望由联邦政府提供资金资助开展科研活动，还涉及科研资助机构的建立。报告多次强调基础研究，尤其是在谈到抗击疾病时，认为"需要广泛的基础研究"，这就更加突出了政府投入的重要性。该报告在很大程度上影响和推动了美国的科技政策和科研投资，而美国在后续的很多有关科研投资的系列举措则体现了报告中的观点，比如美国国家科学基金会和美国国防部高级研究计划局的成立、美国研发支出的大幅上升。直至当前，布什报告仍然在指引政府科研投资决策方面发挥重要作用。2020 年 5 月，美国民主党议员提出《无尽前沿法案》（Endless Frontiers Act）提案，计划改组美国国家科学基金会，并在未来 5 年向基金会投资 1000 亿美元，用于推动人工智能、高性能计算等十大关键领域的科技创新，以及投资 100 亿美元在全美建立至少 10 个区域技术中心。2020 年 12 月 17 日，美国国家科学院发布报告《无止境的前沿——科学的未来 75 年》（*The Endless Frontier*：*The Next 75 Years in Science*），以纪念布什报告发表 75 周年，并强调政府对各类研究人员的支持仍然是美国研究事业的核心。

政府投资科研主要是基于国家战略需要和国家利益驱动。1994 年，美国克林顿政府发表《国家利益中的科学》（*Science in the National Interest*），该报告是美国白宫在"冷战"后颁布的第一份对国家科学政策的评论，强调科学既是无尽的前沿，也是无尽的资源，是国家利益中的一种关键性投资。在很大程度上，美国国家创新体系的基本框架，是第二次世界大战后在国家利益的驱动下由政府主导建立的。尽管目前来看，企业已经成为美国创新投资的主要主体，但是在美国的创新体系中，政府仍然发挥重要作用。

政府投资的科研并不一定完全由行政部门等国家机关直接资助。政府部门在科研资助领域有很多"代理人"，尤其是在中国，比如各类事业单位。我国的大学以公办为主，由财政经费支持，因此大学内部资助的科研活动在根源上也是政府投资；各类国有科研机构内部资助的科研活动也是政府投资。国务院各部委下属的各类科研单位开展的科研活动、科研管理单位资助的科研活动，也都属于政府投资。另外，政府投资不仅包括中央财政层面的投资，也包括地方财政层面的投资。

表 1-1 列出了我国自 2010 年以来全社会研发费用的投入情况。可以发现几个趋势：一是全国研究与试验发展经费总额稳步增加；二是全国研究与试验发展经费中的国家财政科学技术支出绝对值稳步增加，但是所占比例逐步降低，2010 年占比 58%，到 2022 年降至 36%，说明来自非政府力量的研发投入份额不断提高；三是在国家财政科学技术支出中，中央政府和地方政府的投入绝对值大体上呈增长趋势，但是中央政府支出所占比重不断降低，2010 年和 2011 年约为 50%，到 2022 年降至 34%，反之地方政府支出所占比重不断增加。

表 1-1　2010—2022 年我国科技投入主要来源　　　　　　（单位：亿元）

年份	全国研究与试验发展经费	国家财政科学技术支出		
		合计	中央	地方
2010	7062.6	4114.4	2046.4	2068.0
2011	8687.0	4902.6	2469.0	2433.6
2012	10298.4	5600.1	2613.6	2986.5
2013	11846.6	6184.9	2728.5	3456.4

续表

年份	全国研究与试验发展经费	国家财政科学技术支出		
		合计	中央	地方
2014	13015.6	6454.6	2899.2	3555.4
2015	14169.9	7005.8	3012.1	3993.7
2016	15676.7	7760.7	3269.3	4491.4
2017	17606.1	8383.6	3421.5	4962.1
2018	19677.9	9518.2	3738.5	5779.7
2019	22143.6	10717.4	4173.2	6544.2
2020	24393.1	10095.0	3758.2	6336.8
2021	27956.3	10766.7	3794.9	6971.8
2022	30782.9	11128.4	3803.4	7325.0

数据来源：历年全国科技经费投入统计公报。

（二）企业投资

企业是市场经济的关键主体，也是投资和运用科研成果的关键主体。在和平年代，科研的目的主要是服务于经济效益，而非战争效益，这使得科研在企业中的重要性不断凸显，进而更加促进企业自身对于研发的投资。企业的投资既包括企业将投资用于支撑企业内部研发部门的研发活动，也包括企业将投资用于资助高校、科研机构等外部研发力量开展研究。

企业投资科研主要是基于企业发展战略的驱动和企业获取市场竞争力的需求，在某些情形下，企业出于社会责任，也会资助科研活动。我国现代企业制度的建立以社会主义市场经济体制为基础。1992年，党的十四大提出建立社会主义市场经济体制；1993年，党的十四届三中全会通过《中共中央关于建立社会主义市场经济体制若干问题的决定》，提出要建立适应市场经济要求，产权清晰、权责明确、政企分开、管理科学的现代企业制度，并指出以公有制为主体的现代企业制度是社会主义市场经济体制的基础；2003年，《中共中央关于完善社会主义市场经济体制若干问题的决定》明确建立健全现代产权制度是构建现代企业制度的重要基础。在现代企业制度下，企业与政府分离，同质化企业在市场上展开激烈竞争，而掌握先进技术的企业能够提高生产效率、降低生产成本，进而提高收益。另外，在现代产权制度，尤其是知识产权制度的加持下，先进技术或专利技术成为企业竞争优势的重要来源。

当谈及科研投资从政府主导向企业崛起的转变时，美国的历史有必要被提及。从第二次世界大战开始，美国政府对科研的投资规模不断加大，并取得了巨大成功，尤其是 20 世纪 50 年代和 60 年代。但是到了 20 世纪 70 年代中期，美国政府大幅缩减对科研的投资。这时，学术机构开始把争取经费资助的目光投向企业，而企业在意识到科技进步为其带来的竞争力时当然也很乐意与大学等学术机构合作。到了 20 世纪 80 年代，企业对大学科研的资助规模迅速增长。正是基于这样的背景，促进了"市场型大学""学术资本主义"等实践倾向的形成。

20 世纪后半叶，经济全球化成为全球经济发展的重要趋势，其中的企业经营国际化也对企业投资科研不断提出新要求。一方面，企业要想在国际上保持领先优势，就要不断更新产品，因此离不开对技术的需求。另一方面，企业为了打开国际市场，比如发展中国家企业将产品出口到发达国家，往往需要符合目标市场国家设定的各类产品和技术标准，而受限于发达国家对于技术出口的管制，这些企业就要自行投入研发以攻克技术难题。从全球范围来看，根据《2022 年欧盟工业研发投资记分牌》，在 2012—2021 年，1373 家全球主要研发投资企业的研发投资额从 4519 亿欧元增加到 8287 亿欧元，十年间增长幅度达到 83.4%。

（三）私立基金会投资

私立基金会也是科研资助的重要力量。欧美有相对悠久的私立基金会资助科研的历史。早在 1601 年，英国女王伊丽莎白一世就颁布了《慈善用途法》（*The Statute of Charitable Uses*）。19 世纪末到 20 世纪初，随着一批现代意义上的慈善基金会的诞生，美国慈善事业进入一个新的阶段，尤其是塞奇、卡耐基和洛克菲勒等基金会的建立奠定了美国慈善基金会的基础[1]。这些基金会在早期较为一致地对教育领域给予高度关注，比如卡耐基梅隆大学、洛克菲勒大学的创立都得益于基金会的捐助，并且大学名称直接体现了捐助人的姓名。尽管早期的基金会并没有着重资助大学科研，而是关注弱势群体教育，但是也为支持大学科研提供了基本框架[2]。几乎所有的基金会都以传播知识，促进教育、科学、文化、卫生事业的发展为基本宗旨，对美国的教育、科学、文化的发展做出了重要贡献[3]。基金会在资助大学创办和发展的过程中，对于科研也有相当大的投入，因为教育和科研都是大学的重要职能。在历史演变过程中，科技发展本身不断成为基金会资助的一个重要领域，而随着贫穷等议题成为基金会的主要关注对象，与疾病、减贫等主题相关的科研得到基金会的更多关注。

在不同历史时期，私人基金会在科研资助方面发挥了不同作用。以美国为例，20

---

①　郭纪. 美国富人的慈善事业 [J]. 红旗文稿，2010，189（21）：1，25-30.

②　胡钦晓. 美国私人基金会支持大学科研的发展特点分析 [J]. 现代大学教育，2012（5）：35-41，112-113.

③　龚旭. 美国私人基金会及其支持科学事业的考察 [J]. 自然辩证法通讯，2003（4）：45-54，111.

世纪初，政府和企业对科研关注相对不足，私人基金会为科研提供了基础物质保障；20 世纪 30 年代，在经济危机、种族歧视等社会问题的影响下，私人基金会将资助目光投向社会科学研究；第二次世界大战后，为应对"冷战"形势，私人基金会加大了对国家战略研究的投入；随着联邦政府对科研投入的大幅增加，私人基金会在资助科研方面成为辅助者[①]。龚旭[②]总结了第二次世界大战后美国私人基金会支持科研的四个主要特征：支持具有高风险的科学前沿研究和跨学科研究；重视科学教育与科学传播；对科研的开放投资具有多样性与灵活性；在科研资助事业上与政府相互渗透。

私人基金会资助科研投资有多种形式。

（1）设立独立研究机构。西蒙斯基金会由詹姆斯·西蒙斯（James Simons）及其夫人玛丽莲·西蒙斯（Marilyn Simons）于 1994 年在纽约市成立，主要支持数学及基础科学研究。2013 年，西蒙斯基金会在基金会内部成立了西蒙斯数据分析中心（Simons Center for Data Analysis，SCDA）。SCDA 在成立后的几年里取得了一定的成功，从而让西蒙斯决定将类似的做法推广到其他学科，并于 2016 年在纽约市成立了类似贝尔实验室的熨斗研究所（Flatiron Institute）。研究所的使命是通过数据分析、理论、建模和模拟等计算方法来推动科学研究[③]，目前已经成为世界知名的计算科学研究所。

（2）与大学或其他既有机构合作成立联合研究机构。2007 年，美国卡弗里基金会（Kavli Foundation）与我国北京大学合作成立北京大学科维理天文与天体物理研究所、与中国科学院合作成立中国科学院卡弗里理论科学研究所。

（3）主动遴选并资助大学或其他机构的研究团队开展具体领域的研究，或者设立面向科研领域的开放科研项目。2015 年 10 月 19 日，国家自然科学基金委员会与美国比尔及梅琳达·盖茨基金会签署了《中国国家自然科学基金委员会与比尔及梅琳达·盖茨基金会谅解备忘录》，双方通过联合资助科学研究，旨在促进全球卫生和农业领域的进步，于 2016 年共同资助四年期合作研究项目，支持中外科学家在传染病的疫苗和疗法等领域合作开展基础、转化及临床研究。2022 年，北京市自然科学基金与北京小米公益基金会签约设立"北京市自然科学基金—小米创新联合基金"，北京小米公益基金会向北京市自然科学基金捐赠 5 亿元（每年捐赠 5000 万元，捐赠期为 10 年），重点支持北京市人工智能、电子信息、智能制造等领域的基础研究。

---

① 胡钦晓. 美国私人基金会支持大学科研的发展特点分析 [J]. 现代大学教育，2012（5）：35-41，112-113.

② 龚旭. 美国私人基金会及其支持科学事业的考察 [J]. 自然辩证法通讯，2003（4）：45-54，111.

③ 资料来自熨斗研究所（Flatiron Institute）官方网站。

| 第二章
基于科研过程的保护

科研成果的保护并不是只局限于科研项目结项时，而应当贯穿科研项目执行的全过程和项目结项后的一段时间。科研成果的产出通常是渐进式的，而非突发式的，这意味着在项目执行过程中可能会有持续性成果产出；在项目结项后也可能还有后续的研发，并且由于专利申请和审查、论文同行评议、著作出版等流程，成果的面世通常需要一定时间周期。因此，全过程的科研成果保护是必要的。

一、利益相关主体

以科研成果为核心，在科研项目的全过程中，在科研成果的产出、保护和利用过程中，涉及多个利益相关主体，从相对广义的角度来看，这些主体既有个人，也有团队，还有承担单位这样的组织。

（一）项目组

项目组主要由科研人员组成，有时还会设置专门的科研管理人员或行政性科研助理。科研人员申请科研项目、开展科研活动、创造科研成果的个人动机可能包括不同方面。一是满足自身对于学术的追求和对学术难题的好奇。二是为了获得职称的晋升或者达到单位考核标准。随着研究型大学相互之间竞争的加剧，大学科研人员除完成教学任务之外，为了获得职称晋升或者达到预期考核指标，经常还需要在主持国家级科研项目、发表论文、获评国家或省部级科研成果奖项、获得国家级人才称号等方面取得成果。然而，我国的主要国家级项目类型非常有限，包括国家自然科学基金、国家社会科学基金、国家重点研发计划等，前两者的覆盖范围相对广泛、资助数量相对庞大，但是同样面临异常激烈的竞争。三是通过开展科研活动实现理论突破创新、技术难题攻关，提高学术声誉和影响力，该目标主要通过发表论文实现。四是通过开展研究提高收入。一方面，通过产出研究成果获得职称晋升，通常能够带来薪资的提高，有时将研究成果申报奖项或荣誉称号也伴随着收入的提高；另一方面，通过开展与产业应用有关的研究，实现成果转化，帮助企业解决技术难题，也能带来直接的现金收入，或者股权类回报。

项目组通常有至少一名项目负责人，还有若干名项目骨干人员。在高校和研究所，很多情况下尚在就读阶段的硕士研究生、博士研究生也会被纳入项目组并实质性参与科研工作。项目组可能是人员相对稳定的团队，也可能是根据项目研究需要组建的临时性团队。

（二）项目承担单位

项目承担单位是科研项目的法律责任主体。在签订项目任务书或合同书时，项目组和项目负责人需要依托项目承担单位来开展活动，项目承担单位是合同的相对方。为保证科研项目的有序开展，承担单位通常会制定一系列有关政策，涉及项目管理、差旅、会议、国际交流、专家费和劳务费等方面。

与项目承担单位相关的利益包括以下方面。第一，单位所属科研人员主持的科研项目越多，入账的科研经费也越多，有助于提高单位的学术声誉和学术影响力，尤其是获批主持各类重大、重点项目，已经成为很多高校和科研院所重点宣传的内容。第二，个别单位会从科研项目中提取管理费划入单位统一账户，并由单位支配使用，这类项目通常是横向项目（比如企业资助的项目），获批项目越多，单位可留存使用的经费额度也越高。第三，单位科研人员取得的高水平科研成果（比如发表高水平论文）越多，越有利于提高单位影响力，促进单位发展。第四，对于财政性经费资助产生的科研成果，通常被界定为职务成果，单位是权利人，作为权利人享有相应的利益。

（三）学术同行

学术同行是科研活动、科研工作中经常遇到的一类群体，指的是和自己从事相同或相近领域的科技工作者。在英语中，用"Peer"来指代学术同行。Peer是名词，也是动词，作名词时意思是"同等地位的人，同龄人；贵族"；作动词时意思是"凝视，盯着看；隐现；看见；匹配"。学术同行在他人科研项目中的角色主要是各类专家，包括项目申请过程中的评审专家，项目执行和结题过程中的咨询专家，论文发表过程中的评议专家等。

除担任咨询专家外，对项目申请书的评审和对论文的评议通常是匿名的，至少是单向匿名（项目申请人或论文作者信息提供给专家，但是专家信息不提供给项目申请人或论文作者）。对项目申请书的评审通常是义务性的。在个别情况下，项目管理单位也可能为专家支付报酬。对项目方案、项目成果提供咨询意见的专家通常可以获得一定报酬。学术同行接受期刊邀请对期刊论文进行评阅，通常被认为是其在学术共同体内部履行责任的表现，而且通常是没有资金回报的（当然，不排除个别期刊为审稿人支付报酬）。期刊为对审稿人付出的劳动表示感谢，会采取为审稿人颁发审稿证书、审稿证明或是按年度公开刊发审稿人姓名等方式；部分开放获取期刊会为审稿人提供优惠券，可以供审稿人向该期刊或者期刊所属出版集团的其他期刊投稿时使用。而科研人员通常把个人所担任的期刊审稿人角色当作一种学术荣誉，也是外部对其学术水平认可的一种表现，尤其是对于所谓"顶级"期刊的审稿人或编辑角色，不少人都将有关信息写入其个人简历之中。

学术同行无论担任的是何种角色，无论是否获得直接的报酬，均可以通过参与评议、咨询活动了解到其他科研人员最新的研究思路和研究成果，这是学术同行成为利益相关主体的一个关键。

（四）合作方

科研项目的利益相关主体之所以开展合作，源自双方均有各自的诉求并且通过与对方的合作能够更好地实现其诉求。在学术机构之间合作开展研发的过程中，双方或多方的动机通常是高度重合的，从而其利益诉求也高度一致，导致更容易产生冲突。当合作情形属于学术机构与企业合作开展研发，或者学术机构将其科研成果转让给企业时，合作双方的终极利益诉求形成区分，但是双方诉求的共同实现也要基于双方支付的成本进行讨价还价。

（五）服务机构

随着各界对科研活动的重视和社会分工的细化，服务机构参与和介入科研活动的程度不断加深。比较典型的服务内容是专利代理和成果转化。在执行科研项目的过程中，很多技术成果都会申请专利，而科研人员对于专利申请的流程和专利撰写的策略可能不太熟悉，因此会委托专业的机构和人员负责专利申请工作。"专利代理专业人员"是《中华人民共和国职业分类大典》所列的一项职业，知识产权代理也是服务业的一个重要分支。在成果转化环节，有不同性质的服务商，比如以提供专利拍卖服务著称的 Ocean Tomo 公司、以提供技术在线交易平台著称的 Yet2 公司。这些服务机构在获得科研人员或项目承担单位支付的报酬的前提下提供专业性服务，同时也掌握一定的科研信息。

二、立项时的保护

立项通常是一个项目的开始，还没有明确的项目成果或项目知识产权。但是，这并不意味着此时不需要对科研项目进行保护。因为在立项时科研人员对科学问题的清晰界定以及解决问题的技术方案都具有价值潜力。在科研领域，很多人都听说过甚至经历过这样的情形：文章在没有正式发表的情况下，在学术会议上进行交流后，被其他科研人员看到并开展类似的研究，进而提前发表；针对正在开展的科研工作，科研人员在与同行交流后，被同行抢先发表相关研究成果；撰写项目申请书时，科研人员总是在权衡将技术方案披露到何种程度，从而降低核心观点被他人使用的风险，同时又能够提高申请书被批准的概率。

2020 年 7 月 16 日，《光明日报》发表文章《既不能放任跑马圈地，也不能纵容恶意抢跑》。文章缘起于这样一个事件：美国加州大学某教授向中国科学院、科技部和国家自然科学基金委员会实名举报中国科学院某研究所的研究员"剽窃和涉嫌造假等学术道德不端行为"，认为后者发表在学术期刊《细胞》（*CELL*）上的论文剽窃了其在被举报人所在单位报告的、尚未发表的工作。这一事件在当时引发了广泛的社会关注。文章认为科学家分享未发表成果是一种"利弊参半的确立优先权的方法"，"参加小范围的专业研讨会宣示知识产权，可以吸引合作者、劝退竞争者，但也面临信息泄露的风险，可能丧失优先权"[①]。

科研成果的保护，应该从科研设想开始。保护的模式有自力保护和自他两力协同保护，而且自力保护是基础。所谓自力保护，顾名思义，就是依靠自己的资源、力量对科研成果进行保护，基本方式是保密，即采取手段不让科研信息外泄。自他两力协同保护是指主动借助自身之外的资源、力量对科研成果进行保护。行业组织、司法体系、知识产权制度等都是可以借助的他力性质的资源、力量。

（一）申请人

在现代科研管理中，立项是指决定去做一个具体的科研项目。在这样的决定中，一般包括要解决的科学技术问题是什么、采用什么样的方法或技术路线解决这个科学技术问题、预期在多长时间内解决这个问题、在这段时间里需要投入多少人力、财力、物力等。这些内容也是做出立项决定的依据。这里有个隐含的前提，就是谁来做出立项决定？

---

① 李侠. 既不能放任跑马圈地，也不能纵容恶意抢跑 [N]. 光明日报, 2020-07-16 (16).

在毕玉遂教授的案例中，毕教授自己做了立项决定，即他决定研究用化学方法构造无氯氟聚氨酯新型化学发泡剂分子式。自己做立项决定，也意味着不去从别的地方申请科研经费。不去申请科研经费的原因有两个，一个是没有研究基础，难以获得经费提供方的批准；另一个是担心失密。毕玉遂教授的担心不是没有道理，这种担心实际上反映了现代科研项目立项中的一个重要悖论，即申请研究经费必须在申请材料上写明研究内容和研究方案，而一旦写出和提交，就有可能失密。

以国家自然科学基金项目申请正文提纲的有关要求为例：

（一）立项依据与研究内容

1. 项目的立项依据；

2. 项目的研究内容、研究目标，以及拟解决的关键科学问题；

3. 拟采取的研究方案及可行性分析（包括研究方法、技术路线、实验手段、关键技术等说明）；

4. 本项目的特色与创新之处；

5. 年度研究计划及预期研究结果（包括拟组织的重要学术交流活动、国际合作与交流计划等）。

（二）研究基础与工作条件

1. 研究基础；

2. 工作条件；

3. 正在承担的与本项目相关的科研项目情况；

4. 完成国家自然科学基金项目情况。

其中，"项目的研究内容、研究目标，以及拟解决的关键科学问题"和"拟采取的研究方案及可行性分析"是科研项目能否获批的关键。申请人为了取得立项方信任必须全力自证，交代的信息越清晰，获得资助的可能性越高，这导致很多科研人员在撰写项目申请书时，甚至将部分成果性内容写入其中。这意味着有关科研内容被他人知晓的风险更高。

2019年3月，一起网络爆料事件引发了社会和媒体的广泛关注。3月27日，一位自称云南财经大学教师的网友在微博发声，指责湖南大学刘某某硕士论文剽窃，且剽窃的是有保密规定的国家自然科学基金项目申请书，严重影响其博士论文的重复率及学术声誉。4月2日，湖南大学发布关于刘某某硕士学位论文涉嫌学术不端问题的调查及处理说明，认定其论文存在抄袭，其导师在评审完国家自然科学基金申报项目之后，未及时销毁评审材料，刘某某摘抄了基金申报书中的部分内容用于自己的学位论文。

上述案例是一起典型的因提交项目申请而导致有关内容失密并且被他人不当使用

的事件，并且申请人的项目未获得资助。2013 年以来，国家自然科学基金委员会已经累计通报约 300 起科研不端行为案件，其中多项涉及抄袭、剽窃申请书。因此，科研人员面临这样的选择：是否申请项目？向哪个资助方申请项目？申请书的内容撰写应达到何种详细程度？

对于第一个问题，科研人员通常需要考虑学科特征、领域方向特征、具体研究问题的因素。部分研究（比如材料、化学等方向）的开展对于科研仪器设备有高度依赖，在没有资助的情况下可能会导致研究中断；而部分理论性研究（比如理论物理、基础数学）可能不依赖于科研仪器设备。

对于第二个问题，选择资助方也不是完全由申请人自己所能决定的，因为并不是每个学科方向都能够找到可供选择的多个资助来源。在有选择的情况下，科研人员可以对项目的评审周期、评审流程、评审规范等进行考虑，从而做出选择。但是对于部分学科或者研究领域而言，科研人员能够申请资助的来源非常有限。

对于第三个问题，科研人员越来越苦恼，尤其是在大科学时代和大体量科研情境下，即使是再细微的研究方向，也总是存在一些正在开展类似研究的团队，即使不存在任何文字意义上的申请书"剽窃"，也可能会造成科研想法被模仿或者被"窃取"，而且这种行为更加隐晦，后果也更加严重，潜在的"剽窃方"通过加速产出科研成果，会对最初的创新者造成冲击。

（二）立项方

立项方是前文所述的科研活动的投资方。就科研项目的资助和立项而言，立项方承担的职能主要是科研管理。无论立项方是政府或其"代理人"，还是企业或基金会，都有必要对科研内容进行保密。这既是保证科研活动能够公平开展的需要，也是维持投资方声誉的需要。立项方在接到申请人提出的项目申请材料后，既有义务为其保守秘密，也应该做出明确表示以示严肃规范。这种保密义务体现在两个方面，一方面是立项方接触申请材料的人的保密义务，另一方面是立项方组织专家评审时的保密管理。理论上，立项方没有足够的动机去扩散申请人的科研设想。

由于立项方通常不具备判断申请人科研水平和项目可行性的能力，所以要请申请人的同行（甚至小同行）帮助做出判断（即专家评审）。在全球范围内，主要的政府科研资助机构都制定了旨在保护项目申请人权益的有关制度或政策。

国家自然科学基金委员会是我国自然科学领域资助自由探索式科研的主要机构。1998 年 12 月 10 日，国家自然科学基金委员会成立监督委员会，主要开展学术监督工作，以维护科学基金的公正性、科学性和科技工作者的权益，弘扬科学道德，营造有利于科学技术创新和科学基金事业健康发展的环境。2005 年 3 月 16 日，国家自然科学基金委员会发布《国家自然科学基金委员会监督委员会对科学基金资助工作中不端行为的处理办法（试行）》，适用于在科学基金申请、受理、评议、评审、实施、结题及其他管理活动中发生的不端行为。2020 年 11 月 3 日，国家自然科学基金委员会修订通过《国家自然科学基金项目科研不端行为调查处理办法》，自 2021 年 1 月 1 日起实施。2022 年 12 月 6 日，再次修订后的《国家自然科学基金项目科研不端行为调查处理办法》，自 2023 年 1 月 1 日起实施。2014 年 12 月 2 日，国家自然科学基金委员会审议通过《国家自然科学基金项目评审专家行为规范》，自 2015 年 1 月 1 日起施行。2015 年 6 月 30 日，国家自然科学基金委员会专门印发了《国家自然科学基金项目评审回避与保密管理办法》，该办法于 2015 年 5 月 12 日审议通过，自 2015 年 7 月 1 日实施。

科学技术部是我国国家科技计划资助管理的主要部门。2006 年 6 月 16 日，科学技术部印发《关于加强科技部科技计划管理和健全监督制约机制的意见》，旨在建立"职责明晰、行为规范、运转协调、公正高效"的管理体系。2015 年 12 月 29 日，科学技术部、财政部印发《中央财政科技计划（专项、基金等）监督工作暂行规定》，旨在促进管理的科学规范、公平公开。2016 年 3 月 14 日，科技部印发《科技监督和评估体系建设工作方案》，旨在构建统一、高效、透明、规范的科技监督和评估体系。2019 年 9 月 25 日，科学技术部等 20 个部门联合印发《科研诚信案件调查处理规则（试行）》，以规范科研诚信案件调查处理工作。

美国国家科学基金会是美国的主要科研资助机构之一，类似于中国的国家自然科学基金委员会。美国国家科学基金会专门设有总监察长办公室（Office of Inspector General），主要职责是对美国国家科学基金会进行独立监督，以提高项目和运营的有效性、效率和经济性，防止和发现欺诈、浪费和滥用行为。同时，美国国家科学基金会制定了科研不端规范、项目申请和奖励程序指南等相关政策文件，对有关流程和行为进行规范。

（三）学术同行

大多数科研资助机构主要承担管理职能，而不具备专业能力，尤其是不掌握各个学科、各个研究领域的系统化知识，难以有效做出是否对项目申请进行资助的科学决策，需要依赖外部专家。因此，无论项目申请最终能否获得资助，评审专家是能够获取申请书具体内容的主要主体之一。

学术同行在立项过程中主要担任第三方评审专家的角色，对项目申请内容进行评阅、审核，并做出是否给予资助的建议。帮助立项方判断申请人能力的学术同行实际上是申请人的学术竞争对手，其在评审申请人提交的材料时，是立项方的代理人，完成立项方的委托。与此同时，评审专家也获得了申请人尚未正式公开的研究设想。如何抑制其私下利用这些信息推进自己的研究，确实是个难题。

在评审过程中对科研成果的保护主要通过两种渠道实现。一是通过契约进行约束，比如评审专家签署立项方要求签署的保密责任书。二是受自身道德修养约束，评审专家自发遵守科研伦理的要求。当然，评审专家也受到社会公众的监督，但是公众监督通常发挥的是事后作用。

三、执行过程中的保护

科研项目执行的过程是产出科研成果的过程，如果不对成果进行有效的保护，将可能影响成果在后期的转化利用。同时，科研项目执行的过程也是科研人员投入劳动的过程和科研经费支出的过程，如果不对成果进行有效的保护，将会造成相应投入的低效率运行。

（一）项目组

项目负责人通常是项目实施的直接责任人。项目的参与人员与负责人共同组成项目组，参与人员也承担一定的责任。

1. 取得阶段成果

项目进行到一定阶段，会取得一些研发成果，一般称为阶段性成果。对阶段性成果的处理一般分为三种形式：第一种是作为项目组的技术秘密，严加保护；第二种是申请专利，在当前强调知识产权的大形势下，绝大多数研发者都会考虑申请专利；第三种是发表学术论文。

这三种形式并不是互斥的（或者不是完全互斥的，因为在某些情况下，先发表论文会对专利申请造成影响）。可以把阶段性成果的关键点作为项目组的技术秘密，不予公开。实际上，项目组的技术秘密也是项目组的核心竞争力所在，技术秘密通常也只在项目组内部存在。这些秘密可以是配方、操作手册、实验物质、对比数据等。在把阶段性成果的核心关键部分作为技术秘密予以保护后，可以考虑在技术秘密不被泄露的条件下，将部分辅助性技术、互补性技术申请专利和发表论文。无论是申请专利还是发表论文，本质上都是向社会公开研发成果。当然这两种公开形式的目的和途径不一样。申请专利的目的是获得专利授权，公开途径是按照专利申请制度的要求，撰写、提交专利申请材料。发表学术论文的目的是争取学术共同体的承认，途径是按照学术规范要求撰写学术论文，向学术期刊投稿并尽快得到发表。

就同一科研成果申请专利和发表学术论文的先后顺序而言，一般认为应该先提交专利申请材料，在获得专利申请号后，再向学术期刊投稿。这样可以保证专利授权的新颖性条件不被破坏。

2. 参加学术会议

参加学术会议并在会上发表科研成果，也是一种公开阶段性成果的方式。这种公开的目的当然还是获得学术共同体的认可。这种形式的公开，因为不需要经过学术期刊的同行评审环节，科研成果和学术同行见面的速度要比学术期刊论文快得多。实际上，很多学术期刊论文最先是以会议论文的形式发表的，并且利用这种形式吸收了同行的修改建议后再向学术期刊投稿并发表。

学术会议一般是在取得了可以用来在学术界进行交流的成果后才会召开。在学术会议上发表项目组的研究成果，属于向社会公开阶段性成果。那么在学术会议上公开科研成果会不会影响专利申请呢？

根据《中华人民共和国专利法》（以下简称《专利法》）① 及其实施细则的规定，申请专利的发明创造在申请日以前六个月内，有下列情形之一的，不丧失新颖性：

（1）在国家出现紧急状态或者非常情况时，为公共利益目的首次公开的。

（2）在中国政府主办或者承认的国际展览会上首次展出的。中国政府承认的国际展览会，是指国际展览会公约规定的在国际展览局注册或者由其认可的国际展览会。

（3）在规定的学术会议或者技术会议上首次发表的。这里所称的学术会议或者技术会议，是指国务院有关主管部门或者全国性学术团体组织召开的学术会议或者技术会议，以及国务院有关主管部门认可的由国际组织召开的学术会议或者技术会议。

（4）他人未经申请人同意而泄露其内容的。

申请专利的发明创造有上述第（2）种和第（3）种情形的，申请人应当在提出专利申请时声明，并自申请日起 2 个月内提交有关国际展览会或者学术会议、技术会议的组织单位出具的有关发明创造已经展出或者发表，以及展出或者发表日期的证明文件。申请专利的发明创造有上述第（4）种情形的，国务院专利行政部门在必要时可以要求申请人在指定期限内提交证明文件，证实其发生所说情形的日期及实质内容。

（二）项目承担单位

在现行管理体制下，虽然项目组是科研项目的直接执行者，但是项目组所在单位，

---

① 如无特别说明，本书引用的《专利法》均为 2020 年修正版（2021 年 6 月 1 日施行）。

即项目承担单位是项目的法律责任主体，因为项目合同或任务书是立项方和承担单位签订的。这意味着项目承担单位在项目科研成果的保护和利用中要发挥承担法律责任主体的作用。

按照《科学技术进步法》第三十二条第一款的规定，利用财政性资金设立的科学技术计划项目所形成的科技成果，在不损害国家安全、国家利益和重大社会公共利益的前提下，授权项目承担者依法取得相关知识产权，明确了承担单位的权利人地位。按照第三十二条第二款的规定，项目承担者应当依法实施前款规定的知识产权，同时采取保护措施，并就实施和保护情况向项目管理机构提交年度报告。

2021年4月，中国科学院理化技术研究所（以下简称理化所）的一项关于大型氦低温制冷装备技术的成果取得广泛关注。4月15日，理化所承担的国家重大科研装备研制项目"液氦到超流氦温区大型低温制冷系统研制"通过验收及成果鉴定，意味着我国成功自主研发超流氦温度（−271℃）大型低温制冷装备。在项目的执行过程中，知识产权起到了支撑关键核心技术攻关的重要作用。2019年，理化所专门发布实施《理化所知识产权专项工作立项课题管理办法》，在所内搭建了完整的工作体系，形成知识产权管理的常态化机制，构建知识产权贯穿科研全过程的新型管理体制。针对有知识产权申请需求的项目采取分类征集、立项制度。知识产权申请人填写统一的申请书和答辩提纲，内容包括技术介绍（含其可延展应用领域）、对标技术及竞争对手分析、全产业链分析、市场态势分析、技术及知识产权工作基础及知识产权布局等内容，由责任部门牵头成立评判小组，在技术、市场、知识产权工作方案和内外部团队四个维度上评判是否立项[①]。

我国不少高校和科研机构都制定了用知识产权保护科研成果的专门规定，涉及权利归属、管理机构、法律责任等方面（见表2-1）。

表2-1　高校及科研机构知识产权保护规定示例

单位	文件	主要内容
中国科学院	《中国科学院院属单位知识产权管理办法》（科发促字〔2020〕31号）	创造、运用、保护、管理
中国农业科学院	《中国农业科学院知识产权管理办法》（农科院转化〔2013〕296号） 《中国农业科学院印发关于进一步加强知识产权创造保护运用的若干意见的通知（农科院转化〔2018〕131号）》	归属、创造、保护、转化、管理机构、工作机制

---

① 沈春蕾. 中科院理化所：系统设计让"专利"更有用［N］. 中国科学报，2021−11−03（003）.

续表

单位	文件	主要内容
北京师范大学	《北京师范大学知识产权管理办法（试行）》（师校发〔2021〕2号）	管理体系、归属、创造、管理、保护、运用、奖惩
上海交通大学	《上海交通大学职务发明管理办法（试行）》（沪交科〔2016〕42号） 《上海交通大学关于完善知识产权管理体系落实〈促进科技成果转化法〉的实施意见》（沪交产研〔2018〕1号）	组织机构、归属、职务成果、转化、投资、合同、收益、保护
西南交通大学	《西南交通大学专利管理规定》（西交党常纪〔2016〕1号）	权属、转化、管理、奖惩

（三）立项方

不同类型的资助方、不同类型的科研项目，可能对科研成果的保护有不同要求。

对于财政资金资助的项目，科研成果一般归属于承担单位。立项方主要是国家和地方有关政府机构，比如国家自然科学基金、各省自然科学基金，立项方对成果保护的要求通常是承担方制定相应规定或采取相应措施。立项方承担的是相对单纯的资助、管理和评价职能。

对于非财政资金资助的项目，通常需要遵守合同的约定对成果进行保密和权属划分。合同没有约定或者约定不明确的，可以结合有关法律条款进行适用，比如可以结合《中华人民共和国民法典》（以下简称《民法典》）和《专利法》中的有关条款进行界定。

合作研发项目的立项方相对比较特殊，因为其不仅承担了资助方的角色，同时也是直接参与研发创新的一方，是科研成果的直接贡献者。在这种情况下，立项和执行单位实现部分统一，在一定程度上缓解了不同单位间由于认知差异、制度差异等造成的不利影响。

随着创新生态系统的演化发展，产学研合作程度不断深化，企业资助高校及科研院所开展研发活动的现象越发普遍。政府部门也通过多种政策举措推进产学研合作，比如部分重点研发计划项目在申报指南中明确要求由企业牵头，教育部专门设立了教育部产学合作协同育人项目和中国高校产学研创新基金。企业提供资助的项目产出的成果，通常会约定由企业完全享有或者与承担单位共同享有。比如，教育部高等学校科学研究发展中心与腾讯云计算（北京）有限公司、知识加速（北京）科技有限公司设立的2022年中国高校产学研创新基金腾讯科技创新教育专项就要求"资助课题获得的知识产权由资助方和课题承担单位共同所有"。

（四）学术同行

学术同行在项目执行过程中通常有两种参与形式，即同行评议和同行咨询，分别担任评议专家和咨询专家的角色。

在科研领域，同行评议是指利用同行的专业知识，按照一定的评议标准，对科研方案、科研成果等进行评议。对科研方案的评议通常涉及问题界定的科学性、研究方法和路径的可行性等方面，在项目申报环节比较普遍，比如国家自然科学基金对于征集的项目申请书邀请同领域专家进行评议。对科研成果进行的评议有时也叫作鉴定，主要聚焦于成果的科学贡献、潜在经济价值等方面。比较常见的同行评议是期刊投稿过程中的同行评议，期刊编辑在收到作者投稿后会根据文章主题挑选该领域的学者，并邀请其担任审稿人对文章进行评议，被邀请人在接受邀请后会对文章进行评议并做出建议接收、建议修改、建议退稿等决定。在某些特殊领域，比如医学领域，在文章发表后可能还会对文章进行评议，比如对投稿阶段评审意见、对成果应用效果的评议。

在项目执行的过程中，可能会举办一次或多次专家咨询会、专家研讨会等交流活动。类似活动的举办有时是立项方强制要求的。为了保证项目的顺利进行，尤其是在立项方主要承担管理者角色而缺乏科研项目专业知识的情况下，为了保证经费利用效率和预期科研目标能够顺利实现，通常会要求在项目立项后不久进行开题交流，在项目执行过程中进行中期交流。开题交流和中期交流的一般形式是由项目组对项目方案、项目进展等进行汇报，并由同领域的外部专家进行评议。专家咨询会是邀请专家对所研究的项目提出专业意见。通常的程序是项目组对所要咨询的问题，以及围绕这个问题所做的研究做出说明，随后专家发表专业意见。如果向专家提供了书面材料，为保护起见，可以要求与会专家不要带走会议材料。如果在会议开始时就予以说明，效果会更好。

参与项目评议的专家获得了直接接触科研项目的机会，进而也参与到他人科研项目的成果保护中。咨询专家对于其所评议的科研项目的成果的保护通常是自律性的。在某些情况下，咨询专家被立项方或承担单位要求不得带走会议材料，这在一定程度上规避了风险。但是，部分知识留存于咨询专家的大脑中，就比较难以约束，通过签订保密协议可以对咨询专家的行为进行一定约束。更为复杂的情况是，咨询专家通过参与项目评议，对有关的知识进行了吸收整合和二次创新，形成新的成果，该成果能否发表以及成果如何归属也可能存在争议。

（五）合作洽谈方

在阶段性科研成果公开后，可能会有合作洽谈发生。如何在合作洽谈中保护好科研成果，值得重视。科研项目执行过程中洽谈的合作主要包括两种类型：一类是为推动科研项目进展而开展的洽谈，另一类是为促进成果转化利用而开展的洽谈。

第一类洽谈的洽谈方通常是项目的潜在合作研发伙伴。与潜在合作伙伴进行洽谈的前提是对对方的情况有了一定的了解和认可，尤其是科研条件、科研水平、科研团队等方面的情况。洽谈的要点主要有合作模式、成果归属、资金分配等，核心是通过双方的合作共同推动科学技术难题的解决。因此，此类洽谈主要涉及对一般项目信息的保护，比如原定的技术路径、新颖的或者有前景的科技难题的界定。当然，项目组在洽谈过程中也需要对前期的研究情况进行适当的交代，这时需要特别重视未公开发表的内容的信息交代程度。

第二类洽谈的洽谈方通常是潜在的技术用户。与潜在技术用户进行洽谈时有必要对科研成果的细节进行更具体的交代。根据成果的信息公开程度，可以分为三种情况：一是成果已经公开发表论文，二是成果已经提交专利申请并且已经向社会公开，三是成果还处于项目组内部知晓阶段。不同信息公开程度的科研成果需要进行不同程度的保护，而保护的重点对象自然是项目组掌握但是还没有为社会所知晓的成果部分，在必要的情况下可以与洽谈方签订保密协议。此外，还可以根据技术成熟度对技术进行划分，成熟度高的技术可以更加快速地投入应用并带来利润，成熟度低的技术则需要进一步的后续研发。不同成熟度的技术也需要适用不同的洽谈策略和匹配相应的保护策略，比如成熟度低的技术在成功应用方面的风险相对高一些，从而项目组需要提供更详细的信息以吸引用户，这时就需要采取相应的保护举措。

一般而言，合作洽谈要涉及没有以学术报告、期刊论文、专利申请文件等形式公开的内容，这些内容的保护，主要是利用合同的形式。

一是保密合同。在向合作洽谈方提供非一般公开研发关联信息、展示非一般公开实验过程、临时开放非一般公开研发场所等时，需要签署保密合同。保密合同在保证己方提供的信息等内容真实、合法的前提下，要求对方不得把所了解的信息等内容用于合作洽谈及合作之外的目的、场景等。

二是材料转移协议。该类协议的场景主要是提供生物材料（如细胞系、载体和质粒），也包括提供化学品、软件和其他研发材料。该类协议的目的在于约束材料接受者对于材料的使用，从而保护提供者的权益。在生物技术领域，科研人员交换生物材料的现象比较常见，有助于双方节约成本，验证已有的研究成果，共同推动科技创新。随着技术在带动产业方面发挥越来越重要的作用，生物材料的商业价值更加突出。在材料转让协议中，生物材料提供者可以对接受者的使用范围进行限制，或者要求对接受者基于该生物材料的后续研发成果享有权利[1]。

---

① 刘银良. 转基因论争中的知识产权问题 [J]. 法学, 2012 (3): 101-110.

四、结项和结项后的保护

结项意味着某个科研项目的生命周期进入尾声，同时项目产出的科研成果的生命周期才刚刚开始。

（一）结项时的保护

在结项时，通常情况下，项目组已经完成了预期的考核指标，包括解决特定科学技术问题、开发软件、申请专利、发表论文、创建标准等。这时，可以将成果划分为公开内容和非公开内容。公开成果的保护主要是监测成果是否在未经授权的情况下被不合理使用，比如论文和专著被剽窃、专利被侵权等。而未公开成果在结题评审、合作洽谈等环节也需要注重保护，保护的情形与项目执行过程中的专家咨询会、合作洽谈一致，不同的是成果的完整性更高，成果保护不利造成的潜在损失也更大。

对于咨询专家、立项方、合作洽谈方等有关主体及活动而言，与项目执行过程一样，也需要注重对他人成果的尊重和保护。

（二）结项后的保护

项目结项后，与科研成果相关的活动主要涉及后续研发、概念验证、小试中试、市场应用，当然与之关联的还有再投资、转让、许可、孵化等，而这些活动的目的都指向科研成果的利用。

无论是后文将要介绍的"国用""学用"还是"商用"，都有在利用过程中产生新科研成果的情形。在这种情形下的新科研成果，相对于早期科研成果而言，通常是衍生或次生科研成果，亦即和早期科研成果有研发关联或知识关联，但成果归属并不必然和早期科研成果的研发人员及其所属的科研机构有关联。换言之，如果在利用过程中，有新的资源投入，衍生或次生研发成果的归属权一般由合同规定。

第三章
用知识产权保护科研成果

保护知识产权就是保护创新，知识产权是支持全面创新的基础制度，对创新的讨论总是离不开知识产权。知识产权事业关系国家现代化建设和发展，作为一种面向市场经济的、旨在激励创新的制度设计，知识产权保护制度已经成为各个国家、各个区域、各个产业、各个创新主体基于创新获得回报的关键机制。知识产权是科研成果的主要去向，而知识产权制度是保护科研成果最直接、最全面的法律制度。科研活动产出的论文、专利、著作、技术秘密、软件等成果分属不同的知识产权类型，并受到相应的法律制度保护。

一、与科研活动有关的知识产权

科研活动是投入智力性劳动的活动，而知识产权是保护智力性成果的制度设计，两者具有天然的联系。

（一）知识产权的概念和特征

知识产权（Intellectual Property Right）是设定在智力性（Intellectual）财产（Property）上的权利（Right），目前官方对于知识产权的界定主要是通过列举方式实现的。

根据我国《民法典》第一百二十三条规定："民事主体依法享有知识产权。知识产权是权利人依法就下列客体享有的专有的权利：（一）作品；（二）发明、实用新型、外观设计；（三）商标；（四）地理标志；（五）商业秘密；（六）集成电路布图设计；（七）植物新品种；（八）法律规定的其他客体。"《与贸易有关的知识产权协定》第二部分列举了知识产权的具体类型：著作权和相关权利、商标、地理标志、工业设计、专利、集成电路布图设计和未披露的信息专有权。《建立世界知识产权组织公约》第二条第八款规定知识产权包括关于下列项目的权利：文学、艺术和科学作品；表演艺术家的表演以及唱片和广播节目；人类一切活动领域内的发明；科学发现；工业品外观设计；商标、服务标记以及商业名称和标志；制止不正当竞争；以及在工业、科学、文学或艺术领域内由于智力活动而产生的一切其他权利。

知识产权具有以下三方面特征。

（1）界定方式的列举性。用列举的方式界定知识产权，在很大程度上是因为很难对知识产权给出一个能够全面、直接地刻画各类知识产权本质的表述。1992 年，国际保护知识产权协会（International Association for the Protection of Intellectual Property，AIPPI）东京大会将知识产权划分为"创造性成果权利"（如专利）与"识别性标记权利"（如商标）。这种分类在一定程度上就意味着统一界定知识产权概念努力的终结。

（2）权利种类的发展性。不管是表现为"创造性成果权利"的知识产权，还是表现为"识别性标记权利"的知识产权，都会随着人类活动能力的提高和活动范围的拓展不断产生新的内容。就创造性成果权利而言，基因编辑技术被纳入专利制度保护框架。就识别性标记权利而言，互联网的普及使得域名成为新的知识产权类型。随着数据潜藏价值不断被认识和挖掘，与数据有关的知识产权问题也不断增加。虽然对数据有关权益进行保护的制度模式尚未得到统一，但知识产权无疑是其中非常重要的一环，2021 年中共中央、国务院印发的《知识产权强国建设纲要（2021—2035 年）》提出"研究构建数据知识产权保护规则"。国家知识产权局于 2022 年 11 月发布《国家知识产权局办公室关于确定数据知识产权工作试点地方的通知》，确定北京市、上海市、江苏省、浙江省、福建省、山东省、广东省、深圳市等 8 个地方作为开展数据知识产权工作的试点地方。8 个试点积极探索数据知识产权保护模式，浙江省印发了《浙江省数据知识产权制度改革试点方案》，江苏省起草了《江苏省数据知识产权登记管理办法（试行）》，北京市制定了《北京市数据知识产权登记管理办法（试行）》。

（3）保护内容的法定性。保护内容的法定性主要体现为：是否保护，依法决定；保护方式，依法决定；保护期限，依法决定。以专利为例，我国《专利法》规定了不授予专利权的对象，如科学发现、智力活动的规则和方法、疾病的诊断和治疗方法、动物和植物品种、原子核变换方法以及用原子核变换方法获得的物质等。我国《专利法》规定了发明专利、实用新型专利和外观设计专利三种专利保护方式，保护期限分别是 20 年、10 年和 15 年。

（二）前景和背景知识产权

基于科研项目研发成果申请的知识产权，就是项目知识产权。在有些情况下，考虑到项目知识产权是在项目启动时还不存在的知识产权，能否产生要看项目的进展，因此也称为前景知识产权。项目知识产权需要满足两个条件：一是在项目执行期间产生的知识产权，项目执行前已经形成的知识产权可能属于背景知识产权或者与项目无关的知识产权；二是因执行具体项目形成的知识产权，比如因执行 A 项目产生的知识产权不能被当成 B 项目的项目知识产权。当然实践中的情况可能相对复杂，因为有些项目知识产权确实是同时基于多个项目研发取得的成果。

背景知识产权通常指在科研项目立项前，项目申请单位已经拥有的与所申请项目有一定关联或者是执行项目所需要用到的知识产权。背景知识产权信息的提供或披露，一般发生在项目申请立项阶段，用以证明申请人的科研实力和科研经验。但这些知识产权也可能会在即将开始的项目研发中发挥作用。如果背景知识产权在项目研发中发挥了作用，就要具体判断背景知识产权和项目知识产权的关系。如果项目是利用财政性资金设立的科学技术计划项目，按照《科学技术进步法》的有关规定，除特殊情形外，项目知识产权归承担单位所有，项目知识产权和背景知识产权是同一权利主体，两者之间的关系可以由承担单位内部管理规定处理。

合同当事人通常可以自行约定关于背景知识产权的条款。常见的约定形式有两种：第一种是约定合同生效前双方已有的技术成果归原持有方，如果一方需要使用对方已有技术成果，双方另行签署技术许可合同；第二种是约定对于受托方或合作方的背景知识产权，委托方或其他合作方可以直接使用，甚至是免费使用，而不需再单独签订技术许可合同。①

二、科研成果保护的法律制度基础

以《科学技术进步法》《促进科技成果转化法》为代表的科技法，以《专利法》为代表的知识产权法，以及以《民法典》中的技术合同为主的法律规定，构建了我国科研成果保护和利用的法律制度框架和运行规则。总体而言，我国的科研成果保护和利用的基础法律概念是知识产权，《科学技术进步法》《促进科技成果转化法》《民法典》"技术合同"部分中与科研成果保护和利用有关的内容都是基于知识产权（有时表达为专利权）展开的。从知识产权角度来看，自力保护主要有六种做法，其中的四种是通用的，两种是针对特殊领域的。通用的四种是保密、申请专利、登记软件著作权、注册商标；针对特殊领域的两种是申请植物新品种权和申请集成电路布图设计专有权。

---

① 何隽. 技术开发合同中"背景知识产权"如何约定 [N]. 中国知识产权报，2018-08-22 (05).

（一）保密

保密，准确地说是保护商业秘密。与专利不同，秘密不需要通过申请和审查流程就能够获得，并且不需要满足新颖性、实用性、创造性等可专利性标准要求。2020 年 1 月，中美双方签署中美第一阶段经贸协议，第一章即知识产权，而在知识产权相关内容中，商业秘密被放在首要位置。

在美国，商业秘密被普遍视为重要资产。美国 1985 年统一商业秘密法（*The Uniform Trade Secret Act*）① 对商业秘密的定义是"包括配方、模型、汇编、程序、装置、方法、技术、工艺的信息，且（1）具有独立的实际或者潜在经济价值，不为公众所知、无法由他人通过适当方法轻易获知、其泄露或者使用能够使他人获取经济利益；（2）根据具体情况采取了合理措施以维持其秘密性"。这样的定义阐述了商业秘密的三个构成要件：信息所有者采取了合理的措施维持信息的秘密性；信息具有实际或者潜在的独立经济价值；信息不为其他人所知或不可以被其他人轻易得到。为了完善商业秘密保护体系，提高商业秘密保护响应速度，2023 年 1 月 5 日美国总统签署通过了 2022 年保护美国知识产权法案（*Protecting American Intellectual Property Act of* 2022），授权美国政府可以对窃取美国商业秘密的外国主体施加经济制裁，此举标志着制裁措施正式成为美国保护商业秘密的工具之一。

在我国，《中华人民共和国反不正当竞争法》（以下简称《反不正当竞争法》）中有关商业秘密的规定与科研成果的保护关系最为密切。商业秘密作为无形资产的一个重要组成部分在市场竞争中发挥越来越重要的作用，作为科研投资回报的基础条件之一在科研成果保护活动中也扮演着重要角色。《反不正当竞争法》第九条中规定，"本法所称的商业秘密，是指不为公众所知悉、具有商业价值并经权利人采取相应保密措施的技术信息、经营信息等商业信息。"实践中，商业秘密包含两项基本内容：一是技术秘密，如技术方案、方法、技巧、产品秘方、技术情报和资料等；二是经营秘密，如技术转让、质量控制策略、供货渠道、市场信息、经营手段等。本书所说的商业秘密，主要是指《反不正当竞争法》规定的技术信息，即通常所称的技术秘密。显然技术秘密保护是《反不正当竞争法》所提到的对技术秘密采取的相应保密措施。

（二）申请专利

"以公开换保护"是专利制度的基本原则。公开是申请人对自己掌握的、未被本领域一般工程技术人员所知悉的技术信息的公开；保护是指政府对申请人所申请专利的

---

① 美国《统一商业秘密法》第一个版本于 1979 年发布。

授权及对所授专利权的保护。《专利法》第三条第一款规定："国务院专利行政部门负责管理全国的专利工作；统一受理和审查专利申请，依法授予专利权。"第二十六条第一款规定："申请发明或者实用新型专利的，应当提交请求书、说明书及其摘要和权利要求书等文件。"第六十四条第一款规定："发明或者实用新型专利权的保护范围以其权利要求的内容为准，说明书及附图可以用于解释权利要求的内容。"

这些法律条文的规定，说明国务院专利行政部门，即国家知识产权局依申请做审查而授权。授权的基础是申请人的申请材料，国家知识产权局不能授予超出申请人申请材料中提出的希望得到的授权，即国家知识产权授予专利申请人的权利必须在申请人提出的权利要求的范围之内。也就是说，申请人得到的专利权的保护范围，是申请人决定的，这也是自力保护为主的体现。

（三）登记软件著作权

软件是一类科研成果，和软件对应的知识产权是著作权。计算机软件著作权是指软件的开发者或者其他权利人依据有关著作权法律的规定，对于软件作品所享有的各项专有权利。著作权保护施行"自动取得原则"，意味着作品一经产生，不论整体还是局部，只要具备了作品的属性即产生著作权，既不要求登记，也不要求发表，也无须在复制物上加注著作权标记。相较于专利和商标，著作权的取得无须履行审查、登记等任何手续。

作者也可以通过向著作权管理部门登记著作权取得公示效果和强化证据效力。对于计算机软件而言，进行相应的著作权登记，在"取得公示效果和强化证据效力"之外，还享受《计算机软件著作权登记办法》规定的"重点保护"和相关的信息产业促进政策和科技成果转移转化政策中的优惠条款。《计算机软件著作权登记办法》第二条规定："为促进我国软件产业发展，增强我国信息产业的创新能力和竞争能力，国家著作权行政管理部门鼓励软件登记，并对登记的软件予以重点保护。"

（四）注册商标

我国实行注册商标保护制度。申请人向国家知识产权局商标局（以下简称商标局）申请商标注册后，商标局需要依法进行审查。《中华人民共和国商标法》（以下简称《商标法》）第三条中规定，经商标局核准注册的商标为注册商标，包括商品商标、服务商标和集体商标、证明商标。商标制度的本质在于保障消费者和生产、经营者的利益。科研工作者可以结合自己的专业领域，按照商标分类要求注册商标，将之应用于科学技术知识的生产、经营中。

商标实行分类注册。我国的商标分类标准是商标局制定发布的《类似商品和服务区分表基于尼斯分类第十二版（2023 文本）》，其中的第四十二类为"科学技术服务和与之相关的研究与设计服务；工业分析、工业研究和工业品外观设计服务；质量控制和质量认证服务；计算机硬件与软件的设计与开发"，和科研成果的保护密切相关。《类似商品和服务区分表》是针对具体商品和服务类别做出的规定，和科研成果这种通常以知识形态存在的抽象事物不甚相干。但科研成果也有不同类型，对现实经济社会有具体应用价值的科研成果和具体的商品、服务之间的隔阂并非想象的那么深，甚至有的就是一层纸之隔。就像在学术界被称为"乙酰水杨酸"的化学物质，在市场上被称为"阿司匹林"。

（五）申请植物新品种权

和植物有关的科研成果可以依据《中华人民共和国植物新品种保护条例》申请植物新品种权。对植物品种权的保护仅限于植物品种的繁殖材料，保护的对象是植物育种者应当享有的权利。我国将植物新品种保护工作分为林业和农业两部分，分别由国务院农业、林业行政部门负责。林业领域植物新品种包括林木、竹、木质藤本、木本观赏植物（包括木本花卉）、果树（干果部分）及木本油料、饮料、调料、木本药材等植物的新品种；农业领域植物新品种包括粮食、棉花、油料、麻类、糖料、蔬菜（含西甜瓜）、烟草、桑树、茶树、果树（干果除外）、观赏植物（木本除外）、草类、绿肥、草本药材、食用菌、藻类和橡胶树等植物的新品种。

（六）申请集成电路布图设计专有权

和集成电路有关的科研成果可以依据《集成电路布图设计保护条例》申请登记集成电路布图设计专有权。集成电路布图设计在美国被称为"掩膜作品"（Mask work），是制造半导体芯片的核心。由于半导体芯片在很多战略性领域发挥关键作用，集成电路布图设计的保护也显得异常重要。

三、用知识产权保护科研成果的实践功能

从"商用"的视角出发，用知识产权保护科研成果，可以发挥直接、间接和升级性作用。

（一）直接功能：排除竞争对手

知识产权是一种排他性权利，这也是知识产权保护的核心。基于知识产权的排他性可以构筑一系列功能。以专利为例，《与贸易有关的知识产权协定》第 28 条中规定，

"一、专利授予其所有权人下列专有权利：（一）如一专利的客体是产品，则防止第三方未经所有权人同意而进行制造、使用、标价出售、销售或为这些目的而进口该产品的行为；（二）如一专利的客体是方法，则防止第三方未经所有权人同意而使用该方法的行为，并防止使用、标价出售、销售或为这些目的而进口至少是以该方法直接获得产品的行为。"该条款体现的就是知识产权的排他性功能，主要目的是防止第三方的不正当竞争行为。

知识产权还是一种消极性权利，使得专利的排他性通常需要借助一定的行政、司法渠道才能实现。知识产权的排他性表现在对未经允许的使用行为的排除，但是这并不能达到在实践中禁止各类侵权行为出现的目的。在出现侵权行为的情况下，知识产权的权利人可以通过主张权利，获得事后救济。

（二）间接功能：获取现金收益

知识产权制度是激励创新的制度，增强了创新市场的竞争性。在知识产权制度的运行中，产权关系的界定是实现保护和激励创新这一目标的基础。这种产权制度确认了知识产权的经济潜能，使其变得容易评估，增加了知识产权的可交易性并且还可以对交易进行保护。相较于其他无形资产（比如商誉），知识产权资产在一定程度上具备了"有形性"，比如对于专利权，专利审查部门颁发相应的证书，并且列明了专利的保护范围（即权利要求书的内容），这使知识产权能够更容易进入市场流通环节，并且具备一些有形商品交易的特征。

在知识产权排他性的约束下，相关主体要想使用相应知识产权，必须获得权利人授权，从而需要支付相应费用，给权利人带来现金收入。转让、许可是基于知识产权获取现金收益的常见方式。《与贸易有关的知识产权协定》第 28 条中规定："二、专利所有权人还有权转让或以继承方式转移其专利并订立许可合同。"该款体现的是知识产权的货币性作用，明确指出作为知识产权的专利可以进行转让、继承和许可等。

目前，知识产权交易形成的市场不断扩大。市场规模和参与主体都有巨大发展，出现了各种各样的知识产权中介和平台。高校、科研机构、企业纷纷通过出售和许可其知识产权资产获得现金收益。高校和科研机构由于不直接从事生产经营活动，通常采取打包出售和许可的方式实现知识产权资产的获益，有时也通过技术投资入股方式实现技术的产品化从而间接带来现金回报。企业持有知识产权的目的是以战略性运用为主，但是近年来企业对资产价值越来越重视，企业之间专利转让和交叉许可频繁发生。

（三）升级功能：进入二级市场

"二级市场"在不同领域有着不同的含义。在土地领域，政府供应形成了土地一级市场，而市场主体之间转让、出租、抵押等交易活动构成了土地二级市场。在金融领域，一级市场是非公开发行市场，主要针对未上市公司的投融资行为，比如各类风险投资、创业投资、私募基金等，投资人多为机构投资人；二级市场主要针对上市公司的投融资行为，有公开的交易场所（比如上海证券交易所、深圳证券交易所），比较典型的就是股票交易，个人投资人是重要的参与主体。

知识产权的二级市场大体可以归为两类，第一类是知识产权在初始权利人交易后进行的各种后续交易。近年来，市场上涌现出一批参与知识产权交易市场的第三方主体，这些企业在市场调研的基础上从高校、科研机构收购有潜在价值的专利或者获得独家许可，并通过将这些专利转售或转许可给有需求的企业来获利。比较典型的是在21世纪出现并迅速名声大噪的高智发明（Intellectual Ventures）。

第二类是知识产权与金融的结合。近年来，在市场的拉动和政府的推动下，知识产权与金融业、金融模式的结合更加紧密，后文将进一步介绍科技、金融与知识产权的互动。

四、跨国科研成果的知识产权保护 *

尽管近年来出现了英国脱欧、世界贸易组织上诉机构停摆、美国退出联合国教科文组织等逆全球化事件，但是既有的全球化事实仍然是不可更改的，未来的全球化趋势仍然会向着更高程度、更高质量的方向发展。在全球化与逆全球化交织交替的历史进程和背景下，探讨跨国科研成果的保护仍然具有重要意义。

知识产权保护具有地域性，这意味着在某个国家申请并获得授权的知识产权仅在该国地域范围内有效。对于同一项技术而言，要想获得更广泛的地域保护，就必须向更多国家的专利审查机构提交专利申请，从而需要支付更多的申请和维持费用。因此，创新主体必须结合其经营发展战略需求制定海外知识产权布局策略。由于发明专利授权必须以发明具有新颖性为条件，而一旦发明先在某个国家提交专利申请并公开，就会对新颖性造成冲击。为应对这一问题，有关法律和公约做出相关规定，明确在首次提交专利申请后的一段时期内不丧失新颖性，但并不是无限期的。比如，我国《专利法》规定发明专利的优先权期限为12个月，与《保护工业产权巴黎公约》（以下简称

---

* 此部分内容发表于2023年5月《中国高校科技》，本书进行了删改。

《巴黎公约》）的要求一致；而《专利合作条约》（*Patent Cooperation Treaty*，PCT）将优先权最长期限放宽到 30 个月。

司法是知识产权侵权救济的重要渠道。近年来跨国知识产权诉讼显著增加，使得知识产权案件的管辖权问题变得突出。一个突出表现是发达国家法院管辖权的扩张。在华为公司与三星中国公司的专利侵权纠纷中，中国法院一审判决判令三星中国公司等立即停止侵权。一审判决做出后，美国加利福尼亚北区联邦地区法院颁发禁诉令，裁定在该法院审理三星中国公司和华为公司争议之前，华为公司不得申请执行深圳市中级人民法院关于三星中国公司停止侵犯华为公司中国专利的判决。在标准必要专利领域，还出现"禁诉令"与"反禁诉令"的碰撞。比如，武汉市中级人民法院在小米公司诉交互数字公司案中做出的禁令裁定引发了印度新德里高等法院和德国慕尼黑地区法院的反禁诉令；武汉市中级人民法院在三星中国公司诉爱立信公司案中授予三星中国公司针对爱立信公司的禁诉令引起了美国得克萨斯东区联邦地区法院的反禁诉令。从我国制度建设来看，目前还没有关于涉外知识产权纠纷管辖的专门性规范；在全球范围内，跨境知识产权纠纷的管辖权也还缺乏国际规则的协调。

随着我国对外开放程度的不断扩大，国际科技合作产生的科研成果的保护问题更加突出。2021 年我国修订的《科学技术进步法》将国际科技合作单独成章，在我国具有深刻的现实背景和现实需求，特别要求"完善国际科学技术研究合作中的知识产权保护与科技伦理、安全审查机制"。由于国际科技合作涉及不同国家、不同法域、不同体制，对于成果产出的归属的判断比较复杂。国际科技交流多以产出科研成果为目的，而知识产权是科研成果的重要体现形式，科研人员在进行科研活动中可能会产出大量专利、论文等科研成果。科研成果的归属直接关系到科研人员的切身利益，往往是科研人员在科研活动中最为关注的内容之一。由于知识产权的地域性特征，如果参与科技合作的科技团体、组织、人员对知识产权的保护考虑不周，法律风险防范措施不到位，很容易造成知识产权资源的流失。在实践中，科技成果权属的认定，不仅需要对职务工作成果和个人工作成果进行识别，了解参加者和派出单位与接收单位是否已经存在委托研究或者合作研究关系，还需要了解参加者在接收单位从事的工作与其过去职务研究工作的区分和联系，并考察是否实质利用了单位的技术秘密、专有技术。若科研人员在进行科技交流之前未与相关单位明确科技成果归属，在交流过程中就可能面临科技成果归属不清的法律风险。

国际科技合作成果归属的确定一般应当遵循平等互利、相互尊重原则，遵守各国国内法律，并以协议为根据。有效保障权益、规避风险的手段通常是采取事前措施：一方面，国家层面制定统一的制度，要注意在满足国家需求的同时，符合有关国际公约和国际惯例；另一方面，机构和个人在开展国际科技合作前，通过合同对成果的归属和使用进行清晰明确的约定，要注意跨语种翻译过程中的一致性。在国际科技交流中，合同几乎是具体合作项目的必备项，其中涉及多方面问题，蕴含的法律风险多样。科研人员在举办会议、参加会议、交流访学、合作研究的过程中，会涉及各类合同。很多情况下，科研人员在签署合同时并没有仔细阅读和理解其中的内容，但这些内容对于科技合作交流是非常重要的，不但涉及合作中的权利义务，而且涉及合同违约的风险。

在国际科技交流过程中，许多单位制定了相关科技成果归属的规则或者模板。美国宾夕法尼亚州立大学的访问学者协议针对科研成果设置了两项具体条款。其中一项是关于作品发表，指出大学保留学者访问期间完成的任何作品的全部权利，包括名称、收益、出版等，访问学者的贡献将在出版时进行说明。另一项专门针对知识产权设立，访问学者承担学校项目、使用学校设施产出的知识产权成果都归属于学校；访问学者需要向大学披露与其访问有关的知识产权，并且在学校有需要时，提供相应文件帮助学校保护知识产权；访问学者要遵守大学与大学的资助方、合作方签订的协议，确保合作方的知识产权得到有效保护。当然，并非访问学者访问期间的所有成果都归属于学校，美国加利福尼亚大学把知识产权类型区分为教学知识产权、研究知识产权和学术知识产权，其中的教学知识产权和学术知识产权一般是归属于访问学者个人的，但是在协议中要求访问学者授权大学以永久的、不可撤销的、免费的许可方式，出于研究和教学目的进行复制、使用和展示。

第四章

用专利打造高价值科研成果

《中华人民共和国国民经济和社会发展第十四个五年规划和 2035 年远景目标纲要》把"每万人口高价值发明专利拥有量"纳入经济社会发展主要指标，意味着高价值专利工作成为我国经济社会发展过程中的一个重要方面，并在国家层面被纳入政府工作议程。专利是科技创新的重要产出和创新链的关键环节，是创新主体从创新获利的重要机制。在我国实现高水平科技自立自强、创新驱动发展和高质量发展的过程中，专利发挥重要作用。随着知识和技术竞争的加剧，专利成为企业获取竞争优势的重要工具，创新型企业不断加大研发投入，并策略性地进行专利布局。高校和科研院所等创新主体也成为专利申请的主要力量。

一、科研成果与专利的关系*

专利制度是与科研成果保护和利用联系最密切的知识产权制度。甚至可以说，现代科研事业的发展与现代专利制度的演进在很大程度上是共生的。专利制度规定的对新技术方案的保护，直接促进了新技术的研究开发；而新技术是科研成果利用的技术基础。《专利法》关于合作研发、专利共有的条款为科研管理上的联合研发在安排专利事宜方面提供了直接的法律基础，关于申请流程的条款有利于促进研发立项的目标改进，关于专利权排他性的规定直接促进了研发投资。

专利是最常用的、被广泛认可的科研成果测量指标，被广泛应用于经济学和管理学的研究中，尤其是用于分析创新绩效。从发明和技术的角度来看，专利与创新之间存在密切联系。创新是经济和社会发展的重要驱动力，根据对象可以分为技术创新和制度创新，根据程度可以分为渐进式创新和突破式创新。2016 年，中共中央、国务院

---

* 此部分内容发表于 2018 年 6 月《外国经济与管理》，本书进行了删改。

印发了《国家创新驱动发展战略纲要》，提出国家力量的核心支撑是科技创新能力。专利是创新过程的一个特定阶段。创新的基本过程包括：创新的投入，即研究开发活动的开展；创新的中间产出，即发明的形成，也包括申请专利的发明；最终的创新产出，比如新产品[1]。专利产出的过程通常就是科学技术的研究开发过程，从而专利与研发活动和研发经费存在紧密的联系。专利文献对技术创新的特征给出了清晰的描述，授权专利（主要指发明专利）的实用性、新颖性和创造性都经过了专利审查员的严格审查。即使是对于没有获得授权的专利申请而言，这些发明也是发明人的创造性劳动成果，而且申请人认为这项成果是有价值并且值得保护的。真正的创新应当能够给社会或经济带来促进作用，而专利的申请通常以商业化为目的，申请和维护都需要较高的时间和资金成本，反映出申请人认为特定的技术申请专利能够为其带来预期回报，即申请人认为专利至少在经济发展方面具有潜在作用，当这种潜在作用转化为现实时，专利就成为创新。

专利作为创新指标，在广泛使用的同时也存在一些争议[2]，因为专利既不能代表所有创新，也不能反映不同创新的重要程度，两者之间在质量和数量方面都存在不一致性，而且专利申请行为的国别差异、产业差异、企业差异都给专利数据的使用带来了困难。

用专利评价创新时，由于人为地选取专利作为创新的指标，可能因忽视创新的其他不为专利表征的方面而造成误差。从专利制度的实际运行来看，并非所有的技术创新成果都符合专利申请和授权的标准，并非所有符合专利申请条件的技术创新成果都申请了专利，并非所有的专利申请都获得了专利审查机构的授权，仅仅使用专利计数不能完全表征创新的全部信息。以企业为例，企业保护技术创新成果的方式有多种，包括领先优势、快速占领市场、商业秘密、使用互补性销售和服务能力以及申请专利。企业在做出是否申请专利的决策时会权衡不同的技术保护策略，并考虑技术成果的可专利性、申请专利的期望收益以及对竞争态势的影响等因素。从而，使用专利数据评价创新会出现人为的选择偏误，即忽视了其他非专利形式的创新。

并非所有申请专利的发明都能够代表创新。虽然创新可以有多种不同的界定，但是创新的结果应当能够给社会或经济绩效带来促进作用。从而，申请专利和授权专利都不能完全代表创新，只有当专利在实践中被用到时（比如用于生产新产品，改进原有产品或工艺）才成为创新，即申请专利的技术中只有被实际用到的那一部分才是真

① ACS Z J, ANSELIN L, VARGA A. Patents and innovation counts as measures of regional production of new knowledge [J]. Research policy, 2002, 31 (7): 1069-1085.

② BASULTO D. Patents are a terrible way to measure innovation [N]. The Washington post, 2015-07-14.

正的创新。从专利申请的动机来看，有的专利在申请之初就不是为了进行商业化应用和防止自有技术被模仿，而是出于其他的战略性目的，包括专利封锁、作为谈判筹码、提高声誉、破坏竞争者研发、建立标准等。这些专利基本上都没有带来直接的社会或者经济效益，甚至在一定程度上阻碍了技术进步。即使是授权专利，如果没有被使用，也不属于真正意义上的创新。

二、科研成果经济价值的形成

专利作为当代科研成果的重要产物和表现形式，其价值在于技术创新与法律保护的合一。技术维度是专利价值的来源基础，一项发明创造的技术创新水平决定了其能够为发明人带来回报的潜力大小，比如技术的先进性、复杂度、可替代性等特征。但是，在权利法定原则的条件下，专利的申请过程直接影响权利人对相应技术进行保护的边界，因为权利人只能就专利所明确的技术保护范围主张权利，因而专利保护范围也被认为是衡量专利价值的最重要指标之一。

专利申请是实现专利技术和法律合一化的必要程序。专利申请过程中的策略性行为通过影响审查过程和结果，进而影响专利价值。专利审查是对专利质量进行控制的主要机制和流程。专利保护范围主要由专利的权利要求进行限定，尤其是独立权利要求，审查员在审查过程中会重点对权利要求与专利说明书中所记录的技术方案是否一致进行评价，根据专利授权标准作出是否授权的决定。

专利申请策略与专利质量紧密联系，专利申请质量是专利质量的基础，是提升专利质量的可操作性保障。创新主体在申请专利时往往会采取不同的申请策略。随着专利申请动机从传统的保护创新到实现战略目标的转变，为了调整专利审查周期、优化专利保护范围，或者实现其他目的，专利申请中的策略性行为越来越常见。Reitzig 分析了专利代理人在撰写专利过程中的理性决策问题[1]；Berholtz 等探讨了专利申请国别和地区的选择问题[2]；Dechezleprêtre 等讨论了专利优先权申请和专利授权滞后期问题[3]；Stevnsborg 和 van Pottelsberghe 研究了专利申请路径问题，探讨了美国模式和 PCT

---

[1] REITZIG M. Improving patent valuations for management purposes—validating new indicators by analyzing application rationales [J]. Research policy, 2004, 33 (6-7): 939-957.

[2] BERHOLTZ R, SCHURMAN R H, DAVIES V, et al. Where to file: a framework for pharmaceutical and bio-technology companies to develop an international patent filing strategy [J]. Thomas Jefferson law review, 2014, 37: 225-336.

[3] DECHEZLEPRÊTRE A, MÉNIÈRE Y, MOHNEN M. International patent families: from application strategies to statistical indicators [J]. Scientometrics, 2017, 111 (2): 793-828.

申请模式的区别①；Heikkilä 和 Verba 分析了实用新型专利和发明专利混合申请的策略问题②；van Zeebroeck 和 van Pottelsberghe 研究了权利要求数量、专利组合、分案申请等专利的撰写模式问题③。

专利文本的撰写是专利价值的重要基础。国家知识产权局和中国技术交易所编写的《专利价值分析指标体系操作手册》把专利价值划分为法律价值、技术价值和经济价值三个维度④。其中，法律价值的评判标准涉及权利要求特征、独立权利要求的特征等内容，技术价值的评判标准涉及专利说明书的背景技术和技术方案部分的描述，这些都是专利文本的具体内容。韩国特许厅开发的 Smart 5 系统对于专利价值的评估也在很大程度上依赖于专利文本。美国专利评级公司开发的专利评级系统中的多项指标涉及专利申请，比如权利要求数量、权利要求字数、附图数量等。2013 年，《国家知识产权局关于进一步提升专利申请质量的若干意见》提出，"专利申请质量以专利申请文件为载体，主要由专利申请的文件撰写水平和专利申请的技术创新水平决定。"

专利申请需要经历一系列的复杂并且漫长的流程，并且可能涉及不同渠道。在我国，申请人提交专利申请后，自申请日起满十八个月，国家知识产权局将向公众公开专利申请。专利初步审查合格后，专利申请人也可以申请提前公开。发明专利申请自申请日起三年内，申请人必须提出实质审查请求，否则申请被视为撤回。这样的制度设计为申请人策略性地选择公开时间、提交实质审查请求提供了可能。此外，专利保护具有地域性，要想在某个国家（地区）获得专利保护，就必须在相应的专利局提交专利申请，这时就涉及申请时机和渠道的问题。

除去文本、流程、渠道之外，专利申请还可能涉及外部的主体和制度。比如，专利文本的撰写和文件的提交可能由专业服务机构完成。另外，专利最终在市场上发挥作用，可能涉及与其他制度的结合。由此可见，创新主体可能将成套技术中的部分技术要点申请专利，并保留部分技术要点作为技术秘密。

① STEVNSBORG N, VAN POTTELSBERGHE B. Patenting procedures and filing strategies at EPO ［M］// GUEL-LEC D, VAN POTTELSBERGHE B. The economics of the European patent system：IP policy for innovation and competi-tion. Oxford：Oxford University Press，2007：155-183.

② HEIKKILÄ J, VERBA M. The role of utility models in patent filing strategies：evidence from European countries ［J］. Scientometrics，2018，116（2）：689-719.

③ VAN ZEEBROECK N, VAN POTTELSBERGHE DE LA POTTERIE B. Filing strategies and patent value ［J］. Economics of innovation and new technology，2011，20（6）：539-561.

④ 国家知识产权局专利管理司，中国技术交易所. 专利价值分析指标体系操作手册 ［M］. 北京：中国知识产权出版社，2012.

三、专利申请策略的类型

专利发挥作用依赖于研究开发、专利申请、专利审查和授权、专利商业化、专利维权和保护等环节。专利申请作为其中一个不可或缺的中间环节，起到关键作用，高价值专利的一个主要形成机制也在于申请。一方面，专利能否授权与申请人的专利申请行为直接相关，审查员通过对申请人所提交的申请材料中描述的技术方案是否符合专利授权标准进行判断，作出是否授权的决定。另一方面，专利保护范围由专利所包含的符号内容（文字、图案、公式等）界定，这些内容是在申请过程中确定的，决定了一项专利能够在多大范围内阻止侵权并维护申请人的竞争优势，也直接决定了专利能够给创新主体带来多大收益。

专利申请人在申请专利时使用各种策略有助于管理专利申请过程，使法律保护范围最大化，并实现其他战略目标。这些策略包括在哪里申请专利、何时申请专利、就哪部分技术申请专利、以何种渠道或途径申请专利以及如何撰写专利文本。Stevnsborg和 van Pottelsberghe 从策略目标出发，把专利申请策略分为 4 种类型：善意申请且快速授权、善意申请且缓慢授权、恶意申请且缓慢授权、对专利制度的滥用[1]。专利制度不是"完美"的制度，Harhoff 和 Reitzig 把专利审查过程看成是申请人和审查员谈判、博弈的过程[2]，申请策略对于博弈结果会产生直接影响。邓洁等认为专利制度的内在"不确定性"导致了专利申请人的策略性专利申请行为[3]。

本书把专利申请策略界定为，申请人在专利申请过程中出于特定目的所采取的具体策略。从这一界定出发，专利申请人是专利申请策略的实施主体；专利申请策略运用于专利申请的过程，这一过程从专利申请的准备持续到专利授权公告发布或者专利申请被驳回之日；专利申请策略有明确的策略目标，也意味着追求不同的策略目标可能会有不同的策略举措。在上述界定的基础上，专利申请策略被划分为文本策略、流程策略、辅助策略三种类型。

---

① STEVNSBORG N，VAN POTTELSBERGHE B. Patenting procedures and filing strategies at EPO ［M］. // GUELLEC D，VAN POTTELSBERGHE B. The economics of the European patent system：IP policy for innovation and competition. Oxford：Oxford University Press，2007：155-183.

② HARHOFF D，REITZIG M. Determinants of opposition against EPO patent grants—the case of biotechnology and pharmaceuticals ［J］. International journal of industrial organization，2004，22（4）：443-480.

③ 邓洁，崔利刚，苏平. 策略性专利申请行为会影响专利权稳定性吗 ［J］. 科学学研究，2019，37（07）：1193-1202.

（一）文本策略

专利申请的文本策略指申请人在提交申请材料过程中所采取的与专利文本撰写相关的策略，主要涉及提交申请前的撰写过程和提交申请后在审查过程中对申请材料的修改。专利文本通常包括如下信息：申请号、申请日、申请人名称和地址、发明人、专利代理机构和代理人、分类号、发明名称、引用的文献、摘要、权利要求书、说明书、说明书附图。其中，除部分事实信息和由审查员添加的信息外，其余内容主要是由申请人撰写并提交、经过审查员审查后确定的。不同的专利撰写策略会带来不同的审查结果，申请人对于其撰写的内容，可以通过一定的策略性行为对专利审查的过程和结果产生影响。表述清晰、可读性强的申请所需的审查时间可能更短，也更容易得到授权。Reitzig 认为[①]，对专利申请撰写模式的不同效果之间的权衡是提交专利申请时的关键工作，这一观点不无道理。

一项专利最核心的内容在于其权利要求书。权利要求书包括至少一项独立权利要求，同时可能包括一项或多项从属权利要求。权利要求决定了专利的保护范围，独立权利要求界定的保护范围最大，从属权利要求是对独立权利要求的进一步限制。权利要求的措辞会对专利保护范围产生重要影响，比如开放式权利要求和封闭式权利要求会造成重大区别，是申请方法专利还是申请产品专利对于后续的权利实施也有重要影响[②]。专利审查结果受到专利保护范围的撰写方式的影响。申请的保护范围越宽，实质审查过程中专利保护范围被缩减的幅度越大，授权的概率越低；相反，申请的保护范围越窄，实质审查过程中保护范围被缩减的幅度越小，授权的概率越高，而且审查时间越短[③④]。Lemus 和 Marshall[⑤]分析了美国专利申请人如何从策略上应对 TRIPS 所引起的专利保护期限调整（从 17 年到 20 年），发现更窄的保护范围请求给申请人带来审查周期的缩短。

权利要求数量也可能是申请人策略选择的结果。权利要求数量的增加可以提高专利的授权概率和法律稳定性。更多的权利要求意味着对专利最宽保护范围有更多角度

---

① REITZIG M. Improving patent valuations for management purposes—validating new indicators by analyzing application rationales [J]. Research policy, 2004, 33 (6-7): 939-957.

② 我国专利的权利要求一般划分为产品和方法两类；在欧洲专利局，权利要求划分为产品（Product）、过程（Process）、装置（Apparatus）和使用（Use）。

③ OKADA Y, NAITO Y, NAGAOKA S. Making the patent scope consistent with the invention: evidence from Japan [J]. Journal of economics & management strategy, 2018, 27 (3): 607-625.

④ MARCO A C, SARNOFF J D, CHARLES A W. Patent claims and patent scope [J]. Research policy, 2019, 48 (9): 1-17.

⑤ LEMUS J, MARSHALL G. When the clock starts ticking: measuring strategic responses to TRIPS's patent term change [J]. Research policy, 2018, 47 (4): 796-804.

的具体限定，当其中的个别或部分权利要求不符合授权标准甚至独立权利要求不符合授权标准，但是仍有某些（从属）权利要求符合授权标准的情况下，专利仍然可以获得授权。独立权利要求数量的增加还意味着更大的保护范围，而保护范围越大则越有可能在授权后被宣告无效，因为扩大的保护范围更有可能落入没有被审查员检索到的在先文献而导致发明丧失新颖性，进而申请人需要做好策略平衡。van Zeebroeck 等①指出，在等同原则（Doctrine of Equivalents）下，申请人撰写权利要求时，通过多个不同权利要求的相互重合、嵌入，可能会获得更大的保护范围。同时，还分析了通过权利要求数量实现分案申请的策略情形②，在申请文件中撰写较多权利要求，并且大多数相互之间无关联，进而提出分案申请，这样可以享受最早的优先权日期，并且可以通过分案后的不同专利对保护范围进行细化，发现分案申请专利的母案比其他专利平均多 4 项权利要求。Stevnsborg 和 van Pottelsberghe③ 提出，申请人可能会选择在许多"非发明"中隐藏实际发明，通过撰写更多权利要求来迷惑竞争对手或专利审查员；个别专利可能撰写了上百甚至上千项权利要求，从而为竞争对手创造更多的不确定性。

　　说明书是对权利要求的支撑，通常包括技术领域、背景技术、发明内容、实施方式等内容。专利的字数和页数的多少反映了申请人以何种策略对技术进行披露，更多的字数和页数代表更详细的披露策略，反之亦然。信息披露过多会延长审查时间，因此，申请人可能会通过使用更少的字数来缩短审查期限④。van Zeebroeck 等⑤研究发现，专利申请进行分案后，虽然权利要求数量减少，但是专利的页数并没出现相应的下降，说明申请人对技术进行了详细的描述。

　　申请人还可以对在先文献进行策略性披露。通过选择性披露或者不披露在先文献，可以在一定程度上隐藏发明的创新性程度。尽管申请人有义务将在先文献进行充分公

　　① VAN ZEEBROECK N, DE LA POTTERIE B P, GUELLEC D. Claiming more: the increased voluminosity of patent applications and its determinants [J]. Research policy, 2009, 38 (6): 1006-1020.

　　② 不同国家对分案申请有不同规定。在我国，分案申请可以是申请人主动要求分案，也可以是申请人按照审查员要求而分案；在美国，分案申请只有被动分案，即应审查员要求分案，而没有主动分案。

　　③ STEVNSBORG N, VAN POTTELSBERGHE B. Patenting procedures and filing strategies at EPO [M]. // GUELLEC D, VAN POTTELSBERGHE B. The economics of the European patent system: IP policy for innovation and competition. Oxford: Oxford University Press, 2007: 155-183.

　　④ LEMUS J, MARSHALL G. When the clock starts ticking: measuring strategic responses to TRIPS's patent term change [J]. Research policy, 2018, 47 (4): 796-804.

　　⑤ VAN ZEEBROECK N, DE LA POTTERIE B P, GUELLEC D. Claiming more: the increased voluminosity of patent applications and its determinants [J]. Research policy, 2009, 38 (6): 1006-1020.

开①，但是 Atal 和 Bar② 研究发现，申请人可以选择不对在先文献进行充分检索。Langinier 和 Marcoul③ 也发现，某些申请人（其发明本不应被授予专利权）也选择不对所有在先文献信息进行披露。Barber 和 Diestre④ 对美国专利的研究发现，申请人通过策略性的在先文献引用可以实现"挑选审查员"的目的，在申请被分配给"宽容"的审查员后可以提高专利授权的概率。

申请人可能会由于经验不足而提交不够完美的专利申请；但是也有可能出于故意，通过提交不完美的专利申请，增加申请人和审查员之间的互动，从而延迟审查周期。Harhoff 和 Wagner⑤ 发现，有问题的权利要求会造成授权的延迟。申请人可能通过文字表述故意增加专利申请的复杂性⑥，试图创造"迷雾"来掩盖发明的本质或不足。复杂性的提高也可能造成审查周期的延长。

综上所述，专利申请的文本策略涉及如下要点。

（1）独立权利要求数量。

（2）从属权利要求数量。

（3）申请书/说明书的字数、长度（页数）。

（4）附图数量。

（5）在先文献的引用。

（6）申请书的可读性、清晰度（信息披露）。

（7）申请书的复杂性。

（二）流程策略

流程策略指申请人在专利申请的过程中，通过主动选择时机或渠道推进流程进展以达到特性目标的策略。专利申请的过程伴随着申请人与审查员（专利局）之间的互动。例如，审查员可能会发出审查意见通知书、分案通知书等，而申请人则需要在规

---

① 美国专利法规定了申请人的该项义务，但是在欧洲专利局和中国国家知识产权局的审查过程中，都没有这样的强制要求。

② ATAL V，BAR T. Patent quality and a two-tiered patent system［J］. The journal of industrial economics，2014，62（3）：503-540.

③ LANGINIER C，MARCOUL P. The search of prior art and the revelation of information by patent applicants［J］. Review of industrial organization，2016，49（3）：399-427.

④ BARBER IV B，DIESTRE L. Can firms avoid tough patent examiners through examiner-shopping? Strategic timing of citations in USPTO patent applications［J］. Strategic management journal，2022，43（9）：1854-1871.

⑤ HARHOFF D，WAGNER S. The duration of patent examination at the European Patent Office［J］. Management science，2009，55（12）：1969-1984.

⑥ 当然，专利撰写的复杂度与技术领域也紧密相关，部分领域的技术难以通过简单的文字进行清晰的表述。

定日期内进行答复。在答复过程中，可以结合文本策略对专利申请材料进行修改，还可以结合流程规定采取相关策略。在进行海外专利布局时，申请人需要就以下几方面问题进行决策：拟在哪个国家（地区）获得专利保护；如果涉及多个国家（地区），确定是否有时间上的先后顺序；如果涉及多个国家（地区），需要选择有利的申请渠道，如一个中国发明人拟在某一国家获得专利保护，可以选择通过 PCT 方式提交专利申请，也可以直接向该国专利局提交专利申请。

申请人在专利申请过程中可以选择提前公开。邓洁等[1]指出，申请人提前公开专利的动机主要包括获得临时性保护、构成现有技术破坏后续专利申请的创造性、加快授权进程；而当申请人认为过早公开可能会影响到自身竞争优势时，则倾向于延迟公开，如申请人对于专利授权的可能性不确定，或者认为过早公开会使竞争对手获得相关信息并进行外围专利申请。Zhu 等[2]研究发现提前公开专利时实质审查时间更短。

在实质审查过程中，申请人在接到审查员发出的通知书后，通过控制答复时间可以影响审查流程进展。快速的答复能够推进审查进度，反之将会延迟授权时间。对于价值较高的专利，申请人通常希望能够尽早获得授权，以保障其创新获利和市场地位。Nakata 和 Zhang[3]、Palangkaraya 等[4]都发现高价值专利的审查周期更短。但是，也有实证研究发现，在中国，价值较高的专利倾向于被延迟授权[5]。申请人延迟提交实质审查请求或延迟授权的动机主要包括完善技术方案、等待市场不确定性的降低、迷惑竞争对手等。Graham 和 Mowrey[6]、van Zeebroeck 等[7]对美国的"潜水艇专利"进行了分析，在 1999 年以前，美国专利自授权日开始公开，因此申请人可以通过续案申请等举措延迟专利授权，为自身赢得足够的时间等待市场上的不确定性得到有效解决。

如果是申请国际专利，申请人通常可以直接向该国（地区）专利局提交申请。在欧洲国家申请一项专利有三种方式：一是直接向相应国家专利局提交申请；二是通过

① 邓洁，崔利刚，苏平. 策略性专利申请行为会影响专利权稳定性吗 [J]. 科学学研究，2019，37（07）：1193-1202.

② ZHU K, MALHOTRA S, LI Y. Technological diversity of patent applications and decision pendency [J]. Research policy, 2022, 51 (1): 1-15.

③ NAKATA Y, ZHANG X. A survival analysis of patent examination requests by Japanese electrical and electronic manufacturers [J]. Economics of innovation and new technology, 2012, 21 (1): 31-54.

④ PALANGKARAYA A, JENSEN P H, WEBSTER E. Applicant behaviour in patent examination request lags [J]. Economics letters, 2008, 101 (3): 243-245.

⑤ ZHANG G, XIONG L, DUAN H, et al. Obtaining certainty vs. creating uncertainty: does firms' patent filing strategy work as expected [J]. Technological forecasting and social change, 2020, 160: 1-14.

⑥ GRAHAM S J H, MOWREY D C. Submarines in software? Continuations in US software patenting in the 1980s and 1990s [J]. Economics of innovation and new technology, 2004, 13 (5): 443-456.

⑦ VAN ZEEBROECK N, DE LA POTTERIE B P, GUELLEC D. Claiming more: the increased voluminosity of patent applications and its determinants [J]. Research policy, 2009, 38 (6): 1006-1020.

欧洲专利局提交申请；三是通过 PCT 提交专利申请。通过 PCT 途径向外国提出专利申请时，申请人最迟可以在优先权日起 30 个月内办理 PCT 专利进入具体国家的手续，而通过《巴黎公约》直接向具体国家提交申请的宽限期只有 12 个月。因此，PCT 途径为权利人提供了更多的时间来评估是否在某国申请专利，更加方便和节约成本。但是，向某个特定国家提交专利申请所需的审查周期可能快于 PCT 途径。很多国家与中国签署了专利审查高速路（Patent Prosecution Highway）试点的相关协议，专利申请人向相应国别提交申请时可以通过该渠道加速专利审查。

最初提交的专利申请在缺乏单一性时可能需要分案。分案申请的专利可以保留母案的申请日。当发明没有充分成熟、申请人希望通过多项权利要求有意误导竞争对手或者审查员时，或者当申请人希望推迟专利审查时，申请人可能会提交可以分案专利申请。van Zeebroeck 和 van Pottelsberghe 发现欧洲专利局在 1990—1995 年授权的专利中，有 4% 在申请后拥有分案专利，有 3% 属于分案后的专利，指出分案申请可能会带来"潜水艇专利"，母案专利的价值相对更高①。Zhu 等②对中国专利的研究发现分案申请的专利所需实质审查时间更短。美国专利制度允许不同类型的续案申请③。Graham 和 Mowrey④ 指出续案申请是申请"潜水艇专利"的一个重要渠道。

很多国家的专利制度都制定了快速审查规则，当申请人认为专利保护对其技术比较重要并且应当尽早获得专利授权时，可以通过快速申请、加速审查等制度来缩短审查时间。

综上所述，专利申请的流程策略涉及以下要点。

（1）申请途径（向哪些机构申请以及以何种顺序申请）。
（2）加速/推迟实质审查请求时间。
（3）答复专利局的时间。
（4）分案申请、续案申请。

---

① VAN ZEEBROECK N, VAN POTTELSBERGHE DE LA POTTERIE B. Filing strategies and patent value ［J］. Economics of innovation and new technology, 2011, 20（6）: 539-561.

② ZHU K, MALHOTRA S, LI Y. Technological diversity of patent applications and decision pendency ［J］. Research policy, 2022, 51（1）: 1-15.

③ 在美国，一项专利的延续性申请（Continuing Application）包括三种类型，分别是：续案申请（Continuation）、分案申请（Divisional）、部分续案申请（Continuation-In Part）。

④ GRAHAM S J H, MOWREY D C. Submarines in software? Continuations in US software patenting in the 1980s and 1990s ［J］. Economics of innovation and new technology, 2004, 13（5）: 443-456.

（三）辅助策略

辅助策略是申请人在专利申请过程中所采取的与外部主体有关的策略，主要指通过专利代理人帮助申请专利。前文提到，专利申请伴随申请人与审查员之间的互动，通过聘请专业代理人撰写专利，对内容进行推敲，有助于减少互动的频次，从而加快审查流程。申请人是否拥有足够的专利申请经验是影响专利申请结果和后续专利实施的一个重要因素。Mann[①]强调申请人起草专利申请文件所付出的努力是专利质量的一个重要来源。Reitzig[②]对专利代理人在专利申请中的作用进行了详细分析，指出代理人工作的核心在于将一项特定发明法律保护的利益最大化，专利代理人需要综合考虑专利申请中的多种可能情形，比如根据发明的新颖性、创造性水平合理撰写保护范围。

四、"组合拳"

知识产权包括不同的保护内容和权利类型，对应不同的知识产权制度设计。将知识产权作为保护科研成果的工具和手段时，可以依据单一的知识产权类型，也可以基于不同知识产权类型构建知识产权组合。对于专利而言，其价值发挥不仅取决于专利所保护技术的创新性和专利撰写的水平，还可能受到其他方面的影响，而专利与其他知识产权保护制度的结合是其中的重要内容。

（一）知识产权组合

虽然知识产权可以细分为具体类型，但是单独某项权利很少能够在市场经济中产生完全的支配地位[③]，不同知识产权类型的组合能够在市场上发挥更好的作用。不同的知识产权保护机制通过相互之间的协调、互补可以发挥更有效的作用，尤其是专利和商业秘密经常被同时运用以保护创新。

知识产权组合是企业运营中增强议价能力的核心战略资源。在一个企业内部，不同类型的知识产权在不同环节发挥作用，但是在组织层面，知识产权需要作为整体考虑。首先，企业所有类型的知识产权共同构成了维护企业经营发展的知识产权防火墙，商标、商号和域名维护其声誉，专利、技术秘密等帮助其建立垄断地位。其次，不同

---

① MANN R J, UNDERWEISER M. A new look at patent quality: relating patent prosecution to validity [J]. Journal of empirical legal studies, 2012, 9 (1): 1-32.

② REITZIG M. Improving patent valuations for management purposes——validating new indicators by analyzing application rationales [J]. Research policy, 2004, 33 (6-7): 939-957.

③ 罗伯特·莫杰思，刘芳. 商业知识产权战略 [M]. 北京: 中国法制出版社, 2020: 19.

类型的知识产权在实际运用中可以产生相互影响、相互促进的作用。例如，一件产品中既凝结了企业的名称和标志、产品的名称和商标，也可能含有专利技术、软件著作权、技术秘密等，还会涉及产品的外观设计、包装装潢等多种知识产权。随着用户需求的多样化，面向市场的产品也不断变得更加复杂，一种产品很少仅体现出单一类型单一数量的知识产权，更多的情况是多种知识产权融合于同一产品之中。

在产品层面，很多产品包含大量的、复杂的专利，甚至集合多种类型的知识产权。例如，一部智能手机集成了大量的专利技术、集成电路布图设计、商标和软件著作权等。在企业和战略层面，企业通过整合不同类的知识产权可以更好地保护创新，如运用专利组合策略可以降低专利诉讼风险和实现交叉许可，因为专利组合扩大了创新保护的规模性和多样化。在司法实践中，知识产权本身就是法律实践中的一个整体，知识产权诉讼的很多案件都有多个案由，有时是版权和专利同时出现，有时是版权和商标或者专利和商标同时出现①。

（二）专利与商业秘密

对于需要被保护的同一项技术方案而言，专利保护和商业秘密保护是互斥的，专利必须以公开为前提②，而商业秘密则不能公开。从商业的角度来看，专利的公开为竞争对手提供了模仿的可能性；而商业秘密则存在被竞争对手进行反向工程的风险，一旦竞争对手成功进行反向工程并且申请专利，将会对秘密持有方的商业空间造成巨大冲击。实践中，对专利和商业秘密策略的选择可能受到创新类型、企业规模、产业类型、技术复杂度、知识产权保护强度、市场结构等方面的影响。表4-1列举了专利与商业秘密保护的主要区别。

表4-1　专利与商业秘密保护的主要区别

对比项	专利	商业秘密
保护对象	发明创造	不为公众所知悉、具有商业价值并经权利人采取相应保密措施的技术信息、经营信息等商业信息
保护期限	自申请日起20年	无限期保护（在符合商业秘密的条件下）
保护标准	新颖性、创造性、实用性	具有商业价值，以秘密形式保存
保护前提	权利人提交申请并经过行政管理部门审查授权	创造时即获得保护，不需要申请或注册

① SAG M. IP litigation in US district courts：1994-2014［J］. Iowa law review, 2016, 101：1065-1111.
② 这里的专利是指一般的专利，不包括一些特殊情况，比如国防专利。

对比项	专利	商业秘密
有关费用	在提交申请、审查、授权、维持等阶段需要缴纳相应费用	没有申请、审查、维持等费用，但是权利人在采取保密措施时需要投入一定成本
其他人是否可以使用	未经允许不得使用，但是可以进行规避设计	在保密协议约束下可以使用，也可以进行反向工程
权利丧失	专利有效性可能受到挑战，而且授权专利可能因审查员检索到的在先文献而丧失新颖性，进而失效	向社会公开后即丧失
权利行使	需要权利人主动主张	需要权利人主动主张

但是，专利与商业秘密的对立并不妨碍专利与商业秘密在实践中的协调使用。比如，在技术研发完成后，先通过商业秘密对成果进行一段时间的保护，延迟提交专利申请的日期，进而达到延迟专利最终到期时间的目的，还能够防止竞争对手过早地了解自身的专利布局，但是需要面临同样的技术方案被竞争对手申请专利的风险；或者是在申请专利的过程中，将部分技术要点提交专利申请，同时保留部分技术要点并以商业秘密形式进行保护。专利只能保护发明创造，但是商业秘密的保护范围要宽得多。对于复杂技术而言，将其中的关键核心技术、容易被反向工程的技术、不容易以商业秘密形式保护的技术申请专利，而将部分经验、诀窍等以商业秘密形式保留，建立多方面保护渠道，可以更好地实现保护效果。

（三）专利与著作权

不同于专利与商业秘密的互斥关系，专利和著作权可以形成有效互补，尤其是在软件保护领域。软件著作权属于著作权的具体类型，受到著作权法的保护。但是著作权仅保护"表达"，不保护"思想"。软件作品明显不同于一般的文学作品、音乐作品、美术作品等，具有很强的功能性，因此著作权法并不能对软件给予充分的保护，而专利制度可以进行一定程度的弥补。

根据《中华人民共和国著作权法》（以下简称《著作权法》）[①] 第三条对作品（即著作权保护对象）类型的列举，"计算机软件"属于著作权保护的作品类型。根据我国《专利审查指南 2010》第二部分实质审查中的第九章"关于涉及计算机程序的发明专利申请审查的若干规定"，涉及计算机程序的发明是指为解决发明提出的问题，全部或部分以计算机程序处理流程为基础，通过计算机执行按上述流程编制的计算机程序，对计算机外部对象或者内部对象进行控制或处理的解决方案。该领域的发明具有一定

---

① 如无特别说明，本书引用的《著作权法》均为 2020 年修正版（2021 年 6 月 1 日施行）。

的特殊性，但是同时也符合其他领域发明专利的一般性。

软件专利侧重保护的是技术方案，而软件著作权保护的是相应的符号表达。表 4-2 从不同维度列出了发明专利与著作权保护模式的主要区别。

表 4-2　专利与著作权保护对比

对比项	发明专利	著作权
保护对象	发明创造（包括方法类、产品类）	文学、艺术和科学作品（包括文字作品、音乐/戏剧/曲艺/舞蹈/杂技艺术作品、美术/建筑作品、摄影作品等），与著作权有关的权益
保护期限	自申请日起 20 年	作者终生及其死亡后 50 年
保护标准	新颖性、创造性、实用性	具有独创性并能以一定形式表现
保护前提	权利人提交申请并经过行政管理部门审查授权	自动获得（可以进行登记，但登记不是获取权利的必要前提）
有关费用	在提交申请、审查、授权、维持等阶段需要缴纳相应费用	软件著作权登记免费①，一般作品登记需要缴纳相应费用
其他人是否可以使用专利或著作权内容	未经允许不得使用，但是可以进行规避设计	未经允许不得使用，但是可以寻找能够实现同样目标的方式
权利丧失	专利有效性可能受到挑战，而且授权专利可能因审查员检索到的在先文献而丧失新颖性，进而失效	一旦作品被固定在某种媒介中，版权就得以诞生，并维持至保护期结束
权利行使	需要权利人主动主张	需要权利人主动主张

除发明专利外，软件著作权也可以与外观设计专利进行结合。这在电子产品的图形用户界面（Graphical User Interface，GUI）保护方面表现得比较明显。2014 年 5 月 1 日，《国家知识产权局关于修改〈专利审查指南〉的决定》开始施行，将包括图形用户界面的产品纳入外观设计专利保护客体，把图形用户界面纳入我国专利保护体系。

（四）发明专利与实用新型专利

把发明专利与实用新型专利结合也是有效利用专利制度、发挥专利价值的策略性选择。发明人可以就同一发明申请不同类型的专利，如果同时申请实用新型专利和发明专利，一般实用新型专利可以更快获得授权，从而尽早为发明人提供保护，而发明专利授权后拥有比实用新型专利更长的保护期限。

---

① 2017 年 3 月 29 日，中国版权保护中心印发《关于停征软件著作权登记缴费有关事项的通告》，自当年 4 月 1 日起停止执收软件著作权登记费。软件著作权登记费包括：软件著作权登记申请费（含申请例外交存手续费）；软件著作权登记证书费；软件著作权合同登记费；变更或补充登记费；软件源程序封存保管费；查询费。

第二部分
利用和回报

发挥科研成果促进现代化的作用，利用是关键，因此需要探索有效的科研成果利用模式。为了更好地实现科研投资回报，以什么形式对科研成果进行利用、通过什么手段促进科研成果的利用都是非常关键的议题。从过程视角和系统视角出发，在成果利用前端，概念验证活动可以起到重要作用；因应市场发展，科技、金融与知识产权的结合更加紧密；在系统运行中，制度和政策工具也发挥关键作用。

| 第五章
向投资要回报

投资回报率是企业经营、企业财务管理和金融行业经常用到的提法，指的是从一项投资性商业活动中得到的经济回报。在科研领域，当我们把科研活动视为投资行为时，也必然离不开对于投资回报的关注和讨论。

一、科研成果的归属

立项方作为资金投入方，可以依据法律或约定对科研成果主张所有权。但是财政资助科技计划项目的立项方除外。因此，项目科研成果的归属可以按照是否有财政资助分为两种情况，而职务科技成果制度是其中的重要方面。

（一）职务科技成果

《民法典》合同编、《促进科技成果转化法》、《专利法》、《著作权法》都对职务科技成果进行了相关规定（见表5-1）。职务发明和职务作品是职务科技成果的主要内容。职务发明是指企业、事业单位、社会团体、国家机关等的工作人员执行本单位的任务或者主要是利用本单位的物质条件所完成的职务发明创造。职务作品是公民为完成法人或者其他组织工作任务所创作的作品。

表5-1　我国有关法律对职务科技成果的界定

法律名称	有关规定
《民法典》	职务技术成果是执行法人或者非法人组织的工作任务，或者主要是利用法人或者非法人组织的物质技术条件所完成的技术成果
《促进科技成果转化法》	职务科技成果，是指执行研究开发机构、高等院校和企业等单位的工作任务，或者主要是利用上述单位的物质技术条件所完成的科技成果

续表

法律名称	有关规定
《专利法》	执行本单位的任务或者主要是利用本单位的物质技术条件所完成的发明创造为职务发明创造
《著作权法》	自然人为完成法人或者非法人组织工作任务所创作的作品是职务作品

职务发明人与其所在单位的关系是一种劳动合同关系。在《专利法》中，这种关系集中体现为职工完成的发明创造的权利归属问题，即是否属于职务发明创造。这一问题的解决遵从"合同优于法律"的原则，即有关发明创造成果权归属问题首先应当按照劳动合同中的约定来处理。我国《专利法》第六条规定，利用本单位的物质技术条件所完成的发明创造，单位与发明人或者设计人订有合同，对申请专利的权利和专利权归属作出约定的，从其约定。

科研人员承担各类科研项目所产生的著作权的归属问题，涉及委托研究与合作研究、一般职务作品与特殊职务作品等内容。《著作权法》第十八条规定，自然人为完成法人或者非法人组织工作任务所创作的作品是职务作品，除本条第二款的规定以外，著作权由作者享有，但法人或者非法人组织有权在其业务范围内优先使用。作品完成两年内，未经单位同意，作者不得许可第三人以与单位使用的相同方式使用该作品。有下列情形之一的职务作品，作者享有署名权，著作权的其他权利由法人或者非法人组织享有，法人或者非法人组织可以给予作者奖励：主要是利用法人或者非法人组织的物质技术条件创作，并由法人或者非法人组织承担责任的工程设计图、产品设计图、地图、示意图、计算机软件等职务作品；报社、期刊社、通讯社、广播电台、电视台的工作人员创作的职务作品；法律、行政法规规定或者合同约定著作权由法人或者非法人组织享有的职务作品。因此，科研人员在完成科研项目中发表的论文和出版的专著属于职务作品，约定著作权由单位享有的，科研人员享有署名权，单位享有其他权利；没有约定的，科研人员享有著作权，单位享有优先使用权和两年的排他使用权。

单位职工工作中完成的工程设计图、产品设计图、地图、示意图、计算机软件，有可能属于两种情况：一种情况是法人作品；另一种情况是特殊职务作品。法人作品是由法人或者非法人组织主持，代表法人或者非法人组织意志创作，并由法人或者非法人组织承担责任的作品，法人或者非法人组织视为作者。特殊职务作品主要是利用法人或者非法人组织的物质技术条件创作，并由法人或者非法人组织承担责任的工程设计图、产品设计图、地图、示意图、计算机软件等职务作品，作者享有署名权，著作权的其他权利由法人或者非法人组织享有，法人或者非法人组织可以给予作者奖励。

（二）财政资助项目的科研成果

财政资助科研项目的甲方（即投资方）是政府部门或政府设立的研发基金，投入的经费是财政资金。《科学技术进步法》第三十二条规定，利用财政性资金设立的科学技术计划项目所形成的科技成果，在不损害国家安全、国家利益和重大社会公共利益的前提下，授权项目承担者依法取得相关知识产权，项目承担者可以依法自行投资实施转化、向他人转让、联合他人共同实施转化、许可他人使用或者作价投资等。法条中提到的项目承担者，就是本书中的项目承担单位。根据法律的规定，项目承担单位可以依法取得和项目相关的知识产权。这里有两个问题：一个是利用财政性资金设立的科学技术计划包括哪些？另一个是科技成果的所有权与基于科技成果的知识产权是不是一回事？

对于第一个问题，财政性资金包括从中央到地方的各级财政性资金。科学技术计划主要是指各级政府主管的推动科学技术发展的研究开发计划。从国家层面而言，国家科技计划是根据国家科技发展规划和战略安排的，以中央财政支持或以宏观政策调控、引导，由政府部门组织和实施的科学研究或试验发展活动及相关的其他科学技术活动。根据国务院印发的《关于深化中央财政科技计划（专项、基金等）管理改革方案》，国家科技计划（专项、基金等）体系包括五类，分别是国家自然科学基金、国家科技重大专项、国家重点研发计划、技术创新引导专项（基金）以及基地和人才专项。在现实工作中，对《科学技术进步法》这个条文的执行，重点放在财政性资金上，即财政性资金资助的项目、具有明确的科学技术研究开发特点的项目，其成果产出都归项目承担者所有。有的时候，财政性资金设立的科学技术计划，在项目层面上，不全部是财政性资金时，就需要进行特别的规定或约定。

关于第二个问题，就权利归属形式而言，科技成果所有权的归属和基于科技成果的知识产权的归属形式是基本一致的。首先要确认科技成果是不是职务科技成果或职务发明创造。科技部等九部门发布的《赋予科研人员职务科技成果所有权或长期使用权试点实施方案》规定的赋权的成果类型包括专利权、计算机软件著作权、集成电路布图设计专有权、植物新品种权，以及生物医药新品种和技术秘密等。基于此，可以认为在职务科技成果的语境下，科技成果所有权和基于科技成果的知识产权的所有权是一致的。

（三）非财政资助项目的科研成果

对于非职务科技成果、非职务发明创造，《促进科技成果转化法》没有言及，《专利法》对非职务发明创造的规定是，"非职务发明创造，申请专利的权利属于发明人或者设计人；申请被批准后，该发明人或者设计人为专利权人。"

如果立项方投入的是非财政性资金，这种情况可以理解为是立项方委托项目组进行委托研究。《民法典》第八百五十九条规定："委托开发完成的发明创造，除法律另有规定或者当事人另有约定外，申请专利的权利属于研究开发人。研究开发人取得专利权的，委托人可以依法实施该专利。研究开发人转让专利申请权的，委托人享有以同等条件优先受让的权利。"《专利法》第八条规定："两个以上单位或者个人合作完成的发明创造、一个单位或者个人接受其他单位或者个人委托所完成的发明创造，除另有协议的以外，申请专利的权利属于完成或者共同完成的单位或者个人；申请被批准后，申请的单位或者个人为专利权人。"即委托研究产生的项目知识产权，在没有约定的情况下，属于项目组或者项目承担单位。

二、科研投资回报的主要类型

科研活动的投资相对于一般项目显得更加复杂，科研项目的生命周期更加模糊。在分析投资回报之前，明确科研创造回报的场景是非常必要的。本书界定了"国用""学用"和"商用"这三种科研投资回报的场景。

（一）科研投资回报的三种场景

科研成果的利用，主要有三种基本形式："国用""学用"和"商用"。"国用"，即科研成果为国家安全、国家利益、重大社会公共利益所使用，依据的原理是国家、社会的安全与发展，使用的主体主要集中在国家、政府掌控的组织。"学用"即科研成果为学术发展、人才培养、知识传承所使用，依据的原理是对知识的好奇和人的自由，使用的主体主要集中在高校、科研机构等组织。"商用"即科研成果为商业利益所使用，依据的原理是以市场机制获取商业利益，使用的主体是为商业利用而投入资源的各方。三者之间关系并非泾渭分明，但本书以"商用"为主展开。

1. 国家场景

由国家使用是科研成果发挥作用的一个具体情形。这里，可以把被国家使用的科研成果分为两种类型，第一种是由政府投资并且投资之初就明确服务于国家目标的科研；第二种是最开始并非为国家目标而投资的科研，无论是否由政府投资。现代社会中，由国家基于强制手段直接或者间接使用科研成果的情形相对较少。服务于武器装备制造的科研是国家使用科研成果的典型情形。在特殊情形下，比如在面临重大公共卫生事件时，国家可能会直接使用相关的技术用于应急，专利强制许可制度是一个重要现实表现。

（1）专利强制许可。

专利强制许可是非自愿的许可，专利强制许可制度是国家使用科研成果的专利制度设计，指的是由国家机关在不经权利人同意的情况下，给予特定对象实施专利的许可。专利强制许可制度的主要目的在于追求专利权人与社会公众之间的利益平衡。

《专利法》规定了与"国用"有关的几种情形①。

第一种是《专利法》第五十四条规定的"在国家出现紧急状态或者非常情况时，或者为了公共利益的目的，国务院专利行政部门可以给予实施发明专利或者实用新型专利的强制许可"。国家紧急状态或非常情况包括战争、暴发大规模疫情、严重自然灾害等；公共利益目的主要涉及公共卫生、人民健康等，比如与污染防治有关的专利。该种情形下的强制许可可以不经任何人提出申请，而由国家专利行政部门直接作出强制许可决定。

第二种是《专利法》第五十五条规定的"为了公共健康目的，对取得专利权的药品，国务院专利行政部门可以给予制造并将其出口到符合中华人民共和国参加的有关国际条约规定的国家或者地区的强制许可"。该种情形明确指向专利药品和公共健康目的，但是强制许可的内容仅限于对专利药品的制造和出口。由于世界各国卫生水平差异较大，一些极不发达国家既没有购买国外先进专利药品的经济条件，也没有自主研发类似效果药品的科技实力。因此，如果在这些国家也实施药品领域的严格知识产权保护，会极大降低药品可及性。强制许可是在权衡人类生命健康需求与药物研发投入后的一项制度设计。

第三种是《专利法》第五十三条中规定的"专利权人行使专利权的行为被依法认定为垄断行为，为消除或者减少该行为对竞争产生的不利影响的"，"国务院专利行政部门根据具备实施条件的单位或者个人的申请，可以给予实施发明专利或者实用新型专利的强制许可"。该种情形旨在维护市场秩序，而有序的产业竞争与国家利益是紧密相关的。实际上，这一情形也属于科研成果的"商用"情形，该种情形的强制许可需要依当事人申请才能发生。

另外，《科学技术进步法》第三十二条规定，项目承担者依法取得的利用财政性资金设立的科学技术计划项目所形成的科技成果的知识产权，为了国家安全、国家利益和重大社会公共利益的需要，国家可以无偿实施，也可以许可他人有偿实施或者无偿实施。《促进科技成果转化法》第七条规定，国家为了国家安全、国家利益和重大社会

---

① 强制许可制度并不是仅局限于"国用"场景，也可能涉及"商用"场景，比如《专利法》第五十五条规定的后续发明依赖于在前发明实施的情形。

公共利益的需要，可以依法组织实施或者许可他人实施相关科技成果。

虽然专利强制许可制度被多数国家写到专利法中，但是实践中相对较少用到。药品领域可能是专利强制许可制度在实践中得以运用的少有领域。通过实施药品专利的强制许可，可以打破专利保护造成的市场垄断，实现药品价格的降低。

马来西亚是亚洲第一个使用专利强制许可的国家。2003 年 11 月，马来西亚首次实施专利强制许可，应对国内治疗艾滋病的药品价格过高而患者无力负担的问题；2017 年 9 月 20 日，马来西亚对美国吉利德科学公司生产的治疗丙肝的直接作用抗病毒药索非布韦实施专利强制许可。印度制药领域的一大特色就是充分利用 TRIPS 协议的强制许可来生产仿制药。2012 年 3 月，印度政府首次实施药品专利的强制许可，授权本国制药企业仿制拜耳公司的抗癌药物索拉非尼（Sorafenib）（也称多吉美，Nexavar），一度使该药品价格下降近 97%，从而提高了药物可及性。2013 年，印度对国际制药巨头罗氏制药公司的抗乳腺癌药物赫赛汀（Herceptin）和百时美施贵宝公司的白血病治疗药物达沙替尼（Dasatinib）启动强制许可。2001 年 8 月，巴西政府宣布对罗氏制药公司研发的抗病毒药品奈非那韦（Nelfinavir）实施专利强制许可。由于艾滋病感染率较高，南非对艾滋病专利药品实施强制许可，以提升艾滋病药品的可及性。

（2）国防专利。

出于国家利益的需要，某些科研成果的公开和使用可能受到一定的约束，这种约束性要求也是"国用"的表现，国防专利和与国防有关的技术保密制度是其主要实践表现。《国防专利条例》明确"国防专利是指涉及国防利益以及对国防建设具有潜在作用需要保密的发明专利"。国防专利的核心是出于国防需要的保密，在解密前依照《中华人民共和国保守国家秘密法》和国家有关规定进行管理，而且被确定为绝密级国家秘密的发明不得申请国防专利。

与中国不同，美国、英国等国家主要通过保密制度对国防科技成果进行保护，而没有将其纳入专利制度。当然，在保密解除后，相应的科研成果仍然可以提交专利申请。美国专利法对发明保密进行了明确规定，如果政府对发明具有财产上的利益，而经有关政府部门行政首长认定，专利授权或者公开该发明可能有损国家利益时，专利局在接到该通知后，应作出对发明保密的命令。英国专利法规定了涉及国家安全与公共安全的专利申请的保密要求，专利申请如果被认定包含危害英国国家安全的信息，专利局可以禁止或限制该项专利技术信息的公开。

（3）科学技术普及。

《中华人民共和国科学技术普及法》是我国科技领域的主要法律之一，立法目的之一是实施科教兴国战略和可持续发展战略，该法适用于国家和社会普及科学技术知识、倡导科学方法、传播科学思想、弘扬科学精神的活动，提出发展科普事业是国家的长期任务，充分彰显了科普服务于国家战略、国家支持科普事业的思想。

科学技术的普及可以加强公众对科技的认知。近年来，公众理解科学、公众参与科学成为科学与社会领域的重要议题。通过开展科普活动，促进公众对科学的理解和参与，国家科技治理体系进一步完善，扩大了科研投资的潜在来源。

2. 学术场景

利用科研成果开展学术研究通常会涉及合理使用的问题。合理使用是指未经许可使用他人的合法科研成果而不构成侵权的豁免情形。

（1）专利的合理使用。

《专利法》第七十五条规定了五种不视为专利侵权的情形：

（一）专利产品或者依照专利方法直接获得的产品，由专利权人或者经其许可的单位、个人售出后，使用、许诺销售、销售、进口该产品的；

（二）在专利申请日前已经制造相同产品、使用相同方法或者已经作好制造、使用的必要准备，并且仅在原有范围内继续制造、使用的；

（三）临时通过中国领陆、领水、领空的外国运输工具，依照其所属国同中国签订的协议或者共同参加的国际条约，或者依照互惠原则，为运输工具自身需要而在其装置和设备中使用有关专利的；

（四）专为科学研究和实验而使用有关专利的；

（五）为提供行政审批所需要的信息，制造、使用、进口专利药品或者专利医疗器械的，以及专门为其制造、进口专利药品或者专利医疗器械的。

其中第四种情形是典型的学术使用。这种情形下对于专利技术的使用，即使没有征得权利人的通知，也不构成侵权。

（2）著作权的合理使用。

著作权的合理使用在实践中相对更常见，指在某些情况下，他人可以不经著作权人许可、不向著作权人支付报酬而直接使用作品。《著作权法》第二十四条明确了可以不经著作权人许可，不向其支付报酬的十三种使用作品情况，但应当指明作者姓名或者名称、作品名称，并且不得影响该作品的正常使用，也不得不合理地损害著作权人的合法权益。这十三种情况包括：

（一）为个人学习、研究或者欣赏，使用他人已经发表的作品；

（二）为介绍、评论某一作品或者说明某一问题，在作品中适当引用他人已经发表的作品；

（三）为报道新闻，在报纸、期刊、广播电台、电视台等媒体中不可避免地再现或者引用已经发表的作品；

（四）报纸、期刊、广播电台、电视台等媒体刊登或者播放其他报纸、期刊、广播电台、电视台等媒体已经发表的关于政治、经济、宗教问题的时事性文章，但著作权人声明不许刊登、播放的除外；

（五）报纸、期刊、广播电台、电视台等媒体刊登或者播放在公众集会上发表的讲话，但作者声明不许刊登、播放的除外；

（六）为学校课堂教学或者科学研究，翻译、改编、汇编、播放或者少量复制已经发表的作品，供教学或者科研人员使用，但不得出版发行；

（七）国家机关为执行公务在合理范围内使用已经发表的作品；

（八）图书馆、档案馆、纪念馆、博物馆、美术馆、文化馆等为陈列或者保存版本的需要，复制本馆收藏的作品；

（九）免费表演已经发表的作品，该表演未向公众收取费用，也未向表演者支付报酬，且不以营利为目的；

（十）对设置或者陈列在公共场所的艺术作品进行临摹、绘画、摄影、录像；

（十一）将中国公民、法人或者非法人组织已经发表的以国家通用语言文字创作的作品翻译成少数民族语言文字作品在国内出版发行；

（十二）以阅读障碍者能够感知的无障碍方式向其提供已经发表的作品；

（十三）法律、行政法规规定的其他情形。

其中，第一种情况和第六种情况明确提到个人的学习或研究，学校的教学或研究。

3. 商业场景

科研成果商业化是科研活动发挥经济作用、科研成果转化为生产力的重要渠道。科研成果只有从实验室进入市场，才能对经济社会进步、环境改善、卫生条件提高带来实质性贡献。对于本书着重分析的来自高校和科研机构的成果而言，更是如此。由于高校和科研机构本身不会直接从事生产经营活动，从而不会直接利用其科研成果，进而需要把产出的科研成果通过转让、许可、作价入股等形式交由企业运营，以发挥其价值。

（二）科研投资回报的主体和形式

从利益相关主体视角来看，与科研投资回报紧密相关的主体主要有三类：科研人员、科研资助方、科研成果利用方。这三类主体是实现科研投资回报的关键主体，也是科研投资回报的主要获益主体。需要明确的是，这三类主体在实践中并不一定是相互独立的，比如，科研资助方和科研成果利用方可能是统一的，而科研人员有可能来自科研资助方。

1. 科研人员

在职业化的科研活动中，科研人员付出脑力劳动并获取相应的劳动回报。与体力劳动不同的是，脑力劳动的工作量和脑力劳动的价值都难以准确测量。工作时间的长短当然可以作为衡量劳动投入的重要指标，但是，不同的体力劳动者在同样劳动时间的产出可以更加明显地被观测，而作为脑力劳动者的科研人员在单位时间内的劳动产出则难以被有效观测。脑力劳动产出的科研成果与普通消费品或一般的实体产品不同，缺乏定价标准。但无论如何，在现代社会中，科研人员通过参与科研活动，能够维持生计，这是其获得的最基本回报。

职称的晋升、收入的提高是科研人员获得回报的重要形式，也是激励科研人员的重要动机。职称与职位不同，是专业技术人才学术技术水平和专业能力的主要标志。所谓"三百六十行，行行出状元"，在现代职业划分体系中，每个职业也有从低级到高级的区分。2007年2月15日，人事部、科学技术部印发《关于科学研究事业单位岗位设置管理的指导意见》，明确科学研究事业单位管理岗位分10个等级，即一至十级职员岗位；专业技术岗位分为13个等级，其中，专业技术岗位高级岗位分为7个等级，高级专业技术职务正高级的岗位包括一至四级，副高级的岗位包括五至七级，中级岗位分为八至十级3个等级，初级岗位分为十一至十三级3个等级。中共中央办公厅、国务院办公厅印发的《关于深化职称制度改革的意见》明确，各职称系列均设置初级、中级、高级职称，其中高级职称分为正高级和副高级，初级职称分为助理级和员级，可根据需要仅设置助理级。更高的职称级别通常意味着更高的收入标准，科研人员通过更高水平的科研产出，不仅能获得职称的晋升，还能获得更高的收入回报。对于科研人员而言，职称的晋升带有很大程度的"荣誉"性质，而这种"荣誉"对于科研人员尤为重要。

学术认可和社会认可及其带来的内在满足能够为科研人员提供精神需求层次的回报。学术认可主要是来自同行的积极评价，比如对论文的正向引用，学术影响力是很多科研人员的主要追求。社会认可是科研人员发挥社会属性的表现，是其自我实现的重要方面，也是马斯洛需求层次结构中的最高层次。卓越的科研人员，或称为"科学家"，在达成一定成就后，可以获得较大范围的社会认可。比如"杂交水稻之父"袁隆平在中国几乎是家喻户晓的人物，其在水稻产量提高方面的科研工作不仅是对中国的贡献，更是对全人类的贡献。

成果转化和创业等为科研人员进一步带来额外的收入。2015年3月，《政府工作报告》提出"推动大众创业、万众创新",当年 6 月发布的《国务院关于大力推进大众创业万众创新若干政策措施的意见》提出"支持科研人员创业",并要求"加快落实高校、科研院所等专业技术人员离岗创业政策"。2017 年 7 月,《国务院关于强化实施创新驱动发展战略进一步推进大众创业万众创新深入发展的意见》发布,要求"激发科研院所和科技人员创新创业积极性"。科研人员基于科研成果直接参与创业是比较终极的成果转化模式,更为一般的情况是,将成果转让或者许可给用户使用。但是无论是何种形式的科研成果利用,科研人员都是主要受益者之一。

2. 科研资助方

不同的资助主体在资助科研活动时有不同的动机,也有不同的投资回报需求和投资回报表现。

政府是国家机器,政府投资科研追求的是国家利益。国家利益有不同维度的表现,包括国家安全、经济社会发展、居民福利等方面,而科学技术的进步在国家利益的多个方面都发挥重要作用,甚至可以说是全方位支撑。在国家安全方面,尽管和平与发展成为时代主题,但是全球范围内仍然存在不安全因素,局部战争时有发生。现代战争的一个重要特征就是科技元素的集中体现,"科技是现代战争的核心战斗力",科技优势已经成为掌握军事主动的关键因素。在经济社会发展和居民福利方面,科技是第一生产力,创新是第一动力,对研发的不断投入已经成为推动经济社会发展的关键。

企业是市场经济的基本单元,是经济社会发展的重要活力源泉,企业从研发投资获得的回报在于科研成果对企业经营活动的支撑和保障。在激烈的市场竞争中,科学技术成为企业获取竞争优势的关键,这种竞争优势保证企业能够有持续的发展。具体来看,掌握垄断性技术的企业可以基于这些技术所生产的产品获得源源不断的销售收入;在部分复杂技术领域,交叉许可比较普遍,企业通过研发投资掌握自主技术,在此基础上,才有更多许可谈判的筹码。

对于私人基金会而言,社会公益效果是其研发投资的主要回报。基金会多将其研发方面的资金投入健康、环境、农业等关乎人类生命和命运的基础领域,这些公益效果的实现就是基金会科研投资的回报。基金会科研投资在取得成效的同时,其声誉也获得提升,有助于帮助基金会进一步吸引投资,促进基金会的持续运转。

3. 科研成果利用方

科研成果的利用可以区分为商业性利用和非商业性利用,对应的是商业活动和非商业活动。本书界定的国家场景和学术场景多为非商业性利用。

科研成果的商业性利用主要由企业实现,而企业利用的科研成果主要来自两部分:一是企业内部研发的成果,二是企业从外部购买(包括购买使用权)的科研成果。对于企业投资的研发成果而言，其作为利用方所获得的回报与前述企业作为资助方是统一的。企业购买科研成果也属于投资行为，但是跳过了科研活动的前端研发环节。

非商业性的科研成果利用可能体现于多种形式，包括将科研成果用于教学和学术交流，基于已有科研成果开展进一步的研发等。这些对科研成果的利用行为带来的有益效果主要包括：对于知识产权的传播扩散、对于人才的教育培养、对于知识进步的促进。在国家场景中，科研投资的回报主要体现在国家安全、产业安全、人民生命健康等方面。

三、科研投资回报的战略意义

基于科研投资来源的不同、科研成果利用场景的不同，科研投资回报的战略意义也有不同维度的体现。

（一）国家视角：支撑实现高水平科技自立自强

高水平科研成果是高水平科技自立自强的关键支柱。高水平科研成果的保护和利用是其支撑高水平自立自强的肥沃土壤和优良环境，这种土壤的酝酿和环境的形成，离不开普遍意义上对科研成果的保护和利用的广泛实践，就像参天大树离不开周边的草地和植被一样。在社会中广泛实践的对科研成果的有效保护和利用，就是在时刻酝酿着有利于高水平科研成果持续出现的土壤和环境。

科研成果的最主要表现形式是科技论文。中国科技信息研究所 2023 年 9 月发布的《中国科技论文统计报告 2023》显示，我国各学科最具影响力期刊论文数量首次排在世界第 1 位，高水平国际期刊论文数量及被引用次数均排在世界第 1 位。2013—2023 年，农业科学、化学、计算机科学、工程技术、材料科学和数学 6 个学科论文的被引用次数排名世界第 1 位，生物与生物化学、环境与生态学、地学、微生物学、分子生物学与遗传学、综合类、药学与毒物学、物理学、植物学与动物学 9 个学科论文的被引用次数排在世界第 2 位。在 22 个学科中，中国有 11 个学科产出论文在世界该学科论文中占比超过 20%。

一个被经常引用的和科研成果保护、利用工作密切相关的指标是世界知识产权组织发布的《全球创新指数报告》中的排名。2022 年发布的《全球创新指数 2022》显示，我国的排名提升至第 11 位，连续十年稳步提升，稳居中等收入经济体之首，是世界上进步最快的国家之一。

在以上两组数据中，我国科研成果以及科研成果的保护、利用都取得了很大的进步。

同时，我国在基础元器件、大型工业软件、特殊材料等科技特色高度集中的环节还面临着不少困境。实践中，很多技术在基础研究阶段就申请了专利，通过早期的知识产权布局对后期的成果利用提供了很好的支撑保障。我国科技研发以及对研发成果的保护、利用，还有很长的路要走。

（二）组织视角：支撑科研机构提升创新组织能力

从事科研活动的各类组织是科研资源的载体和科研活动的平台，也是科研成果产出的基地，还承担着科研成果保护和利用的法人责任。加强科研成果的保护和利用，对各类组织的发展意义重大，主要体现在树立与时俱进的创新形象、吸引更优秀的创新人才、争取更多的创新资源、产出更多的科研成果、贡献更大的学术和社会价值。

近年来，随着创新驱动发展战略和知识产权战略的深入实施，科研组织利用知识产权加强科研成果保护、促进科研成果运用的举措也越来越落到实处、取得实效。以中国科学院为例，2020年4月发布的《中国科学院院属单位知识产权管理办法》第一条开宗明义地指出：为贯彻落实创新驱动发展战略，支撑和服务知识产权强国建设，"创新科技、报国为民"，有效促进中国科学院科技成果转移转化工作，根据国家有关法律法规和《中国科学院章程》有关规定，制定本办法。

科研投资回报对于组织的支撑并不局限于国家设立的专门从事科研活动的科研机构，还包括研究型大学和大学内部设立的科研机构、高科技企业和企业内部的科研机构。

（三）个体视角：支撑科研人员获得更大作为空间

专业化的分工和交换是现代经济体系以至现代社会体系得以成立和运转的重要基础。从分工的角度看，科学研究是现代社会专业分工中的一个重要分支，科研人员是科学研究的关键人力资源。科研人员要使用专业的设备、材料、信息、知识、方法，特别是经过专门训练的大脑从事一种特殊的社会生产——科学研究，产出一种特殊的产品——知识，即科研成果。从交换的角度看，科学研究生产的知识，如果不能和社会体系中的其他分支进行交换，在为社会创造价值的同时获取自身的生存、发展所需要的资源，那么科学研究就不可能持续存在，科研人员也就不得不另谋生计。所以，科研成果是科研人员存在价值的证明，也是科研人员获取生存、发展资源的交换物。因为知识的生产、交换比一般有形物的生产、交换复杂得多，就更需要一些特殊的制度安排甚至社会认可来保障、促进知识的有效生产和交换，比如科研组织、科学技术团体、知识产权制度、技术市场等。就科研人员这类特殊的专业化程度较高的群体而言，科研成果保护和利用的作用和意义就集中体现在这些方面。

　　典型的科研人员通常属于一个有科研工作的组织，并且至少加入一个科学技术专业团体（如学会、研究会等），本书以在科研组织工作的科研人员为例展开。

　　属于科研组织的科研人员，接受科研组织的绩效考核性评价，同时也接受学术共同体的学术性评价，有些时候也接受创利性（即创造利润的成效）评价。科研成果是这三类评价的客观对象，其保护和利用也主要针对这三种场景。考核性评价主要是管理性评价、有一定的强制性，目的是单位通过对科研人员进行年度或阶段性考核，实现有效激励和管理。考核指标有时具有强制性，是因为科研人员在没有完成考核指标的情况下，有可能面临"转岗"或者聘期结束后不再续聘的风险。学术性评价基本上是同行评价，比较常见的如论文的引用。创利性评价指的是对于科研人员取得的科研成果创造利润的情况的评价，这种评价来自市场主体，如企业家、投资者、转移转化服务机构等，评价的重点是科研成果在市场上创造利润的潜力，带有很大程度的自愿性。

　　对管理评价而言，科研人员和科研组织在利益上高度一致。在法律意义上，科研人员的科研成果还属于科研组织，科研组织无疑会大力支持科研人员对科研成果的保护和利用，并在可能的范围内为科研人员提供相应的资源。

　　对于同行评价而言，同行希望看到的是科研成果的创新贡献或边际贡献，当然也希望被评价的科研成果披露尽可能多的信息，这在一定程度上和科研成果保护存在矛盾。破解这种矛盾的办法有三个方面：一是保密承诺，二是科技伦理，三是知识产权（基本上是专利）。保密承诺是对评价者的约束，科技伦理对评价者和被评价者都发生作用，知识产权则是科研人员借助法律制度来保护科研成果，自然也覆盖科研同行。保密承诺是一事一议的，科技伦理是行业内部的，而知识产权是普遍适用的。科研成果的保护和利用，在做好保护的前提下，是科研人员在学术共同体的加分项。

　　对来自市场主体的评价而言，无论是企业家、投资人还是转移转化服务机构等市场主体，都是基于科研成果和科研人员共同创造财富、成果分享的目的来评价科研成果的，是从有利于科研成果利用的角度出发来评价。一项得到很好保护的科研成果更方便利用，即更方便进入生产、进行投资和接洽各种资源。面向市场化利用（即本书讨论的"商用"）的科研成果的保护，主要是利用知识产权制度中的技术秘密、申请专利和登记软件著作权等。因此，科研成果的保护和利用，也是科研人员在市场主体中的加分项。

四、实现科研投资回报的基本原则

　　投资从来不是无目的的，科研投资也是如此。科研活动存在于经济社会系统之中，从科研投资获取回报也要符合经济社会系统的基本秩序要求，因此科研投资回报有其应遵循的基本原则。

(一) 国家和社会公共利益原则

国家和社会公共利益原则指的是科研成果的保护和利用不得危害国家和社会公共安全，不得损害国家和社会公共利益，不得影响国家发展，不得违背公序良俗。

《科学技术进步法》第三条第一款规定："科学技术进步工作应当面向世界科技前沿、面向经济主战场、面向国家重大需求、面向人民生命健康，为促进经济社会发展、维护国家安全和推动人类可持续发展服务。"第五十一条第二款规定："利用财政性资金设立的科学技术研究开发机构开展科学技术研究开发活动，应当为国家目标和社会公共利益服务；有条件的，应当向公众开放普及科学技术的场馆或者设施，组织开展科学技术普及活动。"可以看出，第三条是对一般科学技术进步工作做的规定。第五十一条是对利用财政性资金设立的科学技术研究开发机构做的规定，是针对中央政府和各级地方政府设立的公共研发机构的特别规定，是这类研发机构必须履行的义务，也是在这类科研组织工作的科研人员义不容辞的责任。

这里所说的科学技术进步，包括两方面内容：一方面是科学技术自身的进步；另一方面是科学技术进步带来的经济、社会的进步。所谓进步，就是向好的、积极方面的可观测的发展、改善。因此，科学技术进步是指科学技术在好的、积极方面不断取得可计量的研发成果。科学技术进步带来的经济、社会的进步，指的是把科学技术研究开发成果应用于经济、社会、环境保护等各领域，促成生产效率提高、交易有序安全、社会运行稳定、环境保护和开发利用协调等。从微观角度理解，科学技术进步就是科研成果的产出和利用。

实际上，《科学技术进步法》对知识产权也有明确的规定。第十三条规定："国家制定和实施知识产权战略，建立和完善知识产权制度，营造尊重知识产权的社会环境，保护知识产权，激励自主创新。企业事业单位、社会组织和科学技术人员应当增强知识产权意识，增强自主创新能力，提高创造、运用、保护、管理和服务知识产权的能力，提高知识产权质量。"从微观角度理解，这一条内容明确了知识产权保护，自然能够合理地延伸为对产生知识产权（专利、软件著作权、植物新品种等）的基础科技研发及科研成果的保护。可以说，《科学技术进步法》的一个基本主题就是科研成果的保护和利用。

(二) 法治和科技伦理原则

法治和科技伦理原则指的是科研成果的保护和利用不得违反法律规定，要弘扬法治精神、尊重科技伦理规范。科研成果的保护和利用，涉及科学技术研究开发、投资融资、生产经营，甚至国有资产管理等诸多领域，大多数工作、业务等都有明确的法律予以规范、指引，但由于科学技术的发展迅速、融合交叉和对经济社会各方面的广泛渗透，使得法律规定的内容有时显得滞后，难以适应解决具体问题的要求，因此需要依据法治精神和科技伦理的要求予以灵活应对。

习近平总书记在《弘扬法治精神，形成法治风尚》一文中指出："法治精神是法治的灵魂……使法必行之法就是法治精神。从客观上说，法治也并不体现于普通民众对法律条文有多么深透的了解，而在于努力把法治精神、法治意识、法治观念熔铸到人们的头脑之中，体现于人们的日常行为之中。这包括培养人们的理性精神、诚信守法的精神、尊重法律权威的精神、权利与义务对称的精神、依法维权和依法解决纠纷的习惯等等。"习近平总书记关于法治精神的重要论述，对依法开展科研成果保护和利用有重要指导意义。

我国近年来高度重视科技伦理。2022年3月，中共中央办公厅、国务院办公厅印发的《关于加强科技伦理治理的意见》指出，科技伦理是开展科学研究、技术开发等科技活动需要遵循的价值理念和行为规范，是促进科技事业健康发展的重要保障。该意见明确了科技伦理的五个基本原则：增进人类福祉、尊重生命权利、坚持公平公正、合理控制风险和保持公开透明。该意见中有两处表述和本书主题高度相关。一是"合理控制风险"部分的表述："科技活动应客观评估和审慎对待不确定性和技术应用的风险，力求规避、防范可能引发的风险，防止科技成果误用、滥用，避免危及社会安全、公共安全、生物安全和生态安全。"二是关于"引导科技人员自觉遵守科技伦理要求"的表述："科技人员要主动学习科技伦理知识，增强科技伦理意识，自觉践行科技伦理原则，坚守科技伦理底线，发现违背科技伦理要求的行为，要主动报告、坚决抵制。科技项目（课题）负责人要严格按照科技伦理审查批准的范围开展研究，加强对团队成员和项目（课题）研究实施全过程的伦理管理，发布、传播和应用涉及科技伦理敏感问题的研究成果应当遵守有关规定、严谨审慎。"

（三）保护的主体责任原则

科研成果保护的主体责任指的是科研项目承担单位是科研成果保护的主体，项目立项方是科研成果保护的监督方，实施科研项目的项目组是科研成果保护的具体责任方。

通常情况下，项目组不具有也不具备独立承担法律责任的地位和能力，项目组所在的单位承担相应的法律责任，即由项目组所在的单位来签订科研项目合同（有时也称任务书）。项目承担单位，可以是科研机构（有时也称科研组织）、高校、企业，也可以是各类新型研发机构。一般而言，立项方是项目批准方，也是项目经费资助方。现代科研活动可以看作是一种投资行为，也可以认为资助方是投资方。项目组，是指为申请、执行和完成一个科研项目而组建的研发团队。有的项目组相对稳定；有的则是为了项目而临时组建的，项目结束时项目组即解散。项目组一般由项目组长、骨干科研人员、一般参与人员和项目辅助人员组成。

项目组组长全面负责项目的申请、执行、结题等工作，当然也是保护科研成果的第一责任人。项目组其他成员对科研成果的保护也负有重要责任。同时，项目组组长和项目组成员也要积极承担科研成果利用的责任。项目组最了解科研项目的实质内容，对科研成果的实际价值有更准确的判断，对科研成果的实际应用更有热情。"中关村第一人"、中国科学院物理研究所研究员陈春先在 1980 年作的题为《技术扩散与新兴产业》的发言中说道："美国高速发展的原因在于技术转化为产品特别快，科学家和工程师有一种强烈的创业精神。当然这里资本主义赚钱的动机是不能忽视的，但据一些当事人（科学家）谈，创业的自我满足追求超过了赢利动机。"①

近年来，随着社会对知识产权重视程度的提高和《科研组织知识产权管理规范》（GB/T 33250—2016）、《高等学校知识产权管理规范》（GB/T 33251—2016）的贯彻实施，不少项目组配备了知识产权专员。《科研组织知识产权管理规范》规定的知识产权专员的职责是："a）专利导航工作；b）知识产权信息管理，并定期向研究中心报告科研项目的知识产权情况；c）组织项目组人员参加知识产权培训；d）项目组知识产权事务沟通。"可见，知识产权专员属于科研项目辅助人员序列。

（四）利用的目的主导原则

科研成果利用时的保护和利用的目的、形式、手段等有密切关系。从目的来看，本书认为科研成果的利用有三种目的，即以国家安全、公共利益为直接目的的利用（即"国用"），以学术传承、知识创造为直接目的的利用（即"学用"）和以谋取商业利益为直接目的的利用（即"商用"）。"国用""学用""商用"的保护形式、手段都要服务于相应的"国用""学用""商用"的目的。以"国用"为目的时，利用者是国家安全、公共利益的代表者，通常是政府部门或政府部门指定的利用者，这样的利用者对国家安全、公共利益的认识、理解和把握比科研人员更准确、更深刻、更全面，在这种情况下，科研人员应该主动、积极配合，因为国家安全、公共利益也符合科研人员的综合福祉。这种情况涉及《专利法》第五十三条到第五十六条规定的强制

---

① 于维栋，王钢锋，张超英，等. 中关村托起未来——记北京新技术产业开发试验区 10 年 [J]. 科技潮，1998（05）：6-15.

许可情形。

如果说"国用"的主动权在政府部门或者政府部门指定的利用者，那"学用"的主导权则在知识传播方和知识创造方，具体而言就是教师和科研工作者。《专利法》第七十五条中规定，专为科学研究和实验而使用有关专利的不视为侵犯专利权。《著作权法》第二十四条中规定，为学校课堂教学或者科学研究，翻译、改编、汇编、播放或者少量复制已经发表的作品，供教学或者科研人员使用，但不得出版发行的情况下，可以不经著作权人许可，不向其支付报酬，但应当指明作者姓名或者名称、作品名称，并且不得影响该作品的正常使用，也不得不合理地损害著作权人的合法权益。

和"国用""学用"不同，以追求商业利益为直接目的的商业利用，必须考虑实现商业利益的市场环境。一般而言，市场环境的基本特征是竞争，以及为维持和促进有活力、有秩序的竞争环境而制定、执行的法律法规政策。"商用"时的保护，分为自力保护和他力保护，而且是以自力保护为主、以他力保护为辅。所谓自力保护，就是用自己的力量进行保护。此处的自力主体，主要指的是项目组。因为在现行制度框架下，在承担公共财政资助项目时，按照《科学技术进步法》的规定，由项目承担者依法取得相关知识产权。项目承担者即前面讨论的项目承担单位，取得科研成果的知识产权及相应的转移转化自主权，但项目承担单位通常只履行管理职责，而项目组却是实质上的利益相关者，也是保护的实际出力者。由于知识产权在法律意义上的私有财产属性，以自力保护为主就是"谁主张、谁举证"等民事权利保护法律原则的具体体现。他力保护即借助外部力量进行保护，是自力保护的有效补充，有时是终极的救济（比如司法保护）。

第六章

概念验证：成果利用的"第一公里"

科技成果转化，尤其是基于学术研究的科技成果的转化，是一个世界性难题。《促进科技成果转化法》提到，"本法所称科技成果，是指通过科学研究与技术开发所产生的具有实用价值的成果。"一项科技成果究竟是否具有"实用价值"是难以判断的，这种不确定性意味着市场风险和投资风险，是制约投资者对科研活动和成果转化进行投资的重要因素。由于信息和动机的不对称、科技和商业之间的制度差异等，技术转移面临较多风险和挑战。科技成果从实验室到市场应用的阶段被称为"死亡之谷"，而概念验证可以帮助实验室成果完成利用的"第一公里"。

一、技术成熟度与概念验证

技术成熟是科研成果利用的必要条件。在科研成果从实验室到市场全过程的前端，商业化概念得以形成和验证，潜在市场得以明确，相应的知识产权得到开发。概念验证工作的开展正是为了从前端切入，降低技术应用的不确定性和风险，促进技术的熟化，进而推动科技成果利用。

（一）技术成熟度与成果利用

技术成熟度是指技术相对于某个具体系统或项目而言所处的发展状态，反映了技术对于项目预期目标的满足程度。技术成熟度等级是对技术成熟程度进行度量和评测的一种标准。20 世纪 90 年代，美国大量武器型号和航天项目研制中出现了经费严重超支、研制工期延误、性能指标降低等问题，主要原因在于一部分关键技术尚未成熟，过早转入工程研制阶段。为此，相关部门在已有的技术成熟度等级（Technology Readiness Level，TRL)① 概念基础上进一步完善了相关标准和工作流程，对关键技术的成熟程度和水平进行评价，要求关键技术必须达到一定成熟度水平才能进入下一个发展阶段，从而达到节约项目成本和控制项目风险的目的。

作为主要的技术成熟度评估方法，TRL 源于 20 世纪 70 年代美国国家航空航天局（NASA），并被纳入 NASA 的管理指南（*NASA Management Instruction*），首先应用于航空航天领域来应对复杂系统的技术风险。1995 年，NASA 发布技术成熟度白皮书（*Technology Readiness Levels：A White Paper*），将技术成熟度分为 9 级。2003 年，美国国防部发布了技术成熟度评价指南（*Technology Readiness Assessment Guidance*），并于 2005 年、2009 年和 2011 年进行更新。TRL 标准提出后，被广泛应用于各国国防装备项目的风险评估与管理等相关领域。

常用的技术成熟度等级划分如表 6-1 所示，这也是美国国防部和 NASA 所采用的划分标准。我国 2012 年发布了针对装备技术领域的《装备技术成熟度等级划分及定义》（GJB 7688—2012），采用的等级划分标准与表 6-1 基本一致。此外，我国在 2009 年还发布了国家标准《科学技术研究项目评价通则》（GB/T 22900—2009），从一般科研活动意义上，分别针对基础研究项目、应用研究项目和开发研究项目界定了技术成熟度。

表 6-1 技术成熟度等级划分

技术成熟度等级	定义
1	观察到并报道了与该项技术有关的基本原理
2	形成了技术概念或应用设想
3	通过分析和实验的手段进行关键性功能验证或概念验证
4	在实验室环境中对部件或者试验板进行了验证
5	在相应的环境中对部件或者试验板进行了验证
6	系统/分系统模型或者原型在相应的环境中进行了演示
7	系统原型在使用的环境中进行了演示
8	实际系统通过测试和演示完成并通过认证
9	通过成功的任务操作证明了实际系统

技术是否成熟直接关系到技术转移能否成功。高校和科研院所的研究人员是主要的科研力量，但是他们主要考虑自己的研究方法和过程是否符合科学上的规律；而作为技术使用方的企业希望资金的投入所获得的技术能生产打开市场的产品，并以此获

① 技术成熟度也称为技术就绪度、技术完备等级。

得更高的回报①。有较多的技术成果申请了专利，即使法律规定专利技术应当具有"实用性"，这种"实用性"与市场所要求的"实用性"可能还有差距。因此，技术是否成熟是影响技术转移的一个重要因素。

技术成熟度低的科技成果在技术可行性、市场前景、经济价值和投资需求等方面还不明确，会阻碍企业和科研单位之间达成科技成果转化合作。随着技术成熟度水平的提高，相应的技术商业化风险会有所降低，但是技术转移所需要投入的成本也会相应增加。通过把风险和投入相乘固定为一个常数，在一定程度上可以为在哪一级介入技术转移提供参考。有观点认为，第四级到第六级的技术是比较适合转化的，因为风险相对在减少，成本又不是特别高，所以风险和投入的乘积比较好控制。美国审计总署2010 年发布的一份 NASA 典型重大项目评估报告（*NASA Assessments of Selected Large-Scale Projects*）中指出，空间系统领域的最佳实践表明，技术成熟度第六级（TRL 6）是风险最小化的成熟度等级。

技术成熟度水平分类的好处是能够比较清晰地辨识一项技术所处的发展阶段，缺点是无法判断处在某一阶段的技术是否值得投入资源，推动其进入下一阶段。技术成熟的标准看起来很完美，但是在实际应用中面临着一些问题。一项技术从形成报告和开发方案开始，就面临着较强的不确定性，即使到了系统样机阶段，也不确定是否能够最终走向市场，比较难把一项成果放到系列里考虑。美国国防部之所以运用该方法，在一定程度上是因为国防系统的研制通常是有大的顶层概念，在技术考核验收时不会跳出原有设定的范围，提前有一个判断标尺。而通常来看，虽然技术成熟度评价的标尺看起来存在，但是实际上是虚无缥缈的。

（二）通过概念验证迈出"第一公里"

"概念验证"的表述源自英文的"Proof of Concept"，实践中的原理验证（Proof of Principle）、翻译基金（Translational Funds）、预种子基金（Pre-Seed Funds）、验证基金（Verification Funds）、培育基金（Maturation Funds）、增值资助（Valorisation Grants）等都是概念验证活动的具体表现。在技术转移的过程中，概念验证的主要目的是验证并确定一个想法或一项技术能否达到预期的结果。因此，概念验证不是为了创造想法，而通常是在原有想法的基础上开展工作；也不是为了直接面向市场提供产品或服务，而是验证特定对象是否具有走向市场的潜力。

近年来，概念验证中心的设立在大学变得尤为普遍。概念验证有助于从"死亡之谷"的前端降低不确定性和风险，进而促进科研成果转化的成功率。对于高校而言，

---

① 汪克强，丁望斌. 浅析产学研结合中的知识产权争议及预防对策 [J]. 华东经济管理，2002 (3): 23-25.

多数技术成果处于技术成熟的早期阶段，而投资人更倾向于在技术成熟的后期阶段进行投资，因此高校科技成果转化存在投资的空白区。概念验证的主要作用在于降低不确定性，从而降低商业伙伴、投资人面临的风险或者对于风险的预期。我国多个政府部门通过制定相关政策强化概念验证在技术转移活动中的作用。2017年9月国务院印发的《国家技术转移体系建设方案》提出为技术概念验证提供服务支撑。2022年9月科技部印发的《"十四五"技术要素市场专项规划》提出为科技人员携带科技成果创办科技企业实施科技成果转化提供概念验证服务，探索对科技成果概念验证的金融支持方式。北京、上海、深圳、杭州、厦门等地也通过制定专门政策或相关政策强调概念验证工作。

技术转移领域学者 Hayter 和 Link[1] 指出，与概念验证相关的一系列政策和实践活动的兴起，进一步呼吁研究人员对概念验证中心的结构和经济效果进行深入、系统的调查研究。现有文献从不同角度对概念验证的概念进行解读。一是从机构视角出发，Maia 和 Claro[2] 认为概念验证中心是设立在大学内部或与大学合作的组织，为技术转移活动提供资金、指导和教育等方面的支撑，比如，商业概念的开发和验证、确定合适的目标市场、开发知识产权。二是从资源或服务的集合出发，Battaglia 等[3] 认为概念验证是资金、产业网络、技能培训等的集合，旨在验证研发成果的技术和商业可行性，通过降低成熟度较低的科技成果的技术风险，提高其对产业伙伴和投资人的吸引力，最终促进技术转移；Hayter 和 Link[4] 认为概念验证中心是一系列服务、工具和资源的集合，旨在使大学研究人员缩小科学发现与进一步的技术开发之间的差距。

已有关于概念验证内容的研究主要聚焦于美国概念验证中心的实践。Maia 和 Claro[5] 指出概念验证中心的预期产出是有前景的技术从实验室迈向市场，但是也可能有部分项目不能马上产生效果，科研人员仍然可以根据概念验证工作对其研究路线、项目设计等进行调整。Gulbranson 和 Audretsch[6] 对冯·李比希创业中心和德什潘德科技

① HAYTER C S, LINK A N. University Proof of Concept Centers: empowering faculty to capitalize on their research [J]. ISSUES in science and technology, 2015, 31 (2): 32-36.

② MAIA C, CLARO J. The role of a Proof of Concept Center in a university ecosystem: an exploratory study [J]. The journal of technology transfer, 2013, 38: 641-650.

③ BATTAGLIA D, PAOLUCCI E, UGHETTO E. The role of Proof-of-Concept programs in facilitating the commercialization of research-based inventions [J]. Research policy, 2021, 50 (6): 1-19.

④ HAYTER C S, LINK A N. University Proof of Concept Centers: empowering faculty to capitalize on their research [J]. Issues in science and technology, 2015, 31 (2): 32-36.

⑤ MAIA C, CLARO J. The role of a Proof of Concept Center in a university ecosystem: an exploratory study [J]. The journal of technology transfer, 2013, 38: 641-650.

⑥ GULBRANSON C A, AUDRETSCH D B. Proof of Concept Centers: accelerating the commercialization of university innovation [J]. The journal of technology transfer, 2008, 33: 249-258.

创新中心的案例分析发现，两个中心都有强大的天使投资人和风险资本家网络关系，提供的服务远不止资金支持，而是将种子基金与咨询服务、教育培训等结合，并将创新主体与外部资金、合作网络相结合。

McAdam 等①对北爱尔兰概念验证实践的研究发现，概念验证活动主要包括：由首席研究员（Principle Investigator，PI）直接牵头的技术开发；由技术转移办公室和 PI 牵头的市场开发（市场战略规划和情报分析）和商务拓展（初步的商业计划和许可协议）；各方利益相关者共同参与的人力资源开发。英国知识产权服务公司 IP Pragmatics 受英国研究与创新署"创新英国"（Innovate UK）委托撰写的报告从相对广泛的意义上认识概念验证，认为概念验证活动包括：初步可行性研究，基本原型制作，专业测试和/或演示以提供技术可行性的基本证明，知识产权保护，生产和组装选项的调查，医疗保健技术和药物的临床前研究②。

二、概念验证的演进脉络

概念验证的相关实践和理论已经有较长的历史。Jobin 等③认为概念验证的说法最早出现于 20 世纪 60 年代美国的航空航天领域，旨在进行资源整合和吸引研发合同。

（一）兴起于欧美

目前所熟知的概念验证活动出现于 2000 年前后。英国苏格兰工商委员会于 1999 年设立了英国首个概念验证项目，为英国其他地区和欧洲提供了参考，北爱尔兰也从 2003 年开始设立概念验证项目④。英国牛津大学从 1999 年开始建立了概念验证金融工具⑤。2000 年，欧盟委员会联合研究中心（Joint Research Centre，JRC）开始设立年度概念验证资助项目，项目周期为 6~18 个月，项目资助金额为 1 万~8 万欧元⑥。2001

① MCADAM M，MCADAM R，GALBRAITH B，et al. An exploratory study of Principal Investigator roles in UK university Proof-of-Concept processes：an Absorptive Capacity perspective ［J］. R&D management，2010，40 （5）：455-473.

② EGGINGTON E，OSBORN R. Review of UK Proof of Concept support ［R］. London：IP Pragmatics，2015.

③ JOBIN C，HOOGE S，PASCAL L M. What does the Proof-of-Concept （POC） really prove? A historical perspective and across-domain analytical study ［EB/OL］. （2021-03-23）［2023-05-21］. https：//hal. science/hal-02570321v2.

④ MCADAM R，MCADAM M，BROWN V. Proof of Concept processes in UK university technology transfer：an absorptive capacity perspective ［J］. R&D Management，2009，39 （2）：192-210.

⑤ ALUNNI A. Innovation finance and technology transfer funding Proof-of-Concept ［M］. New York：Routledge，2019：38.

⑥ BERNARD D，HAUNOLD C，PATEL V. Joint Research Centre-Proof of Concept report ［R］. Luxembourg：Publications Office of the European Union，2022.

年，美国第一个由私人基金会捐赠的概念验证中心——美国加州大学圣迭戈分校雅各布斯工程学院冯·李比希创业中心（Von Liebig Entrepreneurism Center）成立。2002 年，麻省理工学院成立德什潘德科技创新中心（Deshpande Center for Technological Innovation）。2001 年，加拿大卫生研究院开始设立原理验证项目，但是在 2015 年资助最后一批项目后停止资助。2008 年，新加坡启动实施概念验证资助计划，目前由新加坡金融管理局资助，资助期限最高 18 个月。2010 年，美国马里兰大学牵头设立概念验证联盟。

概念验证活动的流行开始于 2011 年，主要得益于美国和欧盟的推动。

奥巴马政府时期，2010 年，美国国家科学基金会所属 20 个工程研究中心在对白宫的信息请求书（Request for Information）进行回复时，强调了概念验证中心在成果转化中的重要作用，认为工程研究中心采取的与概念验证活动有关的举措取得了良好效果①。在 2011 年和 2015 年的《美国创新战略》报告中，都提到了概念验证中心。2011 年 3 月，奥巴马宣称把创建概念验证中心作为投资"i6 绿色挑战计划"（The i6 Green Challenge）的主要路径，旨在帮助解决信息技术、清洁能源乃至经济繁荣发展等重大社会问题，该计划也是"创业美国计划"（Startup America Initiative）的重要组成部分②。美国商务部经济发展管理局声称，概念验证中心旨在加速绿色科技的发展，以增强国家竞争力和促进美国经济复苏，2011 年 9 月为 6 个大学概念验证中心投资 1200 万美元，2012 年再次为 7 个新成立的概念验证中心各拨款 100 万美元，并于 2014 年扩大了对"i6 绿色挑战计划"的投资（其中包括给已有的概念验证中心投资），到 2012 年底，至少有 30 个概念验证中心在美国成立③。

欧洲研究理事会（European Research Council，ERC）从 2011 年开始设立 ERC 概念验证资助项目（ERC Proof of Concept Grants）。ERC 概念验证资助提供给主要利用 ERC 资助的前期研究，旨在通过资助进一步的工作验证创新潜力。2020 年 11 月，ERC 对 2007 年成立以来资助的 9270 名 PI 进行调查，发现约 10% 的人员获得了 ERC 概念验证资助④。2023 年，ERC 的概念验证预算为 3000 万欧元。2011 年，英国的技术战略委员

① LEWIS C S, SciTech Communications. Proof-of-Concept Centers（POCC）request for information: summary overview of ERC responses [R/OL]. (2010-08-11) [2023-05-06]. https://erc-assoc.org/sites/default/files/proof/ERC_POCC_response_SUMMARY.pdf.

② MCADAM R, MCADAM M, BROWN V. Proof of Concept processes in UK university technology transfer: an absorptive capacity perspective [J]. R&D management, 2009, 39 (2): 192-210.

③ HAYTER C S, LINK A N. University Proof of Concept Centers: empowering faculty to capitalize on their research [J]. Issues in Science and Technology, 2015, 31 (2): 32-36.

④ ERC. Impact beyond science of ERC funded research [EB/OL]. (2022-02-06) [2023-02-21]. https://erc.europa.eu/news-events/magazine/survey-poc-academic-entrepreneurship.

会（Technology Strategy Board）① 发布商业创新战略（2011—2015），强调了"概念"和"概念验证"在技术商业中的作用；在新兴技术和产业战略（2010—2013）、新兴技术和产业战略（2014—2018）等战略中也提到概念验证，后者还提出在大学建立类似于概念验证中心的"创新和知识中心"。2013 年，意大利大学和研究部发起了"概念验证网络"项目②。2016 年，意大利都灵理工大学决定在至少 3 年内提供每年 100 万欧元的资金支持成果转化，并设立概念验证项目，每个项目最高支持 5 万欧元③。2017 年，德国亥姆霍兹协会、弗劳恩霍夫协会等三家机构面向健康领域，联合发起概念验证倡议，提出在 3 年内提供 1200 万欧元资助概念验证。2021 年，在 ERC 概念验证资助项目运行 10 年后，ERC 经过评估对目标宗旨进行了一定调整。

（二）在中国的发展

近几年，在政策的推动下，概念验证活动在中国引起了比较广泛的关注。在国家层面，2017 年 9 月，国务院印发的《国家技术转移体系建设方案》在提及"强化创新创业载体技术转移功能"时，首次用到"概念验证"的说法。2020 年 5 月，科技部、教育部印发《关于进一步推进高等学校专业化技术转移机构建设发展的实施意见》，明确要求技术转移机构应逐步形成概念验证服务能力。

在地方层面，2021 年 5 月，《上海市促进科技成果转移转化行动方案（2021—2023 年）》提出，要支持专业化机构开展科技评价、概念验证等服务，试点建立科技成果概念验证引导资金，鼓励投资机构、技术转移机构等投资早期科技成果。2022 年 6 月，《中关村国家自主创新示范区优化创新创业生态环境支持资金管理办法（试行）》提出，支持开展概念验证活动和概念验证平台建设，并于 2022 年 8 月发布《关于概念验证平台建设项目资金申报指南》。2022 年 10 月，深圳市科技创新委员会发布《深圳市概念验证中心和中小试基地资助管理办法》，旨在促进科技成果产业化，指出"本办法所称的概念验证中心是指依托具备基础研究能力的高等院校、科研机构、医疗卫生机构、企业和社会组织，聚集成果、人才、资本和市场等转化要素，营造概念验证生态系统，加速挖掘和释放基础研究成果价值的新型载体"。2022 年 11 月，杭州市科学技术局和杭州市财政局印发《构筑科技成果转移转化首选地的若干政策措施》，杭州市科学技术局印发《杭州市概念验证中心建设工作指引（试行）》，支持概念验证中心

---

① 英国技术战略委员会（Technology Strategy Board）目前已变更为"英国创新"（Innovate UK）。

② PASSARELLI M, LANDI G C, CARIOLA A, et al. Open innovation in the new context of proof of concepts: evidence from Italy [J]. European journal of innovation management, 2020, 24 (3): 735-755.

③ BATTAGLIA D, PAOLUCCI E, UGHETTO E. The role of Proof-of-Concept programs in facilitating the commercialization of research-based inventions [J]. Research policy, 2021, 50 (6): 1-19.

建设。

从实践来看，我国多所高校已经设立了概念验证中心，比如清华大学、北京航空航天大学、西安交通大学、浙江大学、同济大学等。2022 年 12 月，北京市公布了 12 个拟支持的概念验证平台建设项目；同月，杭州为首批依托有关高校、科研院所、企业设立的 15 家概念验证中心授牌，新设 50 亿元基金支持成果转化。2023 年 2 月，依托苏州半导体激光创新研究院、中国科学院苏州生物医学工程技术研究所、清华苏州环境创新研究院等 8 家科研院所及企业的概念验证中心在苏州成立。2023 年 3 月，深圳市对依托清华大学深圳国际研究生院、中山大学深圳研究院、深圳大学等设立的 10 所概念验证中心的认定资助进行公示。

三、概念验证的模式比较

本部分从功能定位、业务内容、组织模式、网络资源和政府作用五个方面对中美欧的概念验证活动模式进行比较。功能定位决定了概念验证活动的实践方向，为概念验证活动提供了目标约束。业务内容既是对概念验证活动功能定位的执行，也是保证概念验证取得成效的抓手。组织模式和网络资源是支撑概念验证开展业务、实现功能的重要基础，政府也在各个国家（地区）的概念验证活动开展中起到重要作用。

（一）功能定位

美国的概念验证活动是大学创业服务体系的功能拓展。概念验证中心的主要定位是为早期科技创新提供商业化支持和培训，帮助创业团队通过对概念的验证来评估其商业可行性，减少市场失败的风险并提高商业化成功率。此外，概念验证活动面向的领域范围通常相对聚焦在某个或某几个领域。

欧盟的概念验证活动是对前期资助产出的前沿研究成果的商用化引导。ERC 概念验证项目通过资助进一步的工作来验证基于 ERC 前期资助项目产生的技术和想法的创新潜力，促进这些想法转化为真正的创新，从而最大限度地提高前期资助的价值。

中国的概念验证活动主要借鉴了美国的经验，因此在功能定位上比较接近美国。清华大学深圳研究院概念验证中心立足高校，旨在服务科技成果走向市场的"第一公里"。浙江大学启真创新概念验证中心的目标是弥补基础研究成果和产业技术产品之间的"断裂带"，畅通科技成果从基础研究向概念产品验证试制和中试成熟产品放大生产的价值实现。深圳大学创新验证中心以科研成果产业化为目的。

(二) 业务内容

美国的概念验证活动主要开展三个方面业务。一是为科技成果的概念验证提供资金支持。德什潘德科技创新中心的成立和概念验证活动得以顺利开展的一个重要原因就是相关资金到位，冯·李比希创业中心、南加州大学斯蒂文斯创新中心（Stevens Center for Innovation）等的成立和活动开展都依赖于资金的支持。二是为科研成果走向市场提供前期咨询服务。服务的内容包括明确市场定位和商业模式、法律咨询、知识产权布局等。提供咨询服务的人员包括：概念验证中心的自有服务人员；概念验证中心聘请的外部专业服务人员（比如律师、专利代理人）；来自学术、商业等领域的富有经验的人士。三是提供与创新创业有关的高水平、专业化教育培训。与"一对一"甚至"多对一"（多个方面为一个项目提供咨询）的咨询服务不同，教育培训通常是以"一对多"的形式，通过组织活动提供给一定的群体。

欧盟的概念验证活动主要是在前期的前沿研究的基础上，提供进一步的资金支持，探索从技术到创新的路径。概念验证资助可以被用于以下用途：测试、实验、演示和验证想法；开展执行上述活动所需的研究，并解决其中的问题；确定可行性、技术问题和总体方向；阐明知识产权保护或知识转移策略；让产业合作伙伴、社会文化组织、政策制定者或其他支持将研究成果转化为创新的潜在利益相关者参与；进行市场分析，以评估创新成果的潜在用户。

中国的概念验证活动的业务内容与美国相似。《杭州市概念验证中心建设工作指引（试行）》明确，概念验证中心将"提供原理或技术可行性研究、原型制造、性能测试、市场竞争分析、二次开发、中试熟化等验证服务"，同时要求概念验证中心设立规模不低于1000万元的科技成果转化基金。《深圳市概念验证中心和中小试基地资助管理办法》明确概念验证中心主要开展概念验证项目遴选、验证分析、投融资和创业孵化等工作。首都医科大学医学概念验证中心的服务内容包括提供医疗器械成果评价、筛选、商业评估、技术验证、样机开发，以及药物项目的评价、成药性和临床验证的对接。深圳大学创新验证中心的业务包括提供验证资金、配套种子基金、专家咨询服务、创业人才培养、孵化空间等。依托同济大学设立的同济致蓝概念验证中心提出构建包括概念（项目）遴选、验证评估、价值分析、培育熟化、投融资和创业孵化等在内的"一站式"概念验证服务体系，在2023年2月成立时已经完成首期2000万元的概念验证基金募集。深圳清华大学研究院建立完善了产学研深度融合的科技创新孵化体系，建设了概念验证、中试工程化、人才支撑、科技金融、孵化服务、国际合作等功能板块。

（三）组织模式

美国有较为完善的大学创业政策体系和服务体系，概念验证中心已经成为该体系的一个重要节点，并表现出多样化的组织模式。美国的概念验证中心/活动主要依托大学设立/开展，可以分为以下三类：一是直接以概念验证中心命名的机构，比如哥伦比亚大学概念验证中心；二是各类创新创业中心，比如德什潘德科技创新中心、斯蒂文斯创新中心；三是概念验证项目资助，比如加州大学概念验证项目、肯塔基大学概念验证项目。部分概念验证工作完全在大学内部开展，有的在学校层面设立，伊利诺伊大学芝加哥分校的概念验证项目由学校的技术管理办公室于 2012 年设立；有的在学院层面设立，德什潘德科技创新中心就设立在麻省理工学院的工程学院。部分概念验证工作由大学与外部机构合作开展，比如俄克拉何马州立大学、俄克拉何马大学就联合 2 家企业共同设立了俄克拉何马概念验证中心。还有部分概念验证工作由政府支持开展，比如俄亥俄州发展部设立的"俄亥俄州第三前沿"（Ohio Third Frontier）项目。

欧盟概念验证活动的组织开展主要表现为单一的项目资助。ERC 是欧盟层面概念验证项目的主要资助机构，资助对象以大学和科研机构为主。在国家层面，也有部分机构设立了相关资助项目，比如意大利、德国相关机构都在概念验证方面采取了举措。

中国的概念验证活动以机构建设和依托机构建设的项目资助、服务支撑为主。与美国不同的是，中国的概念验证中心从高校扩展到其他机构，除高校之外，各传统研究机构、新型研发机构、科技企业都可以成为概念验证中心的依托单位。另外，由于中国高校（以公立为主）与美国大学（以私立为主）之间的差异，中国的高校概念验证中心为了实现市场化运行，在运营过程中一般不是直接作为高校的下属机构，而是依托一个与高校相关的企业设立。在实践中，中国的概念验证活动还与欧盟概念验证活动表现出一定的相似性，主要体现在对于重大项目的后续支持，比如对重点研发计划项目、国家自然科学基金项目的后续跟踪和选择性资助。

（四）网络资源

概念验证活动的开展和成功不仅取决于内部功能的发挥，还依赖于外部资源的汇聚。美国的概念验证中心主要依托研究型大学开展活动，一方面可以在大学的众多科技成果中挑选有潜力的项目进行概念验证，另一方面还可以接触到大学的科研人员，在概念验证的过程中对技术进行必要的后续开发。凭借大学的声誉和校友体系，概念验证中心还可以链接来自业界不同领域的成功人士，为概念验证活动提供咨询和指导，比如德什潘德科技创新中心的"催化"导师。

欧洲的概念验证活动虽然以项目资助为主，但是在项目申请的评估中对于路径可行性、PI 的领导能力给予较高的关注，间接体现了对于概念验证项目外部网络资源的重视。

在中国，《杭州市概念验证中心建设工作指引（试行）》要求概念验证中心除拥有一定的场地及配套措施、专门的服务团队外，还要建立一支顾问专家团队。《深圳市概念验证中心和中小试基地资助管理办法》要求概念验证中心需要聘任不少于 2 名技术职业经纪（经理）人，打造不少于 10 人的概念验证服务人才团队，还要组建总人数不少于 5 人的概念验证项目遴选顾问专家团队。

（五）政府作用

美国的概念验证活动经历了从自下而上到自上而下的贯穿。早期的概念验证活动以非政府资金为主，冯·李比希创业中心、德什潘德科技创新中心、斯蒂文斯创新中心等的启动资金都来自外部个人或企业捐助。实践中的概念验证活动经过一定发展后，政府部门开始参与其中，并提供资金支持。科罗拉多州经济发展与国际贸易办公室设有概念验证资助项目，"俄亥俄州第三前沿"项目的资金来自州政府。

ERC 作为欧盟概念验证项目的主要资助机构，根据欧盟第七研发框架计划（2007—2013 年），成立于 2007 年，旨在提高欧洲科研的质量，是欧盟前沿研究的主要资助机构。ERC 的使命是通过竞争性资助鼓励高质量研究，资助范围覆盖所有领域。作为"欧洲地平线"（Horizon Europe）计划的一部分，2021 年至 2027 年，ERC 的总体预算超过 160 亿欧元，由欧洲创新、研究、文化、教育和青年专员负责，因此概念验证资助也是"欧洲地平线"计划的一部分。

中国的概念验证活动主要表现为自上而下的推动，政府发挥关键性作用。一方面，政府通过政策制定推动机构的建设和认定，北京、深圳、杭州等地的有关部门都发布了认定通知。另一方面，由政府直接提供资金支持，《深圳市概念验证中心和中小试基地资助管理办法》明确政府对于概念验证中心"每年在科技研发资金中安排经费，择优进行认定资助和评估资助"。

四、概念验证的效果和作用机制

概念验证活动之所以能够获得推广，是因为其能够为促进科研成果利用提供有益帮助，这对于提高科研投资的回报率是非常关键的。

（一）概念验证活动的效果

现有文献从不同角度对概念验证中心的效果进行了分析。Bradley 等[1]分析了 32 个美国大学概念验证中心的经济效果，发现大学在设立概念验证中心后的溢出企业数量有所增加。Hayter 和 Link[2] 利用美国大学技术经理人协会发布的数据，发现设立概念验证中心的大学的溢出企业数量的增加显著高于其他大学。Munari 和 Toschi[3] 的评估结果表明概念验证在促进技术许可、溢出企业、研发合作、获取后续资助等多个方面具有积极作用。欧洲研究理事会聘请第三方机构对 2011—2016 年概念验证基金的实施情况进行评估，采集了 1821 份调查数据，显示有 26.75% 的资助对象完全实现了预期目标，有 52% 的资助对象部分实现了预期目标，取得的成效主要体现在专利申请、许可协议、研发合作、咨询协议、创业、公共参与等方面[4]。2022 年，欧盟委员会联合研究中心发布报告[5]对联合研究中心概念验证项目的非学术影响进行评估，发现概念验证在进一步促进研发、吸引商业伙伴等方面有积极效果。

（二）概念验证活动的作用机制

现有文献对概念验证发挥作用的机制进行了一定研究。Battaglia 等[6]将概念验证与技术成熟度结合进行考虑，认为概念验证主要发生在技术成熟度的第 4~6 级，包括准备、评估和执行三个阶段。Battaglia 等[7]从文献角度梳理了概念验证帮助验证发明成果的技术和商业可行性的三个关键要素：资金、专业知识（来自外部利益相关者/企业家）和创业培训（针对科学家和研究人员）。Battaglia 等[8]进一步总结了概念验证发挥

① BRADLEY S R, HAYTER C S, LINK A N. Proof of Concept Centers in the United States：an exploratory look [J]. The journal of technology transfer, 2013, 38：349-381.

② HAYTER C S, LINK A N. On the economic impact of university Proof of Concept Centers [J]. The journal of technology transfer, 2015, 40：178-183.

③ MUNARI F, TOSCHI L. The impact of public funding on science valorisation：an analysis of the ERC Proof-of-Concept programme [J]. Research policy, 2021, 50 (6)：1-21.

④ WESSNER C, MUNARI F. An empirical assessment of the ERC Proof-of-Concept programme [R/OL]. (2017-12) [2023-05-06]. https://erc.europa.eu/sites/default/files/document/file/poc_review_report.pdf.

⑤ BERNARD D, HAUNOLD C, PATEL V. Joint Research Centre-Proof of Concept report [R]. Luxembourg：Publications Office of the European Union, 2022.

⑥ BATTAGLIA D, PAOLUCCI E, UGHETTO E. The role of Proof-of-Concept programs in facilitating the commercialization of research-based inventions [J]. Research policy, 2021, 50 (6)：1-19.

⑦ BATTAGLIA D, PAOLUCCI E, UGHETTO E. Opening the black box of university Proof-of-Concept programs：project and team-based determinants of research commercialization outcomes [J]. Technovation, 2021, 108：1-15.

⑧ BATTAGLIA D, PAOLUCCI E, UGHETTO E. Opening the black box of university Proof-of-Concept programs：project and team-based determinants of research commercialization outcomes [J]. Technovation, 2021, 108：1-15.

积极作用的三个机制：研究人员通过概念验证在开发的早期阶段评估技术的商业潜力，使科学家能够根据市场需求方向开展研究，即概念验证使科研人员在其研发项目的早期阶段思考潜在的产业应用前景；参与概念验证可以促进技术与市场的契合度，因为该项目需要科学家同时准备技术的发展计划和商业计划；概念验证帮助科学家减少技术转移的困难，使研究人员能够减少造成脱节的关系因素。

基于美国的情境，Gulbranson 和 Audretsch① 发现概念验证中心一般设置在工程学院，从而使概念验证中心集中精力关注那些更有可能转化成产品的研究成果。卓泽林和赵中建② 发现美国研究型大学的概念验证中心具有以下特点：加速大学科研活动生产具有创新性的市场技术；与外部网络和研究团队密切联系；能够与促进科研商业化的大学技术转让办公室通力合作。

基于欧洲的概念验证实践，Munari 等③ 选择了 7 所大学的概念验证活动进行解释性案例分析，并对技术转移办公室的相关负责人员进行访谈，研究了概念验证项目的效果，总结了概念验证项目在结构设计上的四个主要因素：足够规模的资金、分阶段注资、严格筛选、对能力建设和网络的支持。此外，技术转移办公室的规模和专业水平、政府部门支持等制度因素也起到重要作用。

基于意大利的情境，Battaglia 等④ 对意大利都灵理工大学的 12 个概念验证项目进行深入的案例分析，研究了概念验证发挥作用的机制，并总结了三方面赋能因素：关系赋能、结构赋能、文化赋能。关系赋能因素涉及信任和承诺、网络建立、沟通，主要作用是在成果转化过程中减少不同利益相关者之间的关系障碍，对技术转移有直接影响；结构赋能因素主要涉及资助项目的获取、大学和产业的匹配、新的研究机会等，对技术转移有间接影响；文化赋能因素涉及身份和渠道，帮助研究人员克服偏见和文化障碍，对技术转移有间接影响。Passarelli 等⑤ 以意大利教育、大学和科研部"概念验证网络"项目为例，分析了合作伙伴参与概念验证合作研发的影响因素。

① GULBRANSON C A, AUDRETSCH D B. Proof of Concept Centers: accelerating the commercialization of university innovation [J]. The journal of technology transfer, 2008, 33: 249-258.

② 卓泽林, 赵中建. "概念证明中心": 美国研究型大学促进科研成果转化的新组织模式 [J]. 复旦教育论坛, 2015, 13 (04): 100-106.

③ MUNARI F, SOBRERO M, TOSCHI L. Financing technology transfer: assessment of university-oriented Proof-of-Concept programmes [J]. Technology analysis & strategic management, 2016, 29 (2): 233-246.

④ BATTAGLIA D, PAOLUCCI E, UGHETTO E. The role of Proof-of-Concept programs in facilitating the commercialization of research-based inventions [J]. Research policy, 2021, 50 (6): 1-19.

⑤ PASSARELLI M, LANDI G C, CARIOLA A, et al. Open innovation in the new context of proof of concepts: evidence from Italy [J]. European journal of innovation management, 2020, 24 (3): 735-755.

基于北爱尔兰的大学概念验证活动实践，McAdam 等[①]对 6 个概念验证案例的 25 个相关人员进行访谈，从吸收能力视角开展研究，发现研发投入、在先知识基础、利益相关者资源整合、技术路径等与吸收能力有关的因素都会影响概念验证的效果。McAdam 等[②]进一步从吸收能力视角研究了 PI 在大学概念验证活动过程中的作用，发现最初的概念验证过程是隐性和非正式的，到后期呈现出显性和正式特征，从而当概念验证活动完成后，相应的知识就保留在大学科学园，强调 PI 在商业意识和现实商业业务方面有所不足，还需要在教学、科研、技术转移方面进行多目标平衡。

基于葡萄牙科英布拉大学的概念验证实践，Maia 和 Claro[③]从大学生态系统的视角对概念验证中心的作用进行了研究，总结了概念验证中心发挥作用的几个机制：与外部学术界和研究环境的网络关系、活动资助、科研人员创业技能的技术创业培训。

扩展阅读：中美欧的概念验证实践

通过对典型案例进行介绍可以了解概念验证活动的具体情况。以下分别对美国、欧盟和中国的概念验证活动代表性案例进行介绍。在美国，多种迹象表明，前期研究关注较多的冯·李比希创业中心自 2018 年之后不再有新的动态，因此选择德什潘德科技创新中心（以下简称德什潘德中心）作为美国代表性案例；选择 ERC 资助项目作为欧盟的代表性案例；选择成立时间较早的西安交通大学概念验证中心作为中国的代表性案例。

（一）中国代表性案例

西安交通大学概念验证中心成立于 2018 年，是国内首个高校概念验证中心。概念验证中心依托西安交通大学国家技术转移中心，是技术转移中心的下属独立机构，设 1 名专职主任、若干兼职副主任和 2~3 名项目经理。项目经理具有技术经理人身份，在概念验证工作过程中，充分发挥技术经理人的专业作用。概念验证中心以小额早期科技投资及专业管理为主，投资金额一般为 10 万~20 万元，属于微种子范畴，项目投资

　　① MCADAM R, MCADAM M, BROWN V. Proof of Concept processes in UK university technology transfer: an absorptive capacity perspective [J]. R&D management, 2009, 39 (2): 192-210.

　　② MCADAM M, MCADAM R, GALBRAITH B, et al. An exploratory study of Principal Investigator roles in UK university Proof-of-Concept processes: an absorptive capacity perspective [J]. R&D management, 2010, 40 (5): 455-473.

　　③ MAIA C, CLARO J. The role of a Proof of Concept Center in a university ecosystem: an exploratory study [J]. The journal of technology transfer, 2013, 38: 641-650.

周期一般在 1 年左右，目标以原理概念性样品或样机为主，在技术成熟后进行转让，由种子或天使基金接盘。

概念验证中心主要在新材料、人工智能、先进制造等重点方向进行提前布局，挑选优质初创项目，通过概念验证对项目进行深度孵化，已经在以下方面取得成效。一是创建企业。概念验证中心与陕西天奎生物医药科技有限公司联合建立西安交大国家技术转移中心天奎生物技术研究所。二是设立基金。概念验证中心牵头发起概念验证创业投资基金，首期规模为 1000 万元，资金来源主要是政府牵引下的高校自我投资和社会募资。2020 年，技术转移中心与西安曲江文化金融控股（集团）有限公司合作成立西安曲江金控交通科技成果转化合伙企业（有限合伙），建立概念验证基金，每年投资 10~20 个项目，单笔投资 30 万~50 万元，最高不超过 100 万元[①]。

从组织架构来看，概念验证中心隶属于技术转移中心。技术转移中心还设有技术发展部、区域管理部、教育培训中心、战略发展中心、中试基地办公室、知识产权运营办公室、科技金融办公室、国际技术转移办公室等机构，这样的设置使概念验证中心能够更好地接触与技术、区域、金融、知识产权等相关的各类资源，促进概念验证工作的顺利开展、实现最终的成果转化。同时，技术转移中心依托西安交通大学，有大量的高校科技资源可与概念验证中心进行对接；有庞大的校友资源，比如西安交通大学企业家俱乐部，可通过聘请校友中从事相关工作的人员担任专业顾问，保证概念验证项目的顺利进行。此外，技术转移中心并不是西安交通大学的内设机构，而是以企业形式进行市场化运作，因此概念验证中心的活动有更强的市场导向和市场动力。

（二）美国代表性案例

德什潘德中心于 2002 年在慈善家德什潘德（Deshpande）和其妻子杰史瑞（Jaishree）的捐助下成立，已有超过 20 年历史。德什潘德中心旨在帮助研究人员实现从"想法"（Idea）到"影响力"（Impact）的转换，通过进一步开发实验室中的技术将其用于制造新产品或孵化新企业，重点解决健康、信息技术、能源等领域的重要问题。德什潘德中心的主要业务包括项目资助和其他服务支撑。

德什潘德中心的资助包括起步资助（Initial Grants）和延续资助（Renewal Grants）两类。起步资助项目为科研人员提供额度为 5 万美元、为期 1 年的资助，主要面向研究生和博士后的概念验证或原型开发活动。延续资助项目的资助额一般在 5 万~15 万美元，旨在通过为创新提供必要支撑、探索潜在市场和评估商业可行性，实现技

---

① 蔡克，王文，葛锋，等. 科技成果转化领域供给侧改革探索——概念验证基金实践 [J]. 中国科技投资，2020，(13)：44-46.

术转移的最终目的：吸引投资并创立新企业，或是将技术许可给现有企业。上述项目实行"预申请—正式申请"制度，所有项目都需要先提交预申报书，通过遴选委员会的评议和筛选后，再行提交正式申报书，在正式申报的过程中德什潘德中心会为项目申报团队匹配导师提供指导。与起步资助不同的是，延续资助实行邀请制，未被邀请的人员不能申请。正式申请提交后，德什潘德中心会组织由来自麻省理工学院（Massachusetts Institute of Technology，MIT）和导师团队的人员组成的跨学科团队进行评估。起步资金的评估标准主要包括：技术商业化的影响力、3 年内溢出企业的可能性、前期研究基础、预算的可行性、德什潘德中心的作用、PI 及其团队情况。延续资助的评估标准与起步资助类似，但是相对更加严格，对溢出企业可能性的评估限制到 1~2 年，增加了对市场需求、商业模式的评估，还增加了对概念验证结果、实验数据等内容的评估。除起步资助和延续资助外，德什潘德中心与麻省理工学院 Alana 唐氏综合征中心合作，面向唐氏综合征相关技术，提供"为了能力提升的技术"（Technology to Improve Ability，TTIA）资助。另外，在风险投资机构 Pillar VC 的资助下，德什潘德中心还设立了一个试点资助项目 MIT-Pillar AI Collective，主要为人工智能、机器学习和数据科学领域的项目提供种子基金，以支持研究成果转化。

德什潘德中心开展的各类活动和提供的服务支撑包括：为资助获得者提供创新教育；为资助获得者提供有关发明商业化和创办公司方面的技能培训；为研究团队对接来自行业专家、风险投资者、创业专家和企业家的指导；组织创新人员对其经验和机会进行分享；培育独特的 MIT 创新创业生态系统；协助其他类似机构的发展建设。中心还会组织"意见流"（Idea Stream）交流活动，让创新创业人员了解学科趋势、交流思想、拓展人脉。MIT 于 2018 年获得美国国家科学基金会的 420 万美元资助并成为"创新团体"（Innovation Corps）在新英格兰区域的重要支撑，还通过开展创业辅导服务、设立创业信托中心为教职工进行多元化的创新创业培训并提供硬件设施，设立沙盒创新基金为创新活动提供种子资金并开展实践、依托技术转移办公室进行技术转移和知识产权运营。

德什潘德中心的核心团队有 4 人，包括 1 名执行主任、1 名学术主任、1 名项目经理和 1 名项目助理。德什潘德中心还设立了由 9 位企业家、风险投资家及 MIT 科研专家组成的指导委员会，负责指导中心的战略方向，并确保计划和活动能够实现其使命与愿景。指导委员会将审查资金提案，就创新创业和商业化的有关事宜为中心管理团队提供指导，帮助中心的资助对象确定潜在的行业合作伙伴、导师和研发合作者。德什潘德中心依托 MIT 设立，MIT 的大学生态体系为中心的运行提供了天然的优势，丰富的学术资源和创意让中心虽然仅仅支持本学院的人员进行概念验证，但是仍然取得了显著的成果。

外部合作和网络关系是德什潘德中心发挥作用的一个重要基础。德什潘德中心积极进行多元化的外部合作，包括接受企业捐助，并为捐助企业提供技术、行业咨询、高水平人才、中心所资助项目的最新消息、参与 MIT 有关活动的机会；中心还对个人捐赠和合作持开放态度。组织开展"催化剂"项目，"催化"导师将为每个项目提供指导，结合个人经验提供有关市场机会、发明商业化、创办新企业方面的指导。德什潘德中心目前有 43 位催化员（Catalyst），覆盖化学与材料、医药健康、能源环境、仪器设备等七个领域，催化员是经验丰富的企业家和行业专家，为受助人创业的各个方面提供包括市场分析、商业规划、融资和团队建设等方面的指导，参与德什潘德中心的各种活动，如催化员聚会（Catalyst Party）、创新展示和研讨会（Open House and Innovation Showcase）。

自 2002 年以来，德什潘德中心已经出资超过 2000 万美元，资助了超过 190 个项目的 400 名研究人员，总计协助孵化了 48 家衍生公司，这些公司已经获取了超过 13 亿美元的投资资金，23 家聚焦于健康领域，11 家聚焦于清洁能源方面，而且正在不断开发突破性的产品和服务[1]。

（三）欧盟代表性案例

欧盟下属欧洲研究委员会（ERC）资助的概念验证项目是欧洲范围内较有影响力的概念验证活动，目的在于促进对 ERC 前期资助成果的商业和社会潜力的探索，为科技成果市场化前期的研发提供资金支持，探索证明其创新潜力。每项项目的资助额度固定为 15 万欧元，项目周期为 18 个月，资金可以用于人员费、分包费、采购费、其他成本支出，也可以用于支付间接费用。ERC 的概念验证项目是基础资助[2]的延续性资助，只有获得过基础资助的 PI 才能够申请和获得概念验证资助。申请概念验证项目的PI 必须证明用于概念验证的想法与前期 ERC 基础资助项目之间的关系。除协同资助外，每个 ERC 基础资助项目最多可获得三项概念验证资助。协同资助项目最多可获得六项概念验证资助。

ERC 评估是否对概念验证项目申请进行资助的标准包括三个方面。一是突破性的创新潜力方面，申请书必须证明所提议的概念验证活动具有推动创新和商业创造力和/或应对社会挑战的潜力，并且所提议的预期成果与现有解决方案相比具有创新性或独特性，相关风险也是评估的重要内容。二是路径和方法方面，要求拟议的概念验证活

---

① 数据来源于德什潘德中心官方网站。
② ERC 提供 4 类基础资助，分别是启动资助（Starting Grants）、巩固资助（Consolidator Grants）、高级资助（Advanced Grants）和协同资助（Synergy Grants），参见：https://erc.europa.eu/apply-grant。

动和方案在预期的时间和资源约束下是可行的，并且对于探索从突破性研究到创新的途径是适合且有效的。三是 PI 的战略领导和项目管理方面，PI 需要对组织项目管理、整合信息和数据进行战略决策、实施拟议计划（包括风险和应急措施）有清晰的认识。ERC 根据专家在技术转移和社会创新方面的专长遴选评议专家组，专家组由至少 3 名外部独立专家组成。评议专家将独立对每份申请书进行远程评估，并针对三个评估要素中的每一个进行标记："通过"（包括"非常好"和"好"）或"不通过"。只有在资助标准的三个方面全部通过（"非常好"或"好"）的申请书才可能获得资助。评议专家需要对申请书撰写评语，对于"不通过"的申请书需要详细说明原因以帮助申请人了解不足，对于标记为"好"和"非常好"的申请书也需要给出改进意见。

截至 2022 年底，ERC 资助的概念验证项目共有 1530 个，涉及 375 个依托单位、30 个国家，资助额达到 22.9 亿欧元。获得项目资助数量最多的 5 个国家是英国（234 项）、荷兰（176 项）、德国（163 项）、西班牙（160 项）和法国（136 项）。主要资助领域包括：生命科学领域（398 项）、物质科学领域（640 项）和人文社会科学领域（79 项）[1]。

---

① 数据来源于 ERC 官方网站的项目数据库（Project Database）。

| 第七章
科技、金融与知识产权[*]

知识产权是面向创新驱动发展，加强科技与金融结合的核心之一。近年来，我国科技事业实现了历史性、整体性、格局性的重大变化，但是在建立健全科技与金融结合机制方面还有待提升。本书希望通过探讨知识产权促进科技与金融结合的实践和面临的问题，研究利用知识产权促进科技与金融结合的策略，为进一步完善科技与金融结合的机制提出有学理基础的建议。这在当前新一轮科技革命和产业变革同我国转变经济发展方式的历史性交汇期，具有重要现实意义。科技活动在本质上是一种投资，科技创新主体通过高质量知识产权能够吸引投资，投资者通过投资知识产权能够获取创新利益。

一、科技、金融、知识产权的缠绕

科技与金融结合是我国实施创新驱动发展战略、建设创新型国家、实现高水平科技自立自强的必由之路。宏观上，科技与金融结合有助于促进科技成果高效、快速转化，优化创新资源的配置和有效运用，推动产业优化升级，提升环境质量等经济质量指标[1][2]。微观上，科技与金融结合有助于缓解初创型/小微型科技企业的融资困难，降低研发活动风险，促进企业的研发投入和技术创新，进而提升企业财务绩效和长期发

---

[*] 此部分内容发表于 2022 年 9 月《中国科学院院刊》，本书进行了删改。

[1] BALOCH M A, OZTURK I, BEKUN F V, et al. Modeling the dynamic linkage between financial development, energy innovation, and environmental quality: does globalization matter [J]. Business strategy and the environment, 2021, 30 (1): 176-184.

[2] 金芳, 齐志豪, 梁益琳. 大数据、金融集聚与绿色技术创新 [J]. 经济与管理评论, 2021, 37 (4): 97-112.

展潜力①②。以专利为典型代表的知识产权，既是创新成果的直接体现，也是激励和保护创新的法律工具，在科技与金融结合中的重要地位和作用尤为突出。

以美国、日本、英国为代表的主要创新型国家高度关注科技与金融结合中的知识产权。20 世纪 90 年代以来，美国进行过多次成功实践③，如 1994 年陶氏化学公司（Dow Chemicals）用专利质押获得了 1 亿美元的银行贷款④；2000 年药业公司 Royalty Pharma 依托其与耶鲁大学签订的专利许可协议首创全球药品专利证券化业务⑤。近年来，美国医药领域的专利证券化已经较为普遍⑥。2021 年 6 月，日本金融厅、东京证券交易所修改《上市企业治理规则》，加入了两点知识产权内容：上市企业要披露知识产权投资具体信息；上市企业董事会要对企业知识产权投资进行有效监督。上市企业是一国经济组织的精华集合，也是推动经济转型升级的关键抓手。日本《上市企业治理规则》要求上市企业公开报告知识产权信息，显然是想在督导上市企业强化知识产权工作的同时，加速、加深知识产权与实体经济和金融的融合。2021 年 7 月，英国政府发布《英国创新战略：通过创造引领未来》（*UK Innovation Strategy：Leading the Future by Creating It*），提出了创新投资的方向和创新战略的 4 个支柱并明确了知识产权在其中的作用。

从发展趋势来看，科技、金融、知识产权之间表现出互动加强、缠绕加深的特征。

科技与金融的融合方式不断发展创新。一方面，金融制度、金融工具在科技创新领域的应用为研发活动注入新的资金资源，促进了科技成果的产出、商业化和科技型企业的融资。另一方面，金融行业积极利用科技成果发展壮大。例如，信息与通信技术（ICT）的发展和普及催生了互联网金融，区块链技术的成熟和应用催生了虚拟货币、数字资产等。事实上，这两个方面都没有脱离熊彼特（Schumpeter）对创新进行的经典界定：生产要素的新组合。

---

① FARRE-MENSA J, HEGDE D, LJUNGQVIST A. What is a patent worth? Evidence from the US patent "lottery" [J]. The journal of finance, 2020, 75 (2)：639-682.

② 张婕，金宁，张云. 科技金融投入、区域间经济联系与企业财务绩效——来自长三角 G60 科创走廊的实证分析 [J]. 上海财经大学学报，2021, 23 (3)：48-63.

③ BEZANT M. The use of intellectual property as security for debt finance [J]. Journal of knowledge management, 1998, 1 (3)：237-263.

④ MUNARI F, ODASSO C, TOSCHI L. Chapter 12: patent-backed finance [M] //MUNARI F, ORIANI R. The economic valuation of patents: methods and applications. Cheltenham and Northampton: Edward Elgar Publishing Limited, 2011：309-336.

⑤ ODASSO M C, UGHETTO E. Patent-backed securities in pharmaceuticals: what determines success or failure [J]. R&D management, 2011, 41 (3)：219-239.

⑥ DESHPANDE N, NAGENDRA A. Patents as collateral for securitization [J]. Nature biotechnology, 2017, 35 (6)：514-516.

科技与知识产权的联系日益增强。一方面，保护知识产权就是保护创新，科技创新越活跃，知识产权制度越重要。无论是在工业经济时代，还是在数字经济时代，专利、商标、技术秘密等知识产权法律保护机制都为创新主体提供了阻止创新被模仿的独占性机制[1][2]。另一方面，专利本身就是受到法律保护的权利化的科技成果，这也是专利通常被用作一个有效指标测量创新的原因。

金融和知识产权的相互需求持续强化。一方面，基于现代信息技术源源不断产生的金融产品对知识产权保护提出了要求，也得到了积极回应。现在各国的商业方法专利绝大多数都绑定了金融产品。另一方面，金融资本成为知识产权转化的重要支撑。已有研究发现，我国实施的专利质押融资对企业绩效具有显著的净效应[3]，而知识产权运营机构通过不同金融模式能够有效推动科技成果转化[4]。初创企业通常具有轻资产特征，融资比较困难，而知识产权作为重要的无形资产是有利于促进企业获得融资的筹码。在科技型初创企业经营发展过程中，高质量的知识产权组合能够提高其融资能力。欧洲专利局的调查显示，相对于大企业而言，小企业申请专利的货币化导向更加明显，包括进入资本市场和获取许可收益；而大企业申请专利的主要目的是阻止竞争对手模仿[5]。

科技发展及其与金融的结合拓展了知识产权保护运用的空间。2017 年 6 月，世界上最早的非同质化代币（Non-Fungible Token，NFT）项目之一 CryptoPunks 发布，取得良好的交易记录。NFT 以其背后的图像、音乐、视频、艺术品等为资产支撑，资产内容多是知识产权保护的客体，并以著作权为主，因此 NFT "铸造" 过程中的一个重要环节就是 "创作"。实践中，还有在知识产权授权基础上创造 NFT 的模式。例如，美国职业篮球协会（NBA）将其品牌 "NBA" 许可给 Dapper Labs，用于创造相关 NFT 产品。在 NFT 形成后，如果进行二次交易的话，创作者一般在每次交易过程中都能获得一定比例的提成费。NFT 具有可验证性、透明执行、有效性、不可篡改、可访问性、可交易性等特征，注册并存储于区块链的分布式账本，使其生成和交易等相关记录难以被篡改，这为知识产权保护和运用提供了新的思路。

① TEECE D J. Profiting from technological innovation: implications for integration, collaboration, licensing and public policy [J]. Research policy, 1986, 15 (6): 285-305.

② TEECE D J. Profiting from innovation in the digital economy: enabling technologies, standards, and licensing models in the wireless world [J]. Research policy, 2018, 47 (8): 1367-1387.

③ 张超，张晓琴. 专利权质押融资影响出质企业绩效的实证研究 [J]. 科研管理，2020，41 (1): 142-151.

④ 赵睿，刘祖婉，傅巧灵. 专利运营机构介入科技成果转化的金融支持模式研究 [J]. 中国软科学，2021，(S1): 131-139.

⑤ DE RASSENFOSSE G. How SMEs exploit their intellectual property assets: evidence from survey data [J]. Small business economics, 2012, 39 (2): 437-452.

二、向科技投资，用知识产权获利

从投资角度看待科技创新时，知识产权的作用就显得具体、明确且突出。因为在选择投资对象时，无论是政府、企业还是其他主体，都希望把资金投到权利边界清晰、权利内容完整、权利保护严格有力的资产上去。在我国，从政策文件到操作举措，科技投资中或明示或默认地为知识产权留下了适当的位置。

本书开篇介绍了向科技投资的两个关键环节，知识产权在这两个环节都发挥着关键性作用。

在第一个环节，有效的、制度性的知识产权管理可以为研发过程提供策略支持。对在先技术文献的检索能够帮助研发人员明确相应领域的知识基础，避免重复研发，提高创新效率，更好地进行集成创新。通过全面检索，掌握在先专利技术，有助于申请人制定研发和知识产权布局策略，而人工智能、大数据等相关技术的发展和运用充分提高了专利检索的效率。例如，在核心技术已经被竞争对手申请专利的情况下，研发人员要判断是选择替代性技术方案进行研发，还是选择在既有技术的基础上研发周边技术进行"围堵"。

在第二个环节，是否拥有高质量知识产权是科技成果能否吸引投资的重要影响因素。核心技术是科技型初创企业获得盈利和成长壮大的关键驱动力。对于大多数企业而言，如果没有知识产权对其技术进行保驾护航，企业将很容易丧失市场上的垄断优势；即使暂时获得了"领先优势"，也很容易被拥有强大资本支持的竞争对手挤占。知识产权与金融的创新性结合有利于促进、保障科技的商业化实施，如实践中的各类知识产权保险、知识产权税收优惠政策，欧洲国家广泛采纳的"专利盒"政策就是直接体现。

从政策方向上看，相较于十几年前①，知识产权在我国科技与金融结合实践中已经得到较多体现。政策制定充分覆盖了向科技投资的两个环节。在第一个环节中，2021年7月，《国务院办公厅关于完善科技成果评价机制的指导意见》发布，要求充分发挥金融投资在科技成果评价中的作用，强调引导企业家、天使投资人、创业投资机构等各类市场主体提早介入研发活动。在第二个环节中，2014年，科学技术部、财政部联合发文，在国家科技成果转化引导基金下设立创业投资子基金；2015年，修订后的《促进科技成果转化法》指出，国家鼓励政策性金融机构采取措施，加大对科技成果转

---

① 肖尤丹. 知识产权产业化金融支持制度研究——技术创新与金融创新的制度性融合 [J]. 知识产权，2007（3）：12-19.

化的金融支持；2017 年，国务院印发的《国家技术转移体系建设方案》要求引导社会资本加大对技术转移早期项目和科技型中小微企业的投融资支持。

从工作指导上看，2015 年 3 月，《国家知识产权局关于进一步推动知识产权金融服务工作的意见》印发，提出引导和促进银行业、证券业、保险业、创业投资等各类金融资本与知识产权资源有效对接，并重点强调了知识产权质押融资、专利保险、知识产权出资等模式。2017 年，国务院印发的《国家技术转移体系建设方案》要求开展知识产权证券化融资试点，鼓励商业银行开展知识产权质押贷款业务。2021 年修订发布的《科学技术进步法》明确，国家鼓励金融机构开展知识产权质押融资业务，鼓励和引导金融机构在信贷、投资等方面支持科学技术应用和高新技术产业发展。2022 年，国家知识产权局发布《关于专利侵权纠纷行政裁决案件中区块链电子证据效力的批复》，肯定了区块链电子签名在知识产权维权中的作用。在地方层面，北京、上海、广东等地专门制定了推动知识产权金融工作发展的政策。

三、科技、金融、知识产权结合的典型模式

金融是人类社会商品货币关系发展的必然产物，金融模式的具体实践也在发展过程中不断演进调整。科技与金融的结合就是金融模式演进调整过程中的新产物，而知识产权的参与则使金融模式更加丰富。从市场实践上看，在政府支持和市场拉动的双重动力下，知识产权质押融资、知识产权证券化、知识产权保险等模式不断发展。

（一）知识产权质押融资

知识产权质押融资是指企业以合法拥有的专利权、商标权、著作权中的财产权经评估作为质押物，从银行获得贷款的一种融资方式。发达国家知识产权质押融资主要体现在金融规制缓和上，即通过修改担保法等与质押融资直接相关的法律，放宽质押物限制，允许知识产权进入金融质押业务。2022 年，我国专利商标质押融资总额达到 4868.8 亿元，著作权质押担保金额达 54.5 亿元[①]。

由于知识产权管理部门的大力推动，我国知识产权质押融资已经发展形成了"北京模式""浦东模式"与"武汉模式"等多种实践模式，并正在实现从政府引导向市场化运作的重要转变。"北京模式"指银行直接参与知识产权质押过程的直接质押融资

---

① 国新网. 国新办举行 2022 年中国知识产权发展状况新闻发布会图文实录［EB/OL］.（2023-04-24）
［2023-09-15］. http://www.scio.gov.cn/xwfb/gwyxwbgsxwfbh/wqfbh_2284/49421/49869/wz49871/202307/t20230704
_725467.html?flag=1.

模式，这种模式贷款门槛高、额度小，金融机构承担的风险大，参与积极度不高。"浦东模式"指"银行+政府基金担保+专利权反担保"的间接质押模式，也是一种以政府推动为主导的知识产权质押贷款模式。上海浦东生产力促进中心提供企业贷款担保，企业以其拥有的知识产权作为反担保质押给上海浦东生产力促进中心，然后由银行向企业提供贷款，各相关主管部门充当了"担保主体+评估主体+贴息支持"等多重角色，政府成为参与的主导方。政府实际承担了"兜底"角色，会承担较大的风险，虽加大了金融机构参与的积极性，但并不利于以市场为主导的长期发展。"武汉模式"则是在借鉴"北京模式"和"浦东模式"的基础上推出的专业市场化担保机构参与的模式，即将"浦东模式"中的政府兜底改为市场化担保机构兜底。

　　三种模式各有优势，也各有问题。因此，各地区也在不断探索新的模式，政府的政策重点也在转变。2019 年，中国银保监会联合国家知识产权局、国家版权局发布了关于进一步加强知识产权质押融资工作的通知，指出银行保险机构应统一思想认识，高度重视知识产权质押融资工作的重要性，支持具有发展潜力的创新型（科技型）企业；要求大型银行、股份制银行指定专门部门负责知识产权质押融资工作，鼓励商业银行在风险可控的前提下，通过单列信贷计划、专项考核激励等方式支持知识产权质押融资业务发展。江苏等地相关知识产权质押融资的政策已经呈现出由补贴融资成本转向创造融资环境的演化趋势。

（二）知识产权证券化

　　知识产权证券化作为资产证券化中知识产权资本化运作的一种形式，指以知识产权未来预期收益为支撑，通过发行市场流通证券进行融资的融资方式。相较于传统证券化产品，知识产权证券化的最大特点在于基础资产不再是实物资产，而是无形的知识产权。知识产权证券化工作涉及诸多环节，部门之间的配合、沟通和协调，企业与金融机构之间的交流，是影响和制约知识产权证券化工作的重点内容。知识产权证券化可以帮助企业利用知识产权进行融资，拓宽企业融资渠道，对于促进科技成果转化、实现知识产权价值有积极作用，有助于缓解中小企业融资难困境、支持拥有自主知识产权的科技型初创企业成长。

　　世界上最早的知识产权证券是 1997 年 1 月在美国发行的以摇滚歌星大卫·鲍伊（David Bowie）的音乐作品为基础资产的版权债券。鲍伊证券化融资的成功使得后来知识产权证券化逐渐成为美国资本市场常用的融资方式之一。1997 年到 2010 年，美国通过知识产权证券化进行融资的成交金额高达 420 亿美元，年均增长幅度超过 12%。但是，美国等发达国家的知识产权证券的基础资产几乎都是版权作品，只有为数甚少的几例是专利。我国在这方面有所不同，有大量的专利作为基础资产发行证券、进行融资。2019 年 3 月，我国首支知识产权证券化标准化产品"第一创业—文科租赁一期资产支持专项计划"在深圳证券交易所成功发行；2020 年 9 月，"浦东科创 2 期知识产权资产支持专项计划"在上海证券交易所举行挂牌仪式；2021 年 11 月，我国首支商标知识产权证券化产品"长城嘉信—国君—广州开发区科学城知识产权商标许可资产支持专项计划"正式发行。

(三) 知识产权保险

知识产权保险是指保险人收取一定保险费，按照保险合同，对保险事故造成的经济损失、经济成本，承担相应的赔偿责任。知识产权保险的投保人主要是各类知识产权的权利人或其利益相关者。2016 年 1 月，英国知识产权局发布了知识产权保险指南，指出知识产权保险可能并不适合每一个企业，但是确实有很多好处[1]。知识产权保险可以帮助投保人保护其企业财产，绝大多数情况下，知识产权保险与其他保险产品一样，例如，保费的高低将由预期的风险水平决定。正因如此，由于知识产权保险标的物是无形的，往往产生了更高的预期风险和更高昂的保险费用。

根据标的性质和风险的不同，知识产权保险可以划分为知识产权侵权责任保险和知识产权执行保险[2]。知识产权侵权责任保险属于防御型保险、责任保险，以被保险人侵犯他人知识产权的民事赔偿责任为保险标的，由保险人承担被保险人在处理侵权诉讼中发生的相关费用和损失。知识产权执行保险属于攻击型保险、补偿保险，以被保险人依法享有的知识产权为保险标的，由保险人承担被保险人发起知识产权侵权诉讼发生的相关的律师费、诉讼费等相关成本费用[3]。衍生的相关知识产权保险还包括专利代理保险、专利评估保险、知识产权质押融资保证保险、知识产权许可信用保险、专利申请保险、专利投资保险、专利无效保险等。

以专利保险为代表的知识产权保险旨在为科技创新创业提供风险保障。美国是世界上专利保险起源最早的国家，起初把专利保险融于普通商业责任保险中，后来随着专利诉讼的频发，逐渐出现专门的专利保险险种。美国发展比较成熟的两种专利保险类型是专利侵权保险和专利执行保险。在英国，知识产权保险主要是针对诉讼、索赔等法律风险尚未发生之时的"事前险"，能够覆盖被保险人起诉或者应诉的（原被告的）法律费用支出。在我国，以专利执行保险为代表的知识产权保险已经逐渐形成较为成熟的保险产品。国家知识产权局于 2016 年开展了专利保险试点示范工作，并遴选

---

[1] UKIPO. Guidance：intellectual property insurance [EB/OL]. (2016-01-22) [2023-05-23]. https://www.gov.uk/guidance/intellectual-property-insurance.

[2] 卜天舒. 我国知识产权资本化的方向与保护浅析 [J]. 清华金融评论，2021 (03)：88-90.

[3] 卜天舒. 我国知识产权资本化的方向与保护浅析 [J]. 清华金融评论，2021 (03)：88-90.

了 21 个区域或单位进行推进。北京市自 2020 年开始实施为期 3 年的知识产权保险试点工作，截至 2022 年 4 月，已经为 20 余个重点产业的 3366 件专利上保险①。截至 2022 年 9 月，全国已有超过 22 个省、99 个地市开展了知识产权保险业务，累计为超过 2.7 万家企业的 4.4 万余件专利、商标、地理标志及集成电路布图设计提供了逾 1100 亿元风险保障②。

四、用知识产权促进科技与金融结合的挑战和抉择

从促进科技成果利用、提高科技投资回报的角度出发，借助知识产权促进科技与金融的结合还面临一定的挑战，需要进行有效的抉择。

（一）科技与金融结合中面临的知识产权挑战

当前我国正在加快建设科技强国、知识产权强国，健全现代经济体系和金融体系，在科技、金融、知识产权结合方面进行了有益的探索和创新，并取得显著成效，同时也存在一些问题。

在科技投资的第一个环节，学术研究所产出的知识产权的整体质量和市场布局仍需要继续提升。根据调研，2022 年，我国发明专利转让价格相对较低，调研样本中有 67.5%的专利转让价格不足 10 万元（59.4%不足 5 万元，8.1%为 5 万~10 万元，不含未支付转让费用的专利）；高校发明专利产业化率为 3.9%，转让率为 3.1%，许可率为 7.9%，整体实施率为 16.9%。一方面，专利技术水平低是转化困难的主要障碍，截至 2018 年底，大专院校有效发明专利平均维持年限为 5.4 年。另一方面，高校、科研机构的学术导向使其专利的市场潜力相对不高，截至 2021 年底，我国产学研合作专利占有效专利的 4.0%。此外，学术科研机构的知识产权专业服务支撑力量不足，高校和科研单位建立知识产权专职管理机构的比例为 33.3%。

在科技投资的第二个环节，科技型初创企业面临短期生存与长期布局的冲突抉择。一是部分创业人员已经充分意识到知识产权的重要性，但是他们认为知识产权对于创业企业而言，主要是"防守之盾"，而非"攻击之矛"。二是初创企业早期的主要关注点在于占领市场和获得生存，在采取知识产权相关举措方面存在能力与资金方面的双重约束，通常在融资的时候才发现知识产权的重要性。三是部分初创企业仍然认为知

---

① 赵语涵. 北京知识产权保险试点两年 重点产业 3366 件专利获保险呵护［N］. 北京日报，2022-04-05（02）.
② 国家知识产权局知识产权发展研究中心，中国人民财产保险股份有限公司. 中国知识产权保险发展白皮书：2022［R］. 北京：国家知识产权局知识产权发展研究中心，中国人民财产保险股份有限公司，2022.

识产权作用不大，主要体现于大学生创业或者尚未形成清晰商业模式的创业企业。四是初创企业在产学研合作方面不具有优势，部分创业人员认为小公司没有能力与高校开展深度合作，实践中比较可行的是联合申请一些政府项目。

在兼并收购中，由于知识产权具有的垄断性特征能够给企业带来竞争优势，企业的兼并收购也越来越以知识产权的获取为核心目标，这意味着有可能带来垄断问题。2020 年 7 月，美国英特尔公司与苹果公司对 Fortress 公司提起联合诉讼①，理由是后者投资、收购、创造了大量专利主张实体，形成专利聚集，妨碍了市场竞争。这类收购也容易引起监管部门的关注。在我国，2019 年发布的《国务院反垄断委员会关于知识产权领域的反垄断指南》，以及 2020 年最高人民检察院组建的知识产权检察办公室，为知识产权反垄断检察提供了可能。

科技在金融领域的应用带来新的知识产权挑战。例如，NFT 作为一种渠道和模式可以起到有效保护知识产权的功能，但是在 NFT 形成过程中存在一定的确权风险。由于 NFT 平台不需要对 NFT 背后的资产进行严格的权属审核，导致 NFT 形成后，其背后受到知识产权保护的作品可能遭到侵权。2022 年 4 月 20 日，杭州互联网法院就一起侵害作品信息网络传播权纠纷案件作出判决，进一步突出了这一问题的紧迫性。该案件起因是被告经营的"元宇宙"平台上的 NFT 侵犯了原告的知识产权，而平台没有在NFT "铸造"时尽到注意义务；法院审理认为被告构成侵权。此外，对于金融产品本身的知识产权保护也还有待强化。尽管金融产品本身具备一定的知识产权属性，但是实践中的金融产品仍然以商业方法为主。然而，在《专利法》中，商业方法作为"智力活动的规则和方法"，在一般情况下不具有可专利性。

（二）用知识产权促进科技与金融结合的策略选择

策略的选择从来都不具有普适性，恰当的策略始终应当基于特定的情境制定，并结合情境的变化进行动态调整。

（1）国家需求。以知识产权促进科技与金融的结合要考虑我国的国家发展阶段和国家战略需求。我国正在加快实施创新驱动发展战略，努力实现高水平科技自立自强，突破国外技术封锁、解决"卡脖子"技术难题是当前的燃眉之急。为此，必须解决好向科技投资两个环节的内部问题，并充分注重两个环节的衔接，以知识产权制度辅助和保障研究开发，以高质量研发为产业发展提供科技基础，以创新获利反哺科技研发，并通过将金融引入各个环节实现良性循环。从长期来看，我国要真正实现高质量发展，还需要进一步加强产业转型升级，而这个过程面临越来越明显的环境约束。

---

① 案号：19-cv-07651-EMC。

（2）行业属性。不同行业对于知识产权的依赖程度和依赖方式存在差异，制定策略要充分考虑行业间的异质化。部分行业技术更新迭代快、企业间技术相互依赖性强，因此不同企业间，甚至上下游企业间，既有竞争也有合作，知识产权交叉许可比较普遍，典型代表是信息和通信技术行业。在数字经济背景下，相关企业更容易快速明确商业模式并获利，也相对容易吸引投资。但是，还有部分行业研发过程漫长，甚至在形成产品后还要经过同样漫长的审批才能上市，典型代表是医药行业。相对于信息技术，医药技术研发的时间和资金成本更高，失败风险也更高，在科技投资的第一个环节难以引起资本市场的关注。

（3）禀赋差异。制定策略要充分考虑国家、区域、创新主体等不同层面禀赋条件。在国家层面，我国加强科技与金融结合的两个主要优势是举国体制和庞大的市场规模，但是同时存在科技评价、金融体系等方面的不足。在区域层面，要充分考虑区域内部的产业特征、人才基础、科技创新、金融发展等方面的条件。在创新主体层面，要充分考虑机构类型、机构规模、创新能力等情况。

（4）目标导向。知识产权策略要服务于科技与金融结合的具体目标，实现公共政策与市场机制的有效配合。知识产权制度对于政府而言是为了保护和激励创新，对市场而言是为了获取创新利益。在这样的宗旨下，企业应当提高自主知识产权水平，优化知识产权布局；而高校和科研机构应当结合实际情况，在明确有必要申请专利的情况下，申请最终能够在市场发挥作用的专利，而不应当把专利与学术论文等同起来作为对科研人员的科研绩效进行评价的关键指标。

第八章

促进科研成果利用的制度工具

2015 年 8 月修正的《促进科技成果转化法》是我国科技成果转化政策的新起点，也是科研成果保护、利用政策的新起点。2021 年 12 月修订的《科学技术进步法》，对包括科研成果保护、科研人员合法权益保护、科研成果利用等多个有关科研活动的方面进行规范。法律具有较高的位阶，是制度工具的一个重要方面，法律的调整通常还能够带来新一轮的制度体系的更新和完善。近年来，我国在科研成果利用方面所使用的制度工具，可谓极其丰富。

一、科研人员相关制度工具

科研人员是科研成果的创造者，与科研人员相关的政策会影响科研成果的市场应用潜力、利润回报潜力。同时，高校、科研院所等学术机构产出的科研成果多数处于成熟度较低的水平，通过提高科研人员在后续研发的参与有助于提高转化成功率。

（一）优化收入分配

收入分配制度是经济社会发展过程中一项带有根本性、基础性的制度安排。收入分配通常包括初次分配、再分配和第三次分配。初次分配主要通过市场机制实现，再分配主要包括税收、转移支付、社会保障等方面，第三次分配的典型表现是慈善事业。我国的收入分配制度坚持注重效率、维护公平，初次分配和再分配都要兼顾效率和公平，初次分配注重效率，再分配注重公平。

新中国成立后，我国实行计划经济体制下平均主义的分配方式；改革开放后，我国逐步建立起按劳分配为主体、多种分配方式并存的分配制度，其中一个重要方面就是允许和鼓励包括技术在内的各类要素按照贡献参与分配。2013 年 2 月 3 日，国务院批转发展改革委等部门发布的《关于深化收入分配制度改革的若干意见》，明确要求健全技术要素参与分配机制，提出建立健全以实际贡献为评价标准的科技创新人才薪酬制度和完善有利于科技成果转移转化的分配政策等。2019 年 10 月 31 日，中国共产党第十九届中央委员会第四次全体会议通过《中共中央关于坚持和完善中国特色社会主义制度 推进国家治理体系和治理能力现代化若干重大问题的决定》，强调健全劳动、资本、土地、知识、技术、管理、数据等生产要素由市场评价贡献、按贡献决定报酬的机制。

与科学技术有关的收入分配制度是我国收入分配制度的组成内容，是实现共同富裕的路径，也是促进创新驱动发展的路径。2016 年 11 月，中共中央办公厅、国务院办公厅印发《关于实行以增加知识价值为导向分配政策的若干意见》，在基本思路中提到充分发挥收入分配政策的激励导向作用，激发广大科研人员的积极性、主动性和创造性，鼓励多出成果、快出成果、出好成果，推动科技成果加快向现实生产力转化；要求推动形成体现增加知识价值的收入分配机制，提出的"探索赋予科研人员科技成果所有权或长期使用权"成为 2020 年 5 月科技部等九部门印发的《赋予科研人员职务科技成果所有权或长期使用权试点实施方案》的直接政策基础。

增加科研人员收入的政策包括两个方面，一方面是提高转移转化收益分配，另一方面是减免税收。

在提高转移转化收益分配方面，2015 年修正的《促进科技成果转化法》专门设置"技术权益"一章，第四十四条第一款规定，"职务科技成果转化后，由科技成果完成单位对完成、转化该项科技成果做出重要贡献的人员给予奖励和报酬"。实际上，在《促进科技成果转化法》修正前不久，2014 年 9 月 26 日发布的《财政部 科学技术部 国家知识产权局关于开展深化中央级事业单位科技成果使用、处置和收益管理改革试点的通知》已经提出建立健全科技成果转移转化收入分配和激励制度，要求试点单位要依据有关法律法规制定科技成果转移转化收入分配和股权激励方案，单位的收入分配和股权激励方案要明确科技成果完成人（团队）、院系（所）以及为科技成果转移转化作出重要贡献的人员、技术转移机构等相关方的收入或股权奖励比例，以保障各方的利益，建立利益共享机制。

在减免税收方面，2018 年 5 月印发的《财政部 税务总局 科技部关于科技人员取得职务科技成果转化现金奖励有关个人所得税政策的通知》，明确依法批准设立的非营利性研究开发机构和高等学校根据《促进科技成果转化法》规定，从职务科技成果转化收入中给予科技人员的现金奖励，可减按 50% 计入科技人员当月"工资、薪金所得"，依法缴纳个人所得税。2018 年 7 月，《科技部 财政部 税务总局关于科技人员取得职务科技成果转化现金奖励信息公示办法的通知》发布，确保现金奖励相关信息公开、透明。

（二）权利赋予政策

2020年5月，科技部、发展改革委、教育部等九部门联合印发《赋予科研人员职务科技成果所有权或长期使用权试点实施方案》。这个政策的核心突破点正如文件名称所显示的：赋予科研人员职务科技成果所有权或长期使用权。试点方案提出的主要目标是，探索建立赋予科研人员职务科技成果所有权或长期使用权的机制和模式，形成可复制、可推广的经验和做法，推动完善相关法律法规和政策措施，进一步激发科研人员创新积极性，促进科技成果转移转化。

二、科研成果相关制度工具

科研成果是本书讨论的核心，与科研成果相关的制度主要体现在保护和评价方面，目的都是为了更好地促进利用。

（一）强化产权保护

2008年6月5日国务院印发《国家知识产权战略纲要》。2021年9月中共中央、国务院印发《知识产权强国建设纲要（2021—2035年）》。多年来，国家通过在机构调整、行政保护、司法保护等方面采取举措，不断加强知识产权保护。

在机构调整方面，为解决商标、专利分头管理和重复执法问题，完善知识产权管理体制，2018年的国务院机构改革方案将国家知识产权局的职责、国家工商行政管理总局的商标管理职责、国家质量监督检验检疫总局的原产地地理标志管理职责整合，重新组建国家知识产权局，由国家市场监督管理总局管理。在2023年的党和国家机构改革方案中，为加快推进知识产权强国建设，全面提升知识产权创造、运用、保护、管理和服务水平，将国家知识产权局由国家市场监督管理总局管理的国家局调整为国务院直属机构；商标、专利等领域执法职责继续由市场监管综合执法队伍承担，相关执法工作接受国家知识产权局专业指导。在司法机构方面，2014年在北京、上海、广州三地建立知识产权法院；最高人民法院2017年批复在南京、苏州等11个市设立跨区域管辖的知识产权专门机构，2018年批复在天津、郑州、长沙、西安、南昌、长春、兰州、乌鲁木齐8个市设立知识产权法庭；2019年1月1日，最高人民法院成立知识产权法庭，主要审理全国范围内专利等专业技术性较强的民事、行政知识产权第二审案件；2020年11月最高人民检察院设立知识产权检察办公室，专门从事知识产权检察工作，集中统一行使知识产权刑事、民事、行政检察职能。

在行政保护方面，国务院各部门和各地方政府都采取了有力举措。2008年实施国家知识产权战略以来，政策体系的顶层设计不断完善，在打击侵犯知识产权、加强知识产权保护方面不断加大力度。为保证科技创新成果能尽快得到保护，2012年6月国家知识产权局颁布《发明专利优先审查管理办法》，对符合条件的发明专利设置了优先审查通道。2019年11月，中共中央办公厅、国务院办公厅专门印发《关于强化知识产权保护的意见》，并于2017年8月施行《专利优先审查管理办法》。2023年2月20日，最高人民法院与国家知识产权局联合发布《最高人民法院 国家知识产权局关于强化知识产权协同保护的意见》。2023年8月8日，《市场监管总局关于新时代加强知识产权执法的意见》发布，旨在进一步加强知识产权执法工作。

在司法保护方面，通过制定司法解释、司法政策提高知识产权领域司法质量和效率。2016年7月5日，最高人民法院发布《最高人民法院关于在全国法院推进知识产权民事、行政和刑事案件审判"三合一"工作的意见》。2018年2月，中共中央办公厅、国务院办公厅印发《关于加强知识产权审判领域改革创新若干问题的意见》。2019年3月18日，最高人民法院公布《最高人民法院关于技术调查官参与知识产权案件诉讼活动的若干规定》，明确审理技术类知识产权案件的人民法院施行技术调查官制度。2021年9月，《最高人民法院关于加强新时代知识产权审判工作为知识产权强国建设提供有力司法服务和保障的意见》发布，明确加强新时代知识产权审判工作的总体要求和具体措施。2022年3月，最高人民检察院发布《最高人民检察院关于全面加强新时代知识产权检察工作的意见》，提出进一步健全知识产权检察体制机制的工作目标。2022年4月20日，最高人民法院发布《最高人民法院关于第一审知识产权民事、行政案件管辖的若干规定》，合理定位四级法院审判职能，进一步优化审判资源配置。

（二）创新科技评价

2021年8月，《国务院办公厅关于完善科技成果评价机制的指导意见》印发，提出坚持正确的科技成果评价导向，创新科技成果评价方式，通过评价激发科技人员积极性，推动产出高质量成果、营造良好创新生态，促进创新链、产业链、价值链深度融合；坚持科技创新质量、绩效、贡献为核心的评价导向；坚持科学分类、多维度评价；坚持正确处理政府和市场关系；坚持尊重科技创新规律。

三、科研机构相关制度工具

科研机构是科研人员的依托单位，是科研项目的法律责任主体，是职务发明等职务科技成果的权利人。因此，科研机构是促进科研成果利用过程中的重要政策对象。这里的科研机构不仅包括各类独立的研究所、实验室，也包括隶属于高校等机构的实验室、研究中心。

（一）新型研发机构崛起

近年来，我国政府积极采取措施推进新型研发机构建设。国家在各类规划、政策中多次对新型研发机构进行关注（见表8-1）。2019年9月，科技部印发《关于促进新型研发机构发展的指导意见》，指出新型研发机构是聚焦科技创新需求，主要从事科学研究、技术创新和研发服务，投资主体多元化、管理制度现代化、运行机制市场化、用人机制灵活的独立法人机构，可依法注册为科技类民办非企业单位（社会服务机构）、事业单位和企业。在国家政策的牵引下，全国各地涌现各类新型研发机构，科技部火炬中心统计数据显示，截至2020年底，我国有新型研发机构2140家[①]。各省也通过制定政策从建设、管理、评价等方面推进新型研发机构建设（见表8-2）。

表8-1 新型研发机构有关制度文件

文件名称	发布/通过日期、发文机构	有关内容
战略、规划、法律等规范性制度文件		
《国家创新驱动发展战略纲要》	2016年5月，中共中央、国务院	发展面向市场的新型研发机构
《中华人民共和国国民经济和社会发展第十四个五年规划和2035年远景目标纲要》	2021年3月12日，第十三届全国人民代表大会第四次会议批准	支持发展新型研究型大学、新型研发机构等新型创新主体，推动投入主体多元化、管理制度现代化、运行机制市场化、用人机制灵活化
《中华人民共和国科学技术进步法》	2021年12月，第十三届全国人民代表大会常务委员会第三十二次会议通过	国家支持发展新型研究开发机构等新型创新主体，完善投入主体多元化、管理制度现代化、运行机制市场化、用人机制灵活化的发展模式，引导新型创新主体聚焦科学研究、技术创新和研发服务
方案、意见等举措类制度文件		
《深化科技体制改革实施方案》	2015年9月，中共中央办公厅、国务院办公厅	推动新型研发机构发展，形成跨区域、跨行业的研发和服务网络。制定鼓励社会化新型研发机构发展的意见，探索非营利性运行模式
《关于深化人才发展体制机制改革的意见》	2016年3月，中共中央	支持新型研发机构建设，鼓励人才自主选择科研方向、组建科研团队，开展原创性基础研究和面向需求的应用研发
《国家技术转移体系建设方案》	2017年9月，国务院	加快发展新型研发机构，探索共性技术研发和技术转移的新机制

---

① 陈晴，于磊，黄燕飞. 我国新型研发机构发展现状及政策建议 [J]. 中国科技产业，2021（12）：28-30.

续表

文件名称	发布/通过日期、发文机构	有关内容
《国务院关于全面加强基础科学研究的若干意见》	2018年1月，国务院	探索共建新型研发机构、联合资助、慈善捐赠等措施
《中共中央 国务院关于构建更加完善的要素市场化配置体制机制的意见》	2020年3月，中共中央、国务院	支持科技企业与高校、科研机构合作建立技术研发中心、产业研究院、中试基地等新型研发机构
《国务院办公厅关于改革完善中央财政科研经费管理的若干意见》	2021年8月，国务院办公厅	鼓励地方对新型研发机构采用与国际接轨的治理结构和市场化运行机制，实行理事会领导下的院（所）长负责制

表8-2 各省新型研发机构有关政策文件

省份	文件名称
北京	《北京市支持建设世界一流新型研发机构实施办法（试行）》（京政字〔2018〕1号）
天津	《天津市人民政府办公厅关于加快产业技术研究院建设发展的若干意见》（津政办发〔2018〕24号）
河北	《河北省新型研发机构建设工作指引》（冀科平函〔2019〕49号） 《河北省新型研发机构管理办法》（冀科平规〔2023〕1号）
山西	《关于加快建设新型研发机构的实施意见》（晋办发〔2021〕12号）
内蒙古	《内蒙古自治区新型研发机构备案工作指引》（内科发高字〔2021〕15号）
辽宁	《辽宁省新型创新主体建设工作指引》（辽科创办发〔2019〕3号）
吉林	《吉林省加快新型研发机构发展实施办法》（吉政发〔2018〕31号） 《吉林省新型研发机构认定管理办法》（吉科发政〔2019〕356号）
黑龙江	《黑龙江省人民政府办公厅印发关于加强原创性科学研究等4项措施的通知》（黑政办规〔2021〕7号）——《关于促进新型研发机构发展的措施》 《黑龙江省促进新型研发机构发展措施实施细则》（黑科规〔2022〕5号）
上海	《关于促进我市新型研发机构高质量发展的意见》（上海市委办公厅、市政府办公厅于2023年印发）
江苏	《关于加快推进产业科技创新中心和创新型省份建设的若干政策措施》（苏政发〔2016〕107号） 《关于支持江苏省产业技术研究院改革发展若干政策措施》（苏政办规〔2023〕8号）
浙江	《浙江省人民政府办公厅关于加快建设高水平新型研发机构的若干意见》（浙政办发〔2020〕34号）
安徽	《安徽省人民政府办公厅关于加快发展高水平新型研发机构的实施意见》（皖政办〔2022〕14号）
福建	《福建省人民政府办公厅关于鼓励社会资本建设和发展新型研发机构若干措施的通知》（闽政办〔2016〕145号）

续表

省份	文件名称
江西	《加快新型研发机构发展办法》（赣府厅发〔2018〕19号） 《关于加快江西省新型研发机构发展的十条措施》（赣府字〔2021〕57号）
山东	《关于支持新型研发机构建设发展的若干措施》（鲁科字〔2020〕145号）
河南	《河南省扶持新型研发机构发展若干政策》（豫政〔2019〕25号）
湖北	《省科技厅关于加快建设高水平新型研发机构的若干意见》（鄂科技发重〔2020〕30号）
湖南	《湖南省新型研发机构管理办法》（湘科发〔2020〕67号）
广东	《广东省新型研发机构管理办法》（粤科规范字〔2022〕10号）
广西	《广西促进新型研发机构发展的若干措施》（桂科政字〔2020〕148号） 《广西新型研发机构认定管理办法》（桂科政字〔2021〕69号）
海南	《海南省关于促进新型研发机构发展的实施意见》（琼科函〔2021〕125号）
重庆	《重庆市新型研发机构管理暂行办法》（渝科局发〔2020〕137号）
四川	《四川省新型研发机构建设管理办法》（川科政〔2023〕2号）
贵州	《贵州省新型研发机构支持办法（试行）》（黔科领发〔2020〕2号）
云南	《云南省促进新型研发机构发展实施方案》（云科联发〔2021〕7号） 《云南省新型研发机构培育办法（试行）》（云科规〔2022〕6号）
陕西	《陕西省新型研发机构组建认定工作指引》（陕科办发〔2021〕64号）
甘肃	《甘肃省新型研发机构认定管理办法》（甘科计规〔2022〕4号）
青海	《青海省促进新型研发机构发展的指导办法（试行）》（青科发政〔2022〕32号）
宁夏	《宁夏回族自治区新型研发机构备案支持暂行办法》（宁科规发〔2021〕7号）
新疆	《新疆维吾尔自治区新型研发机构认定管理办法》（新科规〔2021〕4号） 《关于促进兵团新型研发机构发展的暂行办法》（兵科发〔2022〕12号）

（二）关键创新主体重组

国家重点实验室是我国国家创新体系中的关键创新主体，是面向前沿科学、基础科学、工程科学，推动学科发展，提升原始创新能力，促进技术进步，开展战略性、前沿性、前瞻性基础研究、应用基础研究等科技创新活动的国家科技创新基地。《科学技术进步法》提出，要建立健全以国家实验室为引领、全国重点实验室为支撑的实验室体系。

2014年，国务院印发《关于深化中央财政科技计划（专项、基金等）管理改革方案》，提出对国家（重点）实验室等国家级科技力量进行合理归并，进一步优化布局。2017年，科技部、财政部、国家发展改革委联合印发《国家科技创新基地优化整合方案》，提出优化调整统筹布局国家重点实验室。2018年，中央经济工作会议进一步指出要重组国家重点实验室体系。2022年2月，科技部办公厅印发《关于贯彻落实〈重组国家重点实验室体系方案〉的通知》，对重组国家重点实验室工作进行了具体安排并提出了明确要求，自 2022 年始分 3 年分批开展国家重点实验室重组工作，重组后的实验室统一改称为"全国重点实验室"。

根据国家统计局发布的历年国民经济和社会发展统计公报，截至 2016 年底我国累计建设国家重点实验室 488 个，截至 2017 年底增加到 503 个，截至 2018 年底为 501 个，截至 2019 年底为 515 个，截至 2020 年底为 522 个，截至 2021 年底和 2022 年底均为 533 个。

四、要素市场相关制度工具

科研成果的"商用"是其主要应用场景，也是本书主要关注的方面。与市场活动有关的政策旨在从需求端拉动科研成果的转化利用。

一是鼓励创业方面的政策。人力资源和社会保障部分别于 2017 年 3 月和 2019 年 12 月印发关于支持和鼓励事业单位专业技术人员创新创业的指导意见以及关于进一步支持和鼓励事业单位科研人员创新创业的指导意见。其中 2019 年的政策文件提出，支持和鼓励科研人员离岗创办企业，支持和鼓励科研人员兼职创新、在职创办企业。

二是健全要素市场方面的政策。技术被列为与劳动、资本、土地、数据并列的要素之一。2020 年 3 月 30 日，《中共中央 国务院关于构建更加完善的要素市场化配置体制机制的意见》印发，要求加快发展技术要素市场。2021 年初，中共中央办公厅、国务院办公厅印发《建设高标准市场体系行动方案》，要求提升技术要素市场化配置能力。

第三部分

管理和服务

　　管理和服务贯穿于科研成果保护和利用的各个环节。有效的管理有助于提高保护效果、扩大市场前景、加快利用速度，而科研成果保护的复杂度和利用的困难度则对各类专业服务提出需求。本部分从管理的角度，分别讨论了知识产权管理、科研活动的风险管理和利益冲突管理；在此基础上，围绕科研成果的保护和利用，对科技服务业进行概述。

第九章

科研机构的全过程知识产权管理

科研机构是国家战略科技力量和国家创新系统的重要组成部分，肩负着实现高水平科技自立自强的重要战略使命。提高科研机构知识产权管理水平是更好地发挥其职能作用的一个重要方面，也是我国国家发展战略的明确要求，《知识产权强国建设纲要（2021—2035 年）》明确强调推动科研机构健全知识产权管理体系。当前，我国科研机构知识产权管理实践还存在一些问题，如内部制度缺乏系统性，机构建设不完善，专业人员缺乏，知识产权管理职能与技术转移转化职能分离。为此，探索如何完善科研机构知识产权管理仍然非常重要。

一、科研组织知识产权管理

科研机构是科学研究和技术开发的关键主体，也是创造知识产权的重要主体之一。根据《中国统计年鉴（2022）》，2021 年我国拥有中央和地方所属研发机构 2962 家，高校所属研发机构 22859 个，规模以上工业企业所属研发机构 120367 个，这些研发机构组成了我国科技创新的关键核心力量。2021 年，科研机构获得国内发明专利授权 40587 件，国内发明专利有效量达到 193664 件[①]。尽管科研机构拥有丰富的科技成果和知识产权资源，但是由于缺乏有效利用而导致部分知识产权资源被闲置。调查显示，我国科研机构有效发明专利的产业化率为 13.3%，低于企业的 48.1%[②]。一方面，科研机构承担较多的国家科技计划和项目，研发过程具有一定的任务导向，研究人员对市场情况和消费者需求缺乏了解，很多专利成果不具备市场价值或者处于"概念""模型"等早期阶段。另一方面，科研机构的基本职能是从事科学技术的研究开发，客观

[①] 数据来源于国家知识产权局网站的 2021 年知识产权统计年报。

[②] 数据来源于国家知识产权局战略规划司、国家知识产权局知识产权发展研究中心发布的《2022 年中国专利调查报告》。

上在进行技术转移和产业化方面不具备优势，即使是潜在经济价值较高的知识产权成果，也可能因为研究机构在知识产权转移转化方面的能力限制而被闲置。

知识产权是从创新中获取价值的重要机制，知识产权的管理对于知识和创新时代的组织发展具有重要意义。有效的知识产权管理可以激励科研机构产出更高质量的科学技术成果，加速研究成果的应用，缓解科研机构科技成果利用率低的问题，在保护知识产权的同时充分激发其潜在价值，促进科技成果转移转化。科研活动中理想的知识产权管理包括：在科技计划和科技项目立项之初，对知识产权信息进行法律、技术和市场等维度的检索和分析，制定知识产权目标和策略，并在执行过程中根据实际情况进行调整，在科研过程中进行有效的知识产权布局，最后由专门机构和人员对知识产权成果进行转移转化。

科研机构知识产权管理的对象、内容和任务具有多样性。科研机构知识产权管理的对象包括专利、专有技术和技术秘密等技术类知识产权，商标、服务标记、单位名称等标识类知识产权，专著和科研论文等著作权，以及其他知识产权类型。科研机构知识产权管理的内容和任务包括制定战略规划和政策措施，知识产权教育与培训，建立组织机构并配备人员，进行知识产权信息检索，知识产权的申请与维持，知识产权转化和知识产权有效保护等。管理知识产权需要有明确的战略或目的，知识产权部门、专门的知识产权工作人员（如专利代理师）和支撑条件在知识产权管理活动中也很重要，因为这些构成了知识产权管理的主要能力。

已有研究已经注意到知识产权管理的各个维度、流程和要素。Moehrle 等设计了七维专利管理模型，定义了组合、生成、情报、利用、执行、组织和文化七个维度[1]。Gassmann 等分析了专利管理如何组织，包括专利部门的治理以及专利管理的核心流程[2]。知识产权管理是一种系统性工作，涵盖知识产权法、经济和技术知识等跨学科任务。知识产权管理不仅涉及专利、商标等具体对象，还涉及如何管理与知识产权相关的选择和行动[3]。因此，需要集成的、系统的知识产权管理。

部分文献研究了知识产权管理的阶段或过程。Soranzo[4] 等设计了专利管理流程，强调专利规划和专利评估流程，旨在降低专利成本，并建议从初始阶段就将专利规划

① MOEHRLE M G, WALTER L, WUSTMANS M. Designing the 7D patent management maturity model-A capability based approach [J]. World patent information, 2017, 50: 27-33.

② GASSMANN O, BADER M A, THOMPSON M J. Patent management: protecting intellectual property and innovation [M]. Cham: Springer International Publishing, 2021.

③ SOMAYA D. Patent strategy and management: an integrative review and research agenda [J]. Journal of management, 2012, 38 (4): 1084-1114.

④ SORANZO B, NOSELLA A, FILIPPINI R. Redesigning patent management process: an action research study [J]. Management decision, 2017, 55 (6): 1100-1121.

流程融入新产品/技术的开发中。Gargate 和 Momaya 开发了一种知识产权管理系统，明确了知识产权创造、知识产权保护、知识产权商业化、知识产权获取和知识产权执法 5 个与知识产权管理相关的阶段，共涉及 15 个主要知识产权管理流程①。Agostini 认为，专利管理的核心流程由 5 个结构组成，即生成、自由操作、专利组合管理、专利利用和执行以及专利情报②。

二、面向利用的全过程模型*

从知识产权全过程管理的要求看，知识产权转移转化是知识产权商业价值的实现环节，与知识产权管理阶段相比，处于知识产权管理链条的后端。对科研机构而言，知识产权转移转化主要是指专利技术转移。因此，可以把知识产权转移转化划分为知识产权管理和技术转移两部分或两阶段。

（一）全过程模型的模型内容

从操作层面讲，技术转移是"跨界和联结"，是有形知识和无形知识的跨界，更是人员的联结。知识不从学术端跨入商业界，就不称其为技术转移。没有人员的联结，知识的跨界难以完整实现。实现跨界和联结的比较好的模型是接力模型，即像接力赛那样，上一棒选手跑好自己的部分，进入接力区后，把接力棒稳妥地递交给下一棒选手，同时为下一棒选手跑出好成绩创造条件。

接力模型带给知识产权转移转化工作的启发是，知识产权管理和技术转移可以不是同一个团队，即便是同一个团队也应该在不同阶段实行不同的标准。在前端的知识产权管理团队（Intellectual Property Unit，IPU）首先要做好知识产权管理工作，对于有希望、有可能进行转移转化的技术做好技术转移的准备。具体而言，知识产权管理团队内置于高校和科研院所，技术转移团队（Technology Transfer Unit，TTU）对接高校和科研院所。知识产权管理团队服从和服务于高校和科研院所的经营目标和管理规范，技术转移团队则可以追求自己的商业目标。

一种理想的或应有的形态是，IPU 和 TTU 良性互动，就像接力赛场的队友，互相关注、互相创造有利条件。但是，和接力赛场不同的是，IPU 跑的是学术跑道，遵循的

---

① GARGATE G，MOMAYA K S. Intellectual property management system：develop and self-assess using IPM model［J］. World patent information，2018，52：29-41.

② AGOSTINI L，NOSELLA A，TESHOME M B，et al. What is patent management? The purification and validation of an integrated measurement scale［J］. IEEE transactions on engineering management，2024（71）：913-927.

* 此部分内容发表于 2013 年 4 月《中国科学院院刊》，本书进行了删改。

是学术规则，主要竞争对手是学术单位。TTU 跑的是商业跑道，遵循的是商业规则，主要竞争对手是商业单位。IPU 和 TTU 的交接发生在不同的跑道上，可能会出现错位、缺位或越位，总之是"Mismatch"，会使得接力赛有始无终。在特别的情况下，有 IPU 或 TTU 可以独自跑完全程，这样的 IPU 或 TTU 几乎是"全能选手"。显然，这种情况，对于 IPU 或 TTU 的成员有很高的要求。

知识产权全过程模型如图 9-1 所示，一般而言，模式 1 是理想情况，模式 2 是现实中常见的情况，模式 3 是现实中的特殊情况。尽管模式 3 有效率高的优点，但是因为缺少相应的高水平人才，使得这两种情况的推广有一定难度。

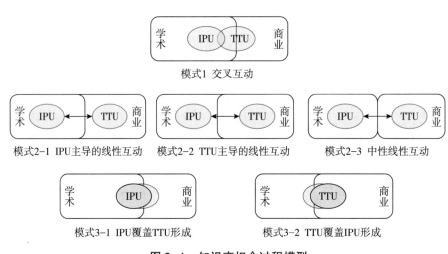

图 9-1　知识产权全过程模型

（二）全过程模型的参与主体

对于全过程模型而言，其参与主体为 IPU 和 TTU。

TTU 是独立的市场组织，高校和科研院所与 TTU 的关系基本可以理解为资本关系，即高校和科研院所是否对 TTU 有投资。如果有投资并且投资规模能够影响 TTU 决策，可以把 TTU 视为高校和科研院所技术转移的直接服务机构。如果有投资但不足以影响决策，或者没有投资的话，那么高校和科研院所可以视为 TTU 的客户。在前一种情况下，可以考虑模式 1、模式 3 的两种情况。在第二种情况下，应该考虑模式 2 的三种情况。在考虑模式 2 时，还应该考虑到 TTU 在为自己服务的同时，还可能为同类的学术机构服务，因此必须采取保密措施。在考虑模式 1 和模式 3 时，也应该考虑 TTU 为了进一步扩张，开展为其他学术机构服务的可能性，表 9-1、表 9-2 是各模式的特点比较和所需的条件。

表 9-1　各知识产权管理模式特点比较

模式类型	优势或长处	劣势或困难	建议
模式 1	及时了解研究机构产出，快速推向市场	划分和把握 IPU 和 TTU 间的界限；有时会受到个别成功项目的影响，将模式 1 推向模式 3	时刻意识到学术界和商业界的文化区别
模式 2	清晰把握 IPU 和 TTU 的界限，有时间和空间研究和部署对 TTU 的策略	不能直接获取市场反应，影响项目和 IPU 进展	和 TTU 保持频繁接触
模式 3-1	IPU 主导意味着研究所主动	TTU 的经营可能受到学术文化的影响，使得 TTU 面临商业界的排拒；如果研究所的技术供给足够充分，TTU 可以不必过多关注商业界的泛泛议论	研究所对行业技术发展的准确把握
模式 3-2	TTU 主导意味着为满足和开发市场需求部署 IPU 工作	IPU 难以独立展开（如果不需要的话也不必独立展开）	适合于服务于区域产业技术的研究所

表 9-2　各知识产权管理模式需要的条件

模式类型	需要的条件	操作难度	推荐目标
模式 1	对 TTU 的投资能力；在 IPU 和 TTU 间把握平衡的能力，主要是学术界和商业界之间的平衡完美跨界和无缝衔接的能力	短期：＊＊＊ 中长期：＊＊＊＊＊	暂无
模式 2	和 TTU 的沟通能力；平衡对 TTU 的保密和开放能力	短期：＊ 中长期：＊＊＊	基础类研究所
模式 3-1	对 TTU 的投资能力；对 TTU 自身扩张、服务其他客户的宽容度	短期：＊ 中长期：＊＊＊＊	产业技术指向研究所
模式 3-2	对 TTU 的投资能力；对 TTU 自身扩张、服务其他客户的宽容度；对 TTU 介入 IPU 的容忍度	短期：＊＊ 中长期：＊＊＊＊＊	暂无

　　IPU、TTU 无论分立还是集成，都应该从科研全流程和知识产权全过程的角度予以考虑。一些高校和科研院所没有把发明披露和发明评估作为专利申请的前置条件，也未将发明披露作为科研成果的一个表现形式，实际上，是混淆了发明和专利的区别。一个全面的科研流程和知识产权流程的结合可以归纳为如图 9-2 所示。在图 9-2 的研究流程中，IPU 有较强的知识管理色彩，也就是说 IPU 要从知识产权的角度把知识管理纳入工作范围，这和到目前为止比较成熟的科研成果管理制度有一定的相似之处，因此在构建 IPU 时可以充分利用科研成果管理的既有基础。

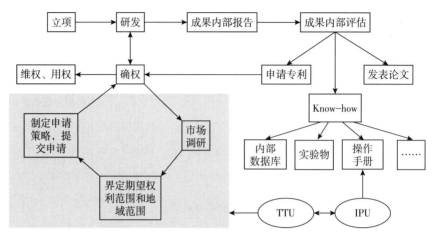

图 9-2 研究流程与 IPU、TTU 工作内容

（三）全过程模型的资源要求

基于全过程模型，资源要求也分为 IPU 和 TTU 两部分来阐述。

对于科研组织知识产权管理单元 IPU 的资源要求，可以参考《科研组织知识产权管理规范》的规定。《科研组织知识产权管理规范》由国家知识产权局、中国科学院、中国标准化研究院共同起草，指导科研组织依据法律法规，基于科研组织的职责定位和发展目标，制定并实施知识产权战略。科研组织根据自身发展需求、创新方向及特点等，在实施过程中可对标准的内容进行适应性调整，建立符合实际的知识产权管理体系。通过实施标准，实现全过程知识产权管理，增强科研组织技术创新能力，提升知识产权质量和效益，促进知识产权的价值实现。

具体而言，为保障全过程模型顺利实施，制定了总体要求、组织管理、基础管理、科研项目管理、知识产权运用、知识产权保护和资源保障等标准。在资源保障方面，包含条件保障和财务保障。条件保障要求根据需要配备相关资源支持知识产权管理体系的运行，包括软硬件设备和办公场所，如知识产权管理软件、数据库、计算机和网络设施等。财务保障要求设立经常性预算费用，可用于：知识产权申请、注册、登记、维持；知识产权检索、分析、评估、运营、诉讼；知识产权管理机构、服务支撑机构运行；知识产权管理信息化；知识产权信息资源；知识产权激励；知识产权培训；其他知识产权工作。

对于科研成果转化管理单元 TTU 的资源要求，主要涉及技术经纪人的培养和政策环境。技术经纪人的能力结构应包括商务能力、法务能力、财务能力、政策利用能力和心理素质。具体而言，商务能力应包含业务机会项目化能力、项目执行管理能力、项目落地能力、沟通交流能力和尽职调查能力；法务能力应包含常用合同审核、合同谈判能力、合同撰写能力、签约能力、与法律专家沟通交流能力和参与诉讼能力；财务能力应包含融资能力、盈利能力、回款能力和止损能力；政策利用能力应包含优惠政策利用能力、政策项目申报能力和技术合同登记；良好心理素质要求能够明确合作对象是谁、拥有面对困难的好心态、最好能与决策者直接对话并保持热情。

三、知识产权管理体系和标准化

一般来看，标准认证涉及产品、服务和管理体系。实施标准的益处通常包括：效率的提高，如生产率、成本节约、错误和返工的减少等；市场力量的提高，如市场份额、销售额、客户满意度。《科研组织知识产权管理规范》属于管理体系认证，是政府推荐的管理体系国家标准，是知识产权管理的新举措、管理体系标准的新成员。

（一）标准的制定和实施

知识产权管理标准化是我国健全企业、高校和科研机构等创新主体知识产权管理体系，提高其知识产权管理水平的重要创新举措。我国自 2013 年起正式启动了针对企业的知识产权管理标准实施和知识产权管理体系认证工作，这是落实国家知识产权战略举措的一部分。通过标准认证实施知识产权管理体系的做法即使在世界范围内也是一种知识产权管理的创新。2016 年 12 月，国家质量监督检验检疫总局和国家标准化管理委员会发布了国家标准《科研组织知识产权管理规范》（GB/T 33250—2016），于 2017 年 1 月 1 日开始实施。作为推荐性标准，《科研组织知识产权管理规范》旨在实现全过程知识产权管理，增强科研组织技术创新能力，提升知识产权质量和效益，促进知识产权的价值实现，在科研院所建立知识产权管理体系。《科研组织知识产权管理规范》是中国知识产权管理体系的标准之一。在此之前，《企业知识产权管理规范》（GB/T 29490—2013）于 2013 年 2 月发布；《高等学校知识产权管理规范》（GB/T 33251—2016）于 2016 年 12 月发布。2013 年 11 月 6 日，国家认证认可监督管理委员会、国家知识产权局印发《知识产权管理体系认证实施意见》，并被 2018 年 2 月 11 日国家认证认可监督管理委员会、国家知识产权局发布的《知识产权认证管理办法》取代。

《科研组织知识产权管理规范》包括 11 章。（1）范围。界定了标准的适用范围。（2）规范性引用文件。（3）术语和定义。对科研组织、知识产权、管理体系、科研项目等主要术语进行了定义和解释。（4）总体要求。要求用户制定知识产权管理体系文件，包括知识产权方针和目标、知识产权手册、有关知识产权的记录文件。（5）组织管理。列出了知识产权管理体系涉及的主要参与者并明确其职责，包括最高管理者、管理者代表、知识产权管理机构、知识产权服务支撑机构、研究中心、项目组长和知识产权专员。（6）基础管理。定义了人力资源管理、科研设施管理、合同管理和信息管理的要求。（7）科研项目管理。明确了研究项目的分类、立项、执行、结题验收四个方面的要求。（8）知识产权运用。明确了知识产权评估与分级管理、实施和运营、许可和转让、作价投资、知识产权保护等方面的要求。（9）知识产权保护。明确了知识产权保护的具体要求。（10）资源保障。明确了条件保障（硬件和软件）和资金保障的要求。（11）检查和改进。要求知识产权管理体系应定期检查并动态改进。

《科研组织知识产权管理规范》的知识产权管理体系认证是一种自愿性认证，这意味着科研组织可以根据自己的意愿选择对其知识产权管理体系进行认证。科研组织要获得知识产权管理体系认证，需要找到政府授权的有资质的认证机构。认证机构对科研组织内部有关知识产权创造、运用、保护和管理的文件和活动进行检查。认证获批准后，最长有效期限为三年，三年内认证机构将根据监测、检查情况，决定是否维持、停止或撤销认证。

该标准发布后，以中国科学院所属科研机构、中国农业科学院所属科研机构等为代表的一批科研机构积极参与贯标工作，探索建设并不断完善以知识产权为核心的科技成果管理体系，取得了一定成效。

（二）贯标作用机理

《科研组织知识产权管理规范》的发布和实施为科研机构建立健全知识产权管理体系提供了标准化模板和原则性要求。科研机构开展知识产权贯标工作既有直接作用，也有间接作用（见图9-3）。直接作用主要体现在提升科研机构员工的知识产权保护意识和知识产权保护能力，间接作用主要体现为促进科研机构的知识产权创造和知识产权转化。此外，科研机构开展知识产权管理贯标工作的动机对于发挥贯标作用具有积极的调节作用。

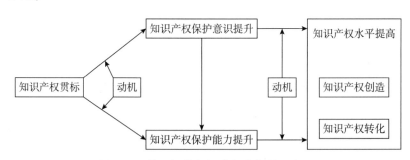

图 9-3　科研机构知识产权贯标作用机理

贯标工作的成效主要体现为两个层次。第一个层次体现为知识产权保护意识的提升和知识产权保护能力的提升。知识产权保护意识体现为知识产权布局意识、知识产权风险意识、知识产权日常意识和知识产权学习意识等。知识产权保护能力体现为风险防范能力、检索分析能力和过程管理能力等。贯标工作的第二层效果，也是最终效果，作用于科研机构知识产权水平的提升，体现为知识产权创造水平和知识产权转化水平的提升。

科研机构在贯彻标准的过程中，需要开展一系列的文件制定、部门安排、人员调整、专业培训等工作。通过开展这些工作，科研机构的员工更加了解知识产权，提高知识产权保护意识，并掌握与知识产权保护相关的具体能力。在此基础上，贯标工作有助于促进科研机构知识产权水平的整体提升，包括更高质量的知识产权产出和更高水平的知识产权转化。在上述过程中，科研机构员工参与贯标工作的动机会对贯标工作的具体作用产生影响。动机因素对于行为效果有重要影响。因此，贯标动机对贯标成效也会造成影响，而科研机构贯标的动机可能包括：辅助申请项目、加强成果保护、促进科研合作、产出高质量成果、促进成果转化、防范知识产权风险、加强知识产权管理等。

| 第十章

科研活动的风险管理

投资与风险相伴而生，可以说，有投资就必然有风险。在科研领域，风险则更加普遍，因为科研活动本身是对未知领域的探索，而未知通常就意味着风险。科研活动的每一个流程都是风险高发环节，从最初的想法诞生到后面的立项、执行、验收、发表、利用等，风险几乎无处不在，各种纠纷也时有发生。

一、科研活动自带风险

基于科研项目的主要流程，可以将科研活动的主要风险概括为以下几个方面。

（一）立项的风险

立项的风险主要是指项目申报失败的风险，以及因申报失败导致的科研资金缺乏的风险。随着科研活动的职业化，科研项目的竞争也愈发激烈。从我国国家自然科学基金委员会面上项目的资助情况来看，2017 年到 2022 年的申请项数有显著增加，增长幅度达到 45.17%，但是直接费用总额仅增长了 1.8%，各个科学部的平均资助强度、平均资助率均有明显下降（见表 10-1、表 10-2）。从青年科学基金项目来看，2017 年到 2022 年，申报数量增加了 65.22%，各学科资助率的总体平均值从 22.41% 降至 17.23%，下降了 5.18 个百分点（见表 10-3、表 10-4）。

立项失败将会导致两方面的不利后果。一方面，一些项目的前期申报需要消耗较多的人力和时间成本，立项失败将有可能导致科研项目不能维持，从而浪费了前期投入。另一方面，部分科研活动对于设施、仪器、耗材有很大程度的依赖，在缺乏项目资助的情况下将难以开展相关研究。

另外，立项过程中存在的另外一项风险是项目方案泄露的风险。无论立项是否成功，该风险都有可能发生。

表 10-1 2017 年度国家自然科学基金面上项目资助情况

科学部	申请项数（项）	批准资助			资助率（%）
		项数（项）	直接费用（万元）	平均资助强度（万元）	
数理	5804	1673	100480	60.06	28.82
化学	6577	1671	107630	64.41	25.41
生命	11028	2902	170030	58.59	26.31
地球	6272	1683	113070	67.18	26.83
工程与材料	14706	3085	185120	60.01	20.98
信息	8867	1912	113880	59.56	21.56
管理	4072	755	36240	48.00	18.54
医学	22965	4455	242140	54.35	19.40
合计/均值	80291	18136	1068590	58.92	22.59

数据来源：《2018 年度国家自然科学基金项目指南》。

表 10-2 2022 年度国家自然科学基金面上项目资助情况

科学部	申请项数（项）	批准资助			平均资助率（%）
		项数（项）	直接费用（万元）	平均资助强度（万元）	
数学物理	8566	1927	101120	52.48	22.5
化学	9428	2035	109870	53.99	21.58
生命	16701	3189	172230	54.01	19.09
地球	9826	2140	116580	54.48	21.78
工程与材料	21213	3486	188256	54.01	16.43
信息	12024	2182	117890	54.03	18.15
管理	4827	828	37250	44.99	17.15
医学	33976	4685	244640	52.22	13.79
合计/均值	116561	20472	1087845	53.14	17.56

数据来源：《2023 年度国家自然科学基金项目指南》。

表 10-3 2017 年度国家自然科学基金青年科学基金项目资助情况

科学部	申请项数（项）	批准资助			资助率（%）
		项数（项）	直接费用（万元）	平均资助强度（万元）	
数理	5899	1749	42160	24.11	29.65

续表

科学部	申请项数 （项）	批准资助			资助率 （%）
		项数 （项）	直接费用 （万元）	平均资助强度 （万元）	
化学	6161	1541	37400	24.27	25.01
生命	10566	2395	57460	23.99	22.67
地球	6026	1712	41270	24.11	28.41
工程与材料	13131	3080	73910	24.00	23.46
信息	7620	2031	49370	24.31	26.65
管理	4127	815	14690	18.02	19.75
医学	24665	4200	84010	20.00	17.03
合计/均值	78195	17523	400270	22.84	22.41

数据来源：《2018 年度国家自然科学基金项目指南》。

表 10-4　2022 年度国家自然科学基金青年科学基金资助情况

科学部	申请项数 （项）	批准资助		平均资助率 （%）
		项数 （项）	资助经费 （万元）	
数学物理	8623	2224	66100	25.97
化学	10739	2042	60490	19.01
生命	17538	3000	89170	17.11
地球	9902	2145	63770	21.66
工程与材料	21985	3822	113880	17.38
信息	10976	2634	78370	24.00
管理	6972	1075	32140	15.42
医学	42458	5320	158880	12.53
合计/均值	129193	22262	662800	17.23

数据来源：《2023 年度国家自然科学基金项目指南》。

（二）研发失败的风险

研发失败的风险主要是指，通过开展研发活动，没能实现预期的科学技术目标。研发失败的原因可能来自多个方面，既有主观因素，也有客观因素。一是既定的科学技术目标是科技领域长期难以解决的问题，本身难以实现。二是在执行研发计划的过程中，发现预计的技术路线、技术方案存在瑕疵，从而不得不放弃已经开展的研发进程。三是执行科研活动的人员在能力上不能满足需求，导致研发失败。四是科研活动对于设施仪器等硬件有较高要求，但是实际条件难以支撑科研活动的开展。

历史上很多原创性、基础性科研成果都是在多次失败、不断尝试之后诞生的。以资助国防科技创新并实现多项重大突破著称的美国国防高级研究计划局（Defense Advanced Research Projects Agency，DARPA），专注于投资"高风险、高回报"的科研项目，经常会就同一目标同时资助不同执行者的多个研发项目，以验证不同技术方案的可行性，并提高目标实现的概率。从投资的角度来看，DARPA采取的是一种"投资组合"策略，其中也包含了宽容失败、接受失败的思想，因为当并行的项目分别取得进展并接受DARPA评估时，DARPA选择对最优方案进行继续资助，也就意味着对其他方案的抛弃。但是，其聪明的地方恰恰在于，通过投资多个选项来增加成功的机会，并坦然接受部分项目可能无法成功的风险。事实上，只要有一个技术方案获得成功，就足以弥补在资助其他并行方案上投入的成本。

基于研发失败的风险，鼓励自由探索成为我国科研管理方面的热门话题。鼓励自由探索在一定程度上意味着对科研失败有更高的宽容度。我国财政部、科技部印发的《中央引导地方科技发展资金管理办法》（2023年修订）明确了引导资金支持的五个方面，其中第一个方面即自由探索类基础研究，主要指地方聚焦探索未知的科学问题，结合基础研究区域布局，自主设立的旨在开展自由探索类基础研究的科技计划（专项、基金等），如地方设立的自然科学基金、基础研究计划、基础研究与应用基础研究基金等。我国多个省（市）在政策规划中也对自由探索进行强调，主要是在基础研究方面侧重自由探索，但是同时又强调将自由探索与目标导向结合（见表10-5）。

表10-5　我国各省（市）"十四五"科技规划有关自由探索的表述

地区	文件名称	相关表述
北京	《北京市"十四五"时期国际科技创新中心建设规划》	完善自由探索型和任务导向型科技项目分类评价制度
河北	《河北省科技创新"十四五"规划》	强化自然科学基金原创导向，坚持稳定支持基础研究自由探索，扩大自然科学基金覆盖面
内蒙古	《内蒙古自治区"十四五"科技创新规划》	支持开展"自主选题、自由探索"的基础和应用基础研究
黑龙江	《黑龙江省"十四五"科技创新规划》	坚持目标导向和自由探索相结合
上海	《上海市建设具有全球影响力的科技创新中心"十四五"规划》	坚持自由探索和战略需求牵引并重；支持基础数学研究的自由探索与应用研究
江苏	《江苏省"十四五"科技创新规划》	对自由探索和颠覆性创新活动建立免责机制，鼓励科研人员大胆探索、挑战未知

地区	文件名称	相关表述
浙江	《浙江省科技创新发展"十四五"规划》	支持青年科学家自由探索
安徽	《安徽省"十四五"科技创新规划》	完善自由探索型和任务导向型科技项目分类评价制度；完善鼓励科技创新自由探索和颠覆性创新免责制度
福建	《福建省"十四五"科技创新发展专项规划》	稳定支持重点学科自由探索；使目标导向研究和自由探索相互衔接、优势互补；对科技创新前沿的探索任务，在竞争择优的基础上鼓励自由探索
山东	《山东省"十四五"科技创新规划》	推动优势领域的自由探索；引导和支持科学家围绕重要前沿方向开展好奇心驱动的自由探索；完善自由探索型和任务导向型科技项目分类评价制度
河南	《河南省"十四五"科技创新和一流创新生态建设规划》	坚持自由探索和目标导向相结合；支持自由探索基础研究；强化自由探索和应用研发带动；建立自由探索型和任务导向型科技项目分类评价制度；鼓励自由探索型项目，创新"非共识"项目评审资助机制
湖北	《湖北省科技创新"十四五"规划》	坚持自由探索，突出原创、问题导向和需求牵引并重
广东	《广东省科技创新"十四五"规划》	对基础研究和科技创新前沿探索任务，建立稳定投入和宽容失败的支持机制，在竞争择优的基础上鼓励自由探索
广西	《广西科技创新"十四五"规划》	将开展自由探索和服务广西战略需求相结合；完善自由探索型和任务导向型科技项目分类评价制度
重庆	《重庆市科技创新"十四五"规划（2021—2025年）》	鼓励科学家开展自由探索
云南	《云南省"十四五"科技创新规划》	坚持自由探索和目标导向并重
西藏	《西藏自治区"十四五"时期科技创新规划》	加强自由探索研究
陕西	《陕西省"十四五"科技创新发展规划》	建立自由探索型和任务导向型科技项目分类评价制度
青海	《青海省"十四五"科技创新规划》	鼓励自由探索和目标导向相结合
宁夏	《宁夏回族自治区科技创新"十四五"规划》	坚持目标导向和自由探索并举；鼓励自由探索；建立目标导向和自由探索相结合的基础研究项目形成机制；营造自由探索、潜心研究、甘于奉献的基础研究氛围

（三）疏于保护的风险

从利用的角度看，科研成果保护就是保护科研成果不被盗用、滥用和误用；从保护的角度看，科研成果的利用能帮助自己获得更好的利益和更好地获得利益。

对于高校和科研院所而言，科研成果疏于保护的直接原因涉及保护意识和保护能力等方面。由于高校和科研院所对科研人员的考核以学术产出为主，主要表现就是对所谓高水平论文的推崇，这就导致科研人员对市场的关注天然不足，缺乏基于市场需求进行保护性布局的意识，一些好的成果没有经过充分评估就提交了专利申请并公开，甚至还没有提交专利申请就发表了论文从而导致新颖性的丧失。同时，高校和科研院所的知识产权与成果转化部门存在人员队伍和能力上的欠缺，不仅专职人员数量有限，而且有限的人员主要承担行政性角色，对于市场、法律方面的专业知识掌握不足。

高校和科研院所产出的科研成果如果疏于保护，通常不会对科研人员及其所在单位造成直接的负面影响，但是会对潜在的未来收益造成不利影响。即使是好的成果，如果缺乏足够保护的话，也会因为市场价值不足而难以被企业接受。因此，我国促进科研成果利用需要解决的两个重要难题是：在项目执行和成果产出过程中考虑市场需求因素采取保护措施；在产出成果后，借助专业化能力实现成果利用。

（四）难以利用的风险

科研活动不仅在研发环节可能面临失败的风险，在取得预期研发成果后，还会面临难以找到应用场景或者用户的风险。科研成果结合实体经济的"商用"，就是科技成果转移转化，对于经济社会发展有重要意义。高校、科研机构以教育、科研为职责使命，在科研成果的市场化运用方面并不具备优势。但是高校和科研机构又是关键的创新主体，如果科研成果得不到有效运用，将导致前期研发投入的低效率甚至浪费，同时也不利于以研发成果促进经济社会高质量发展。

科研成果结合金融的"商用"，就是科技金融。从这个意义上来看，科技金融是借助金融模式，以金融产品的形式对科研成果进行利用。在现实中，科技金融还有多种形式。科技是第一生产力，金融是现代经济的核心和血脉。2022 年中央经济工作会议提出，要推动"科技—产业—金融"良性循环。金融模式和金融工具的介入，一方面可以分担科研成果应用过程中的风险，通过风险分散机制降低各方风险，为科研成果利用提供了风险控制及转移的工具和渠道；另一方面也能够为科研成果的利用提供必要的资金，促进科研成果更快速地创造价值。同时，科研成果的利用也能为金融业创造更高的附加价值，这也是知识和技术密集型行业能够不断吸引投资的主要原因。

根据调查，高校和科研单位的专利运用与企业相比有较大差距。2018—2022 年，高校发明专利的实施率在 15% 左右，科研单位的发明专利实施率高于高校，企业的发明专利实施率为 60% 左右（见表 10-6）。专利实施包括专利产业化、专利许可行为、专利质押融资、作价入股等专利价值实现模式。具体来看，在专利产业化方面，2022年，高校、科研单位、企业的发明专利产业化率分别为 3.9%、13.3% 和 48.1%；在专利许可方面，2022 年，高校、科研单位、企业的发明专利许可率分别为 7.9%、6.3%

和 13.8%（见表 10-7、表 10-8）。

表 10-6　不同专利权人发明专利实施率（2018—2022 年）

类别	2018 年	2019 年	2020 年	2021 年	2022 年
企业	62.3%	67.2%	65.7%	61.6%	59.4%
高校	15.1%	14.1%	16.2%	13.8%	16.9%
科研单位	30.5%	29.1%	29.2%	26.5%	23.5%

数据来源：《2022 年中国专利调查报告》。

表 10-7　不同专利权人发明专利产业化率（2018—2022 年）

类别	2018 年	2019 年	2020 年	2021 年	2022 年
企业	45.0%	43.8%	44.9%	46.8%	48.1%
高校	3.6%	4.5%	3.8%	3.0%	3.9%
科研单位	9.1%	13.8%	11.3%	15.6%	13.3%

数据来源：《2022 年中国专利调查报告》。

表 10-8　不同专利权人发明专利许可率（2018—2022 年）

类别	2018 年	2019 年	2020 年	2021 年	2022 年
企业	5.0%	6.0%	8.6%	11.1%	13.8%
高校	2.3%	4.0%	5.6%	9.0%	7.9%
科研单位	2.3%	2.5%	6.7%	7.9%	6.3%

数据来源：《2022 年中国专利调查报告》。

二、与科研有关的纠纷

我国在积极建设创新型国家的背景下，在不断加大研发经费投入力度、改善创新环境的过程中，出现较多纠纷情况。按照纠纷的指向，可以将科研纠纷区分为精神方面的纠纷和经济方面的纠纷。精神方面的纠纷主要涉及有关人格、荣誉、姓名权、署名权等方面；经济方面的纠纷主要涉及直接或者间接与现金收入有关的冲突。另外，权属问题和合同问题可能涉及精神或经济方面，是实践中比较突出的领域，有必要单独进行介绍。

（一）精神方面的纠纷

由署名问题引发的纠纷是精神方面的科研纠纷的主要实践表现。2018 年 4 月 24 日，中国科学院科研道德委员会发布《关于在学术论文署名中常见问题或错误的诚信提醒》，列举了 10 种学术论文署名中的常见问题和错误，涉及论文署名不完整、论文署名顺序不当、冒用作者署名等，都是极其容易引发纠纷的情形。实践中，也有不少有关案例。

王某某与韦某 1 著作权纠纷①。原告王某某 1995 年在柳江县防疫站担任寄防科科长，由本人执笔撰写了论文《柳江县消灭疟疾现场防治研究》，因工作原因署上了韦某 2、韦某 1、韦某 3、林某某、曾某某的名字。被告韦某 1 未经原告许可，在只删掉该论文的概况部分，其余内容完全相同的情况下，于 1999 年 7 月以韦某 1 的名义，将该篇论文发表在《广西医学论文选编》上。法院审理认为，论文《柳江县消灭疟疾现场防治研究》系原告王某某与被告韦某 1 及柳江县防疫站、韦某 2、韦某 3、林某某、曾某某共同署名，属于一般职务作品，著作权归作者享有。被告韦某 1 的行为侵犯了原告王某某及其他作者的署名权，构成了著作权侵权行为，应承担停止侵害、赔礼道歉、赔偿损失等民事责任。该案的核心在于擅自发表合作作品，而没有取得其他共同作者的同意，也没有对其他作者进行署名。科研人员在撰写和发表论文的过程中，既要明确自身贡献，也要明确其他人贡献，严格遵守科研规范进行署名；在使用合作作品的过程中，应与其他作者进行协商。

西安近代化学研究所与吴某某侵害署名权和获得奖励、报酬的权利纠纷案②。2003 年 3 月 4 日，吴某某起诉西安近代化学研究所与原西安北方庆华电器（集团）有限责任公司，理由是：吴某某为解决 GR5 改 1 发射药的研制做出了创造性贡献，而研究所以其退休为由，剥夺了其科技成果一等奖的署名权和获得奖励、报酬的权利。该案经历了驳回起诉、驳回上诉、驳回再审申请、再审、上述被驳回多个流程。法院最终审理认为，吴某某作为 GR5 系列发射药、GR5 改 1 发射药的主要完成人之一，具有成果署名权，补发获奖荣誉证书的请求有充分的事实和法律依据。但因申报奖励的单位原西安北方庆华电器（集团）有限责任公司已破产，而研究所作为其中部分项目的完成者无权直接对整个项目申报，即案件客观情况已发生了变化，吴某某的请求已经无法通过原申报单位实现。法院最终仅支持了吴某某要求研究所赔偿经济损失和精神损失的请求。该案的要旨包括：技术成果完成人依法享有署名权和获得荣誉权；技术成果完成者的署名权和获得荣誉权与技术成果完成者的人身和创造性劳动不可分离，他人不得侵夺或者剽窃，否则应向完成技术成果的个人赔偿经济损失和精神损失。

---

① 案号：（2003）柳市民初（二）字第 54 号、（2004）桂民三终字第 10 号。

② 案号：（2003）西民四初字第 21 号；（2003）陕民三终字第 23 号；（2005）陕民监字第 465 号；（2006）民三监字第 11-1 号；（2008）陕民再字第 15 号；（2009）西民四初字第 80 号；（2009）陕民三终字第 33 号。

（二）经济方面的纠纷

与科研有关的经济纠纷主要发生于与成果实施、应用有关的场景，如职务科技成果奖酬、成果转化收益分配等。

曾某某与东莞怡信磁碟有限公司（以下简称怡信公司）等职务发明创造报酬纠纷[①]。曾某某于 2006 年 6 月入职怡信公司，后于 2008 年 10 月离职，是怡信公司享有的涉案专利的三位发明人之一，该专利的申请日为 2007 年 5 月 23 日，授权日为 2008 年 5 月 7 日。2011 年至 2016 年，怡信公司以涉案专利权被侵害为由多次提起侵权诉讼，获得判决支持的侵权赔偿额合计 112.5 万元。2017 年 10 月 11 日，曾某某向法院提起诉讼，请求怡信公司支付其职务发明创造发明人报酬。一审法院判决怡信公司支付 20 万元。怡信公司不服一审判决提起上诉，主张怡信公司未实施涉案专利，也没有因维权获益，后上诉被驳回。该案的要旨是，单位基于涉案专利的维权行为获得的损害赔偿款，系专利权人禁止他人未经许可实施专利而获得的收入，在扣除必要的维权成本及支出后，该经济效益应当视为《专利法实施细则》有关规定中所指的营业利润，应据此基础给予职务发明人合理的报酬。

吴某某诉希美克（广州）实业有限公司（以下简称希美克公司）等发明人报酬纠纷[②]。吴某某自 1999 年起在希美克公司任职并在工作期间完成了防止锁闭的防风门插芯锁的职务发明创造。2003 年，希美克公司将专利申请权转让给其关联公司 BETTELI。BETTELI 将涉案职务发明创造在美国申请专利并获得授权，发明人为吴某某，但是BETTELI 公司未就专利申请权转让或实施专利向希美克公司支付过费用。吴某某以其作为涉案专利发明人，理应获得相应报酬为由提起本案诉讼。法院认为，吴某某作为在中国境内完成职务发明创造的发明人，有权依中国法律规定主张获得职务发明创造发明人报酬。本案涉及境内职务发明在境外申请专利的职务发明报酬纠纷案，我国相关法律未对此类纠纷进行明确规定。法院得出本案纠纷应当使用我国法律进行调整、应当给予发明人合理报酬的结论，有效地保护了劳动者的合法权益。

（三）权属方面的纠纷

权属纠纷主要与经济利益相关，多出现于合作研发成果归属、职务科技成果归属等场景。

---

① 案号：（2019）最高法知民终 230 号。
② 案号：（2018）粤民终 1824 号。

深圳市卫邦科技有限公司（以下简称卫邦公司）与李某某等专利权权属纠纷①。李某某于 2012 年 9 月 24 日入职卫邦公司，主要负责研发输液配药机器人相关产品；2013 年 4 月 17 日与卫邦公司解除劳动关系；2013 年 7 月 12 日作为唯一发明人申请名称为"静脉用药自动配制设备和摆动型转盘式配药装置"的涉案发明专利；2016 年 2 月 5 日将涉案专利权转移至其控股的深圳市远程智能设备有限公司。李某某在入职卫邦公司前，并无从事与医疗器械、设备相关的行业从业经验或学历证明。卫邦公司于 2016 年 12 月 8 日提起诉讼，请求确认涉案专利的专利权归卫邦公司所有。法院判决确认卫邦公司为涉案专利的专利权人。该案的裁判要点在于，判断是否属于《专利法实施细则》规定的与在原单位承担的本职工作或者原单位分配的任务"有关的发明创造"时，应注重维护原单位、离职员工以及离职员工新任职单位之间的利益平衡，综合考虑以下因素：一是离职员工在原单位承担的本职工作或原单位分配的任务的具体内容；二是涉案专利的具体情况及其与本职工作或原单位分配的任务的相互关系；三是原单位是否开展了与涉案专利有关的技术研发活动，或者有关的技术是否具有其他合法来源；四是涉案专利（申请）的权利人、发明人能否对专利技术的研发过程或者来源作出合理解释。

广州万孚生物技术股份有限公司（以下简称万孚公司）等与深圳市理邦精密仪器股份有限公司（以下简称理邦公司）等专利申请权权属纠纷②。杨某于 2010 年 2 月 23 日至 2015 年 6 月 26 日期间在理邦公司任职，离职前在理邦公司的 POCT 系统担任试剂工程师职位；于 2015 年 7 月 1 日入职万孚公司，曾任万孚公司微流控二组项目经理、电化学平台总监等职务。赖某某于 2010 年 4 月 8 日至 2015 年 6 月 12 日期间在理邦公司任职，离职前在理邦公司的 POCT 系统担任结构工程师职位；于 2015 年 6 月 23 日入职万孚公司，职务为结构工程师。2016 年 3 月 31 日，万孚公司申请了名称为"血气分析仪及其血气生化测试卡"的专利，发明人为赖某某、杨某、王某某。2017 年 4 月 12 日，公告变更发明人为朱某某、王某某。理邦公司主张涉案发明创造的发明人为赖某某、杨某。一审法院判决涉案专利申请权归理邦公司所有。二审法院进一步确认涉案发明创造为职务发明创造应同时满足四个条件：一是作出发明创造的发明人曾是主张权利的原单位员工；二是该员工对发明创造的实质性特点作出了创造性贡献；三是发明创造是员工离职后一年内作出的；四是发明创造的内容与该员工在原单位承担的本职工作或者原单位分配的任务有关。二审法院还强调，即使涉案发明创造是由万孚公司组织研发或者主要利用了万孚公司的物质技术条件取得，同时涉案发明创造的研发

① 案号：（2019）最高法民申 6342 号、（2016）粤 03 民初 2829 号。
② 案号：（2017）粤 73 民初 4401 号、（2019）最高法知民终 799 号。

思路和采用的技术手段与理邦公司已有专利技术方案或技术成果存在区别，亦不能得出涉案发明创造归属于万孚公司的结论。

四川大学华西药学院徐某某与四川九章生物科技有限公司（以下简称九章生物公司）著作权纠纷①。2001 年 3 月至 2010 年 3 月，九章生物公司与四川大学华西药学院签订了一系列关于绿原酸原料及其注射剂的委托研发协议，均规定由九章生物公司获得产生的知识产权、经济效益等收益，其中多份协议对象的科研项目的四川大学项目负责人是徐某某。2013 年，徐某某等在英文期刊 *Journal of Analytical Methods in Chemistry* 发表了涉案文章。2014 年 10 月 2 日，前述期刊收到徐某某等人所发文章的勘误，声明九章生物公司直接资助了该项目，该文的知识产权归属于九章生物公司。法院认为，涉案文章的著作权属于九章生物公司，未经九章生物公司许可将涉案作品翻译为英文并发表侵害了九章生物公司的翻译权。

（四）合同方面的纠纷

在科研活动中，签订合同是明确双方责任权利、降低潜在风险的有效手段。由于合同签订发生于科研活动开始前，而在科研活动开展过程中可能发生各种不可预测事件，从而导致合同纠纷。

某能源科技发展有限公司（以下简称委托方）与中科大某教授（以下简称研发方）委托开发合同纠纷②。委托方与研发方于 2018 年 11 月 26 日签订《委托技术产品开发合同》，约定由委托方委托研发方研制开发井下探测巡检机器人，委托方按时提供产品研发调试的场地、设备等，研发方服务内容包括产品功能方案开发、硬件设计、产品外观等。委托方向研发方支付 9 万元定金后，双方因研发阶段机器人底盘和机械臂等硬件设备来源产生争议，协商不成导致合同无法继续履行。一审法院认为，涉案合同属于技术开发合同，研发方的研发内容并不包含底盘、机械臂的制造，向研发方提供满足合同要求的底盘、机械臂是委托方的义务。涉案合同因委托方未能按照合同约定向研发方提供项目研发所需的部分设备导致合同无法继续履行，委托方的行为构成违约，依法应当承担违约责任。二审法院维持原判。本案纠纷源于涉案合同中有关研发方案、研发成果、验收标准的条款约定不明确，涉案合同将"硬件设计"列于研发方义务项下。法院认可的对该条款的解释为：合同中约定的研发方"硬件设计"义务只包括机器人硬件系统集成设计，底盘硬件的设计或提供义务应当归属于委托方。因此，规范签订合同、正确理解技术合同中专业性条款对保护双方合法权益至关重要。

---

① 案号：（2015）成知民初字第 711 号、（2018）川民终 758 号。
② 案号：（2021）最高法知民终 2328 号。

北京派尔特医疗科技股份有限公司（委托方，以下简称派尔特公司）与深圳市科烯芯科技有限公司（开发方，以下简称科烯芯公司）技术开发合同纠纷①。2017年11月22日，委托方与开发方签订了名称为"吻合器电控系统开发"的涉案合同。2018年12月5日，科烯芯公司向国家知识产权局申请了涉案专利。2019年4月1日，委托方向开发方出具设计资料验收报告，结论为验收不通过。2019年7月17日，开发方向委托方开具解除函，称委托方构成合同违约。委托方向一审法院提起诉讼求判令科烯芯公司继续履行涉案合同义务，确认涉案专利申请权属于委托方。一审法院驳回派尔特公司的全部诉讼请求。二审法院审理认为，原审判决认定事实与适用法律错误，应予改判。二审法院认为，涉案合同对开发成果的专利申请权归属进行了约定：开发费用结清前归开发方所有，结清后由委托方进行专利申请。涉案技术方案是开发方围绕涉案合同约定的技术需求开发形成的，属于应交付给委托方的涉案合同项下的开发成果。法院认定，开发方的资料交付不符合合同约定。虽然开发方向委托方交付开发成果知识产权的条件未成就，但委托方未支付最后一笔合同款项是由于开发方的不当交付导致，条件不成就并不阻碍委托方在诉讼中依据合同约定要求开发方向其转移涉案专利申请权。委托方未付款行为不构成违约，开发方的解除函不能发生解除合同的法律效力。法院确认涉案专利申请权归派尔特公司所有，并判令双方为对待给付，即开发方配合委托方办理涉案专利申请权变更登记，委托方向开发方支付尾款。

三、有效管理风险和应对纠纷

（一）科研人员

增强法律意识，遵守与科研活动有关的法律规范。提高科研人员在法律规范方面的知识素养，既是保护科研成果的要求，也是有效降低风险、避免侵权和纠纷的要求。科研人员应了解科技法律法规和知识产权法律法规的原则性和基础性知识，在相关科研活动中强化契约精神、遵守合同约定。从保护科研成果的角度来看，通过加强对相关知识的了解，有利于判断自有科研成果是否遭到侵权，从而采取针对性措施，避免因判断失误而导致的投入浪费。从风险规避的角度来看，在开展科研工作的过程中，遵守科技和知识产权法律规范，明确相应的权利责任关系，有利于降低风险。

提高道德标准，遵守学术规范。道德和伦理约束的范围比法律更宽，提高科研共同体的道德自律水平能够在更大的程度上避免纠纷，推动建立良好科研风气。以署名

---

① 案号：（2019）京73民初1716号；（2021）最高法知民终887号。

问题为例，科研成果的署名问题对于科研人员来说是个大问题。科研人员要充分认清署名的含义，以及需要承担的责任。科研人员在合作撰写和发表论文的过程中，要明确哪些工作是自己完成的，哪些工作是受到他人启发完成的，哪些工作是在团队成员或同事的相关研究的基础上完成的，做好恰当的署名、引用和致谢。在科研合作中，多主体的参与通常会带来利益分配难以均衡的问题，科研人员在署名过程中应当遵守基本的、通行的科研规范，坚持对实际参与科研过程并做出实质贡献的人员进行署名，杜绝荣誉性、馈赠性和利益交换性署名。在条件允许的情况下，除保存有关研究成果、论文撰写的基础数据资料外，也保存关于作者就各自贡献的说明、对署名问题讨论的记录性内容。实践中，有作者在发表论文时"出于好意"把其他人的名字署上；也有作者为了提高论文录用率，刻意用认识的（甚至不认识的）学术专家进行署名。这种现象既是科研不端的问题，也是社会风气和观念的问题，需要科研人员摆正心态，杜绝此类问题。

我国政府积极鼓励高校和科研机构的技术转移，鼓励产学研合作，这使得科研人员越来越多地参与企业资助的科研项目、与企业合作的科研项目、创业项目等。但是，一些科研人员本身并未脱离其就职的单位，极有可能有意或者无意地造成原本属于企业的技术秘密的泄露。因此，科研人员在参与类似科研活动的过程之中，要充分明确双方的权利义务关系，尽可能地将不同项目的研究划定边界。还应注意，在发表论文的过程中，结合实际情况列出论文资助项目，不能为了完成考核指标而在一篇文章中任意罗列多个资助项目。

（二）相关组织

科研院所、高校等应加强对科研人员法律风险防范的业务培训，使科研人员在开展科研活动过程中对有关法律情况有所了解，并对法律风险有所注意，提前告知科研人员防范法律风险的方式方法，提高科研人员基本法律素养。科研人员在处理合同审查、技术转让、技术许可等各种法律问题过程中，应当由其依托单位提供指导和支持，具体可以由科研单位提供专业的法律咨询和合同审查服务。比如，加州大学伯克利分校专门设有法律事务办公室负责相关工作，还有其他各类专门机构，比如负责国际业务的国际合作部、国际事务办公室、国际关系办公室，在有关国际交流合作的科研方面为降低风险提供决策支持。

依托单位是合同的相对方，在签订合同时，尽可能地规避风险。以委托研发合同为例，成果验收是技术开发合同的一项重要内容。关于该项内容，可以在合同中尽量明确以下相关条款：明确对成果进行验收的主体，比如第三方机构、当事人自行组织的专家；明确对于不同验收结果的处理方式，具体涉及合同款支付、合同继续履行、产权归属等。

各类协会、学会等学术共同体在风险防范和纠纷应对方面也可以发挥作用。以弗劳恩霍夫协会为例，该协会是德国的应用科学研究机构，面对国际科技交流中的知识产权冲突，制定了对应的冲突管理机制。面对与外国研发和授权方争议较多的法律适用和争议解决的问题，弗劳恩霍夫协会还组建了调解工作组。遇到与外方的研发或许可协议争议时，内部调解员会在有关过程中持续跟进。出现其他争议时，调解员也会寻找解决方法，提出建议。

相关单位和组织还可以通过制定详细的规则流程、格式化文件等帮助科研人员规避风险。比如在科研合作方面制定战略性的合作框架（谅解备忘录）模板；在资助方面制定明确的政府资助合同模板、明确的产业资助合同模板；在人员方面制定教工和学生交流访问的协议模板；此外还有科研材料转移、科研数据使用等方面的协议模板。在制定模板文件的基础上，还需要明确责任部门、签发人员等。

|第十一章
科研活动的利益冲突管理

科研活动追求的是真理、真实和客观，而利益冲突的存在将有可能动摇科研活动价值追求的根基，不仅会威胁科研成果本身的可靠性，还可能导致全社会对科研领域的怀疑并造成对科研投入、科研事业的冲击。科研活动是高回报性的投资，这导致利益因素更深入广泛地渗透在科研领域，并带来科研活动及相关活动中各种各样的利益冲突。在我国加快实施创新驱动发展战略、努力实现高水平科技自立自强的背景下，在我国科研活动越发繁荣、科技体制机制改革不断深入的新时期，重视与科研有关的利益冲突管理显得尤其重要。

一、科研利益冲突

了解什么是科研利益冲突、科研利益冲突如何形成，以及科研利益冲突有哪些潜在危害，是对科研利益冲突进行管理的基础和前提。

（一）对科研活动中利益冲突的基本认识

利益冲突（Conflict of Interest，COI）是一个在很多领域都被提及的概念。在政治领域，指政府官员公职上代表的公共利益与其自身具有的私人利益之间的冲突。在法律领域，指不同利益主体之间在利益方面的矛盾和对抗关系。在金融领域，投资者、基金经理、分析师等相关主体的利益冲突被广泛关注。在科研领域，不少与科研活动有关的单位都对利益冲突相关内容进行明确（见表 11-1）。Thompson 认为利益冲突指的是一系列情形（A Set of Conditions），在这些情形下，科学家对次要利益的顾及会不适当地影响其对主要利益所做的职业判断[1]。文剑英和王蒲生[2]是 Thompson 观点的支持

---

[1] THOMPSON D F. Understanding financial conflicts of interest [J]. The New England journal of medicine, 1993, 329（8）：573-576.

[2] 文剑英，王蒲生. 科技与社会互动视域下的利益冲突 [M]. 北京：知识产权出版社，2013：25-26.

者。曹南燕也给出了非常类似的界定，认为利益冲突是指这样一种境况，在这种境况下，科学家的某种（某些）利益具有干扰他在科学活动中作出客观、准确、公正的判断的趋势①。

表11-1　部分机构对利益冲突的界定

机构	界定
美国卫生福利部、美国国立卫生研究院	一般意义上，利益冲突指个人利益会影响或有可能影响个人的判断或可能导致个人判断的公正性受到质疑的境况。利益冲突可能出现在评议过程或资金支持的有关活动和阶段
康奈尔大学	当个人或其家庭成员、与其有联系的企业存在以下情况时，该个人将被视为处于利益冲突之中：①存在既有的（或潜在的）重大经济利益、物质利益或关系，会损害或可能损害个人在履行大学职责时的独立性和客观性；②可能从大学机密信息中获得经济或其他物质利益。科研活动中的利益冲突：当经济利益或其他个人经济利益机会可能损害或影响研究的目标设计、实施、报告或直接管理时，就会出现利益冲突
加州大学伯克利分校	利益冲突是指个人的私人利益与其在加州大学的职业义务产生纠缠，使得独立观察者可能合理地质疑其职业行为或决定是否受到个人经济利益考虑的不当影响。这些利益通常涉及个人的收入、贷款或礼物，以及个人持有的所有权、投资或职位
加州大学	当机构的经济利益受到损害或存在偏见时，或看起来受到损害或存在偏见时，可能会出现机构层面的科研利益冲突：①正在得到资助的研究设计、实施或报告；②大学正在或将要进行的其他研究的设计、实施或报告。当大学的资源以与机构的使命、义务或价值观不一致的方式用于研究（即为了经济利益）时，也可能会出现冲突
斯坦福大学	当个人的经济、职业或其他个人利益可能直接或间接影响（或看似影响）其在履行斯坦福大学职责时的专业判断，就会出现利益冲突。 涉及人类受试者研究的机构利益冲突：斯坦福大学的投资或控股机构领导人的个人经济利益或控股可能影响或似乎合理地影响人类受试者研究的设计、实施、报告、审查或监督机构的流程
牛津大学	当个人对大学的职责与其个人利益或其对他人或组织的职责发生冲突时，可能会出现利益冲突。实际或感知的冲突可能来自个人在大学角色、个人关系之外的活动，或个人在大学内的冲突。利益冲突包括经济和非经济方面，或两者兼有
施普林格·自然集团	竞争性利益指的是通过潜在影响作者在客观数据呈现、分析和解释方面的判断和行动，可能直接损害或被认为损害出版的客观性、完整性和价值的经济利益和非经济利益

注：资料来源于各机构官方网站。

利益冲突产生的根源是个人获利②。这种个人获利发生的情形是，科研人员在从事

---

① 曹南燕. 科学活动中的利益冲突 [J]. 清华大学学报（哲学社会科学版），2003（02）：50-55.
② 魏屹东. 科学活动中的利益冲突及其控制 [J]. 中国软科学，2006（01）：90-99.

科研相关活动的过程中，与不同的单位、个人产生直接或间接的利益关联，比如供职单位、资助单位、合作单位等有关单位和调研访谈对象、试验对象等人员，导致科研人员作出有失公正等不恰当的的行为。魏屹东认为，在科学活动中，当一个研究者同时为两个机构（如高校和企业）服务时，常常发生利益冲突。[①] 可以发现，科研人员处于利益冲突的核心位置，是最终因利益冲突造成不利影响的主观主体，因此科研人员也是防范利益冲突潜在危害的主要关照对象。

当我们把"利益冲突"作为科研领域的一个专门概念和术语，为了更清晰地认识其适用场景，有必要对科研活动中的利益冲突与纠纷进行对比（见图11-1）。科研活动中的利益冲突至少涉及两组利益关系，并且这两组利益关系以某个单一科研人员为纽带，当两组利益形成对抗时，即产生利益冲突。从广泛的意义上看，单一科研人员可能面临多重利益冲突，图中只列出了机构A、机构B和机构C，实践中可能有更多的机构（如机构D、机构E等）与该科研人员产生利益关系。从更一般的意义上看，与科研人员产生利益关系的不一定是机构，也可能是个人或者社会，而处于利益冲突核心的科研人员也可能是高校、科研机构等组织。当高校、科研机构等组织处于利益冲突核心时，就产生机构层面的利益冲突。有观点认为[②]，相较于科研人员层面的利益冲突，机构层面利益冲突的潜在危害性更大。

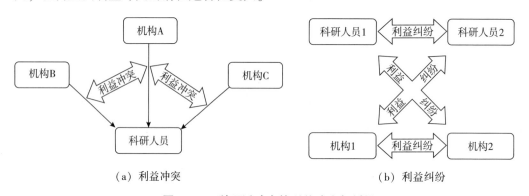

（a）利益冲突　　　　　　　　　　（b）利益纠纷

图11-1　科研活动中的利益冲突与纠纷

与利益冲突相比，纠纷通常是不同机构、个人间直接与利益有关的对抗，比如同一个项目组成员间发生的与论文署名顺序有关的纠纷、与成果转化利用收入分配有关的纠纷。

利益冲突通常是与经济利益有关的冲突。以下列举几种具体情形，更加便于

① 魏屹东. 科学活动中的利益冲突及其控制 [J]. 中国软科学, 2006 (01)：90-99.

② RESNIK D B, SHAMOO A E. Conflict of interest and the university [J]. Accountability in research：policies and quality assurance, 2002, 9 (1)：45-64.

理解。①

　　情形 1：科研人员开展药物或医学材料的研发，但是上述研发行为接受了有关制药公司或者医学材料公司的资助，这就可能导致研发人员更容易得到有关药物或医学材料的积极效应的结果；或者在得到明确的消极结果的情形下，科研人员倾向于不公开或者延迟公开有关结果。

　　情形 2：科研人员开展有关"被动吸烟是否有害健康"的研究时，如果科研人员与烟草公司有利益牵连，很可能促使其得出有利于烟草公司的研究结论。

　　情形 3：科研人员在企业中担任某职位（例如顾问、董事或咨询专家），该企业可能出于商业原因希望限制或以某种方式管理对其不利的研究结果。

　　情形 4：在商业期刊中担任编辑的科研人员也是推荐期刊订阅的大学图书馆委员会的成员。

　　情形 5：科研人员与所在大学知识产权的被许可人有经济关联。

　　情形 6：科研人员担任大学委员会成员，该委员会负责在多个学院（包括科研人员自己所在的学院）之间分配资金。

（二）　科研利益冲突的普遍化及其潜在危害

　　当前，科研已经成为一种社会建制，是社会构成中一个相对独立的部分，典型表现是：科研成为一种职业并以有组织的形式开展，同时得到政府和社会的资助②。在这样的背景下，科研作为一种建制化的社会子系统，必然与其他的社会子系统产生各种各样的利益关联，比如与政府部门的关联、与产业部门的关联。进而，科研子系统中的科研人员、科研组织也嵌入于宏观社会系统，并与科研子系统外的个人、机构等产生各种各样的利益关联。因此，科研活动中的利益冲突是科研建制化的必然结果。

　　推动科研领域利益冲突成为一个紧迫问题的原因来自两个方面：产业部门对于科研活动的聚焦和政府部门对于科研成果利用的推崇。一方面，企业越来越意识到技术能够为其持续发展提供竞争力来源，因而企业不仅投资企业内部研发，也资助高校、科研机构开展研发。另一方面，政府意识到技术是国家竞争力的重要来源，基于技术转化利用可以推动经济社会进步。这两个方面导致了一个共同的结果，就是原本纯粹的"科研"与逐利的"市场"产生了紧密关联，从而进一步加剧了科研利益冲突可能造成不良后果的倾向。

---

① 部分情形参考了牛津大学的样例。

② 文剑英，王蒲生. 科技与社会互动视域下的利益冲突 [M]. 北京：知识产权出版社，2013：72-75.

目前的研究倾向于认为，"利益冲突"是一个描述性的中性表述，并不带有感情色彩①。利益冲突指的是科研活动实践中的具体场景，而在当前的复杂社会网络关系中，利益冲突的情形是极其普遍的。但是，存在利益冲突的客观情形并不会必然地造成不良结果。只有当科研活动中处于"个人利益冲突"核心的科研人员或处于"机构利益冲突"核心的研究性组织在利益冲突情形下作出了带有偏见的行动或决策，才有可能造成不良后果或危害。

科研领域利益冲突的潜在危害可能包括以下几个方面。

（1）影响科研决策的公正性。在机构利益冲突或个人利益冲突中的个人担任领导角色的情形下，利益冲突有可能干预决策的公正性。在一些高校或科研机构中，经常能够发现，担任领导角色的科研人员（比如大学校长/副校长、学院院长）所从事的研究方向、所领导的实验室/研究中心获得了较为快速的发展，并且得到了更多的资源倾斜。这种结果的出现，是否有利益冲突因素的影响，是很难确定的，但是却不得不引人怀疑。

（2）影响科研结果的真实性和可靠性。在利益冲突的影响下，科研人员在开展科研活动的过程中可能会主动或故意采取一些行动来干扰研究的结论。例如，在实验中人为挑选实验样本，甚至直接篡改数据；或者在既有研究结论的基础上进行有选择性的公开和发表，包括选择性公开部分对某一利益相关方有益的研究结论，或者选择对某一利益相关方有益的时机对研究结果进行公开。

（3）影响社会公众的健康安全。在涉及医疗的科研领域，包括医学疗法、医学材料、医疗器械、药品等，利益冲突造成的不利影响有可能会危及公众的生命健康。因为这些领域都与人的健康相关，在利益的驱使下，可能会造成在部分潜在风险未解决的情况下，就将有关产品推向市场。例如，医用植入材料在现代医学中起到重要作用，但是如果在科研过程中有关方面对材料的不良反应、客观不足进行有意隐瞒，将可能造成灾难性后果。

二、与利益冲突有关的科研伦理问题

科研伦理问题很多根源于利益冲突，但是近年来与科研相关的伦理问题显得更加棘手，因此非常有必要单独进行一些讨论。

---

① 文剑英，王蒲生. 科技与社会互动视域下的利益冲突 [M]. 北京：知识产权出版社，2013：61.

（一）对科研伦理的基本认识

"伦理"的语境主要针对个人或与个人相关的行为。在科研活动中，科研人员担当"科学家"的角色并追求科学技术的进步，但是同时科研活动也是其谋生的手段，而且科研人员不仅仅是科研人员，更是一般化的个人。当科研人员过分关注其作为个人角色的利益追求时，有可能影响其科研工作，并引发伦理问题。因此，科研伦理问题也属于科研利益冲突。与一般科研利益冲突不同的是，科研伦理更加聚焦和内化于个体的"人"，不必然涉及前文所描述的某个科研人员与不同机构之间形成的不同利益关联之间的冲突。

科研作为一种社会建制，内嵌于社会并且具有社会属性，也必然涉及社会体系中的道德和伦理规范。道德和伦理规范为科研活动施加了一定约束，但正是因为这样的约束使得科研作为一种社会建制能够与其他的社会建制共存。Rescher 指出，伦理问题即有关行为正确与错误的问题，产生于人们的交往中，必然与各种人际关系中存在的责任、权利和义务有关，而科研活动的集体化和社会参与分散则使得科研伦理问题显得突出[①]。

在科研职业化、科研成为社会建制的时代，科学家精神受到了必然冲击。科学家精神对于我国建设创新型国家、加速实现高水平科技自立自强起到关键性精神支撑作用。2019 年，中共中央办公厅、国务院办公厅印发了《关于进一步弘扬科学家精神加强作风和学风建设的意见》，提出了科学家精神的六方面内涵：胸怀祖国、服务人民的爱国精神，勇攀高峰、敢为人先的创新精神，追求真理、严谨治学的求实精神，淡泊名利、潜心研究的奉献精神，集智攻关、团结协作的协同精神，甘为人梯、奖掖后学的育人精神。

人们对于伦理问题的认识有相对成熟、系统的基础。一个主要表现便是已经有不少关于伦理的期刊，中文期刊包括《中国医学伦理学》（1988 年创刊）、《伦理学研究》（2002 年创刊）、《道德与文明》（1982 年创刊，原名为《伦理学与精神文明》）；英文期刊包括 *Ethics*、*Nursing Ethics*、*Bioethics*、*Journal of Medical Ethics*、*Research Ethics* 等。相应地，人们对科研伦理的认识程度比对科研利益冲突的认识程度相对更深一些。

---

① RESCHER N. Chapter 12：The ethical dimension of scientific research ［M］// Studies in the philosophy of science. Berlin：De Gruyter, 2006：202.

（二）违背科研伦理的实践表现及其危害

Rescher 列出了科研伦理问题的七种情形①。（1）关于研究目标选择的伦理问题，涉及对政治因素、经济回报因素、军事因素等方面的考虑。（2）关于研究活动中工作人员配置的伦理问题，涉及管理层问题和研究层问题等。（3）关于研究方法的伦理问题，在心理学研究和有关动物的生物学、医学研究中比较突出。（4）关于证据标准的伦理问题，涉及科研人员能否公正解读研究结果的问题。（5）关于科研发现传播的伦理问题，科研人员有责任对研究成果进行公开，但是有时因为某些因素而受到影响。（6）关于控制科学误传的伦理问题，主要涉及与科学传播有关的问题。（7）关于科研成果荣誉分配的问题，比如关于科学发现优先权的争论。

"伦理"或"道德"因素有时因为其过于宽泛的范围而没能在科研领域得到足够重视，如果换一种表述，使用"科研不端"，可能更容易聚焦。2022 年 12 月 6 日，国家自然科学基金委员会修订通过了《国家自然科学基金项目科研不端行为调查处理办法》，指出科研不端行为是指发生在科学基金项目申请、评审、实施、结题和成果发表与应用等活动中，偏离科学共同体行为规范，违背科研诚信和科研伦理行为准则的行为。具体包括：

（一）抄袭、剽窃、侵占；

（二）伪造、篡改；

（三）买卖、代写；

（四）提供虚假信息、隐瞒相关信息以及提供信息不准确；

（五）打探、打招呼、请托、贿赂、利益交换等；

（六）违反科研成果的发表规范、署名规范、引用规范；

（七）违反评审行为规范；

（八）违反科研伦理规范；

（九）其他科研不端行为。

可以发现，上述科研不端行为多是情节严重、明显有违公平原则的行为，尤其是第一项至第五项。2009 年 3 月 19 日，教育部发布《教育部关于严肃处理高等学校学术不端行为的通知》，罗列出学术不端行为的如下类型：

---

① RESCHER N. Chapter 12: The ethical dimension of scientific research ［M］//Studies in the philosophy of science. Berlin: De Gruyter, 2006: 201-218.

（一）抄袭、剽窃、侵吞他人学术成果；

（二）篡改他人学术成果；

（三）伪造或者篡改数据、文献，捏造事实；

（四）伪造注释；

（五）未参加创作，在他人学术成果上署名；

（六）未经他人许可，不当使用他人署名；

（七）其他学术不端行为。

实践中的典型事件包括美国舍恩事件、韩国黄禹锡事件、日本小保方晴子事件等。

（1）舍恩事件。2001 年 11 月，美国贝尔实验室的年轻科学家 Jan Hendrik Schön 与其同事公布了一项重大研究成果：利用单一有机分子制造出世界上最小的纳米晶体管。这项成果被美国《科学》杂志列为 2001 年十大科学成就之首，论文发表后获得全球科技领域的广泛关注。由于舍恩的实验结果未能得到复制和确认，而被认为数据造假。2002 年 5 月，贝尔实验室的领导层决定对舍恩的有关研究开展调查，聘请包括诺贝尔奖获得者、物理学家 Herbert Kroemer 在内的 5 名专业人员组成独立调查委员会，进行公正和客观的调查。调查委员会经过近 4 个月的调查，作出了舍恩数据造假、篡改或虚构的结论。

（2）黄禹锡事件。2004 年 2 月 12 日，韩国生物科学家黄禹锡领导的研究团队在《科学》杂志网络版上发表论文，称在世界上率先用卵细胞成功培育出人类胚胎干细胞。2004 年 5 月《自然》杂志指出该论文在卵细胞的采集上涉及伦理问题。2005 年 5 月 19 日，黄禹锡的研究团队在《科学》杂志网络版发表论文，宣布成功用患者体细胞克隆出 11 个胚胎干细胞系；8 月 4 日，在《自然》杂志宣布成功培育出世界上首只克隆狗。2005 年 11 月 12 日，黄禹锡的合作者、美国匹兹堡大学教授 Gerald Schatten 指出黄禹锡没有遵循严格的伦理准则并宣布中止合作；11 月 21 日，黄禹锡的另一合作者、韩国首尔米兹梅迪医院的生殖学专家卢圣一召开新闻发布会，承认他提取并交给黄禹锡作研究之用的卵细胞是付费获取的；11 月 24 日，黄禹锡召开新闻发布会向国民道歉，承认一年前用于干细胞研究的卵细胞来源于付费的捐赠者和自己研究小组的两位年轻研究人员，并宣布辞去研究工作以外的一切职务；12 月 15 日，卢圣一在韩国文化广播公司电视台上指出，黄禹锡当天向他承认 11 个人类胚胎干细胞系中有 9 个是伪造的。2005 年 12 月 12 日，首尔国立大学宣布成立专门委员会调查；12 月 23 日，调查委员会发布首次调查报告，证实黄禹锡等 2005 年发表在《科学》杂志上的论文伪造数据。2006 年 1 月 11 日，黄禹锡被韩国政府取消"韩国最高科学家"称号，免去其担任的一切公职，并由韩国检察机关成立特别小组，就"造假事件"展开调查。2009 年 10 月 26 日，黄禹锡因犯侵吞研究资金罪和非法购买卵子罪被判决监禁 2 年，缓期 3 年执行。

（3）小保方晴子事件。2014 年 1 月 29 日，《自然》杂志发表了日本学者小保方晴子作为第一作者和通信作者的两篇关于干细胞的论文，提出利用酸浴和挤压等方法可以更简便地培养出具有类似干细胞功能的多能细胞（STAP 细胞）。文章发表后引起全球科技领域的广泛关注，并引发质疑：一是文章的图片可能存在"捏造"，二是研究结果难以重复。2014 年 2 月，小保方晴子所在的日本理化学研究所成立调查委员会；4 月 1 日，调查委员会举行记者见面会发布最终调查报告，宣布 STAP 细胞的论文存在捏造和篡改行为，而关于 STAP 细胞是否存在，"需进行科学的研究"，没有做出明确判断。日本理化学研究所允许小保方在 7 月至 11 月底期间，在有摄像头监视和第三者在场的情况下进行验证试验，但是最终小保方晴子未能制作出 STAP 细胞。2014 年 12 月 19 日，日本理化学研究所召开发布会，正式承认在验证 STAP 细胞是否存在的实验中，未能发现该细胞生成的证据。2015 年 11 月 2 日，早稻田大学宣布取消小保方晴子的博士学位。该事件的另一个结果是，2014 年 8 月 5 日，小保方晴子的导师笹井芳树在对自己学生的信任和外界舆论压力的巨大冲击下自杀。

总结而言，违背科研伦理可能造成的潜在危害包括以下几种。

（1）损害科研活动的公平性。打招呼、请托、贿赂、利益交换等行为将导致科研活动的正常秩序被打破，基于这些行为获得的利益会进一步助长科研领域的不良风气。

（2）虚假科研成果不利于科技进步。基于伪造数据、篡改结果得到的研究成果是不符合实际的成果，对科技进步、人类社会进步都没有贡献。

（3）造成科研资源的浪费。大科学时代的科研、作为社会建制的科研，很多都依赖于科研条件平台开展，包括仪器设备、消耗性材料等，而且很多是由国家财政资金资助开展的。在科研活动中弄虚作假、开展违背科研伦理规范的行为，将导致科研资源的占用和浪费。

（4）导致公众对科研活动的怀疑。近年来，科学与社会之间的关系得到越来越多的关注，"公众理解科学""公众参与科学"等话题也被广泛讨论。科研领域的"丑闻"事件会打击公众对于科技界的信任和信心，不仅不利于科技活动的开展，也会间接影响科技资源的投入。

三、有效管理利益冲突

利益冲突仅仅代表一种客观的境况，并不必然引发负面的社会后果，科研活动中的利益冲突也并不必然导致损害科研活动客观性和公共利益的结果①。但是，需要恰当的政策规范和管理流程对科研活动进行应对、控制、管理，从而降低利益冲突的潜在不利影响。

（一）利益冲突管理方式

利益冲突管理的主要方式包括公开或声明、清除或禁止、回避或限制。

1. 公开或声明

公开或声明是管理利益冲突最基本、最常用、最重要的方式之一。公开或声明的对象包括单位管理者或社会公众。学术期刊、科研资助机构、学术科研机构是要求对科研利益冲突进行声明的几类主要机构。

《新英格兰医学杂志》（*The New England Journal of Medicine*）是一家创刊于 1812 年、拥有 200 多年历史的全球顶级医学期刊，是较早认识到科研利益冲突问题并采取措施的期刊。1979 年，该杂志在第 301 卷第 6 期刊登了 Edward Petsonk 关于利益冲突的期刊来信，第 301 卷第 18 期刊登了来自北卡罗来纳大学的 Bernard G. Greenberg、耶鲁大学医学院的 Alvan R. Feinstein 和 Ralph I. Horwitz 关于利益冲突的期刊来信；1984 年，第 311 卷第 6 期刊登了加州大学旧金山分校医学院的 Stephen N. Cohen、《纽约时报》的 Lawrence K. Altman 等关于利益冲突的期刊来信。值得提及的是，1984 年，当时的主编 Arnold S. Relman 在杂志发表文章《应对利益冲突》②，指出：

> 到目前为止，《新英格兰医学杂志》对于利益冲突尚没有明确的政策，但我和我的编辑同事认为现在是时候制定有关政策了。
>
> 我们认识到，在某种意义上，即使不涉及商业考虑，作者也可能会受到利益冲突的影响。竞争压力以及对研究资助、同行认可或学术进步的担忧可能会对其行为产生不利影响。因此，与投资者拥有的企业之间的联系可能只是既有问题的另一种形式。
>
> 因此，我们建议作者例行在脚注中声明其提交成果的所有资助来源。同样，还应声明任何相关的直接商业关联，例如与所报告的成果有经济利益的公司的雇佣关系。

2014 年，《新英格兰医学杂志》发表了关于 Relman 的纪念文章，认为其具有非凡

---

① 文剑英，王蒲生. 科技与社会互动视域下的利益冲突［M］. 北京：知识产权出版社，2013：8.

② RELMAN A S. Dealing with conflicts of interest［J］. New England journal of medicine, 1984, 310（18）：1182-1183.

的道德勇气，这体现在他对期刊作者实施的严格的利益冲突政策上。①

学术期刊的主要定位是发表最新的科研成果，利益冲突公开的主要对象是科研领域的有关人群，以本领域科研人员为主，也面向一般的社会公众。与学术期刊不同，科研资助机构和学术科研机构要求科研人员在申请科研项目或开展科研活动时对利益冲突进行声明，主要是在机构层面对有关事实进行把握，实际上是非常有限的公开，因此叫作"声明"更加贴切一些。

通过对利益冲突进行公开，有助于增加科研活动的透明度，令外部感知到科研的可信度。相反，明知存在利益冲突而不主动公开、声明的情况，可能会被认为是"心虚"的表现。通过公开，可以让更多的人了解到利益冲突的存在，就潜在的偏见形成自己的判断，这在一定程度上也能够达到监督目的，预防利益冲突的潜在危害成为事实。

从不同主体来看，对利益冲突进行公开和声明的细节包括以下内容。

科研人员：如果研究受到企业或其他方面的资助而产生利益冲突，应当在成果发表时进行声明。

审稿、评议或咨询专家：在收到审稿邀请、评议邀请、咨询邀请时，主动对利益冲突进行声明。

期刊编辑：主动声明自己与作者存在的利益冲突。

出版机构：对有关经费来源和出版/发表过程中的利益冲突进行公开。

2. 清除或禁止

清除或禁止指的是将形成利益冲突的利益关联终止，连带的是与之相关的科研活动也被终止。清除或禁止是一种严格的管理措施，从根源上杜绝了利益冲突可能造成的不利影响。但是，利益冲突政策从本质上讲是预防性而不是惩戒性的②，这种根源式的管理措施有可能造成"因噎废食"的后果，影响科学技术进步的速度，比如要求担任领导角色的科学家不再从事科研工作，或者在决策过程中不进行与其科研领域有关的决定。另外，从实践可操作性的视角来看，在复杂的、网状的现代社会中，利益冲突几乎无处不在，想要彻底根除几乎是不可能的。

利益冲突有各种各样的形式，而当某些利益冲突的危害性达到预期收益难以弥补预期损失的程度，就有必要适当采取清除的举措。2009年6月，中国银行业监督管理委员会、科学技术部发布的《关于选聘科技专家参与科技型中小企业项目评审工作的指导意见》指出，"银行业金融机构可以对科技专家的独立性进行充分评估，确保科技

---

① Editors. Arnold S. Relman, 1923-2014 [J]. New England journal of medicine, 2014, 371 (4): 368-369.
② 文剑英，王蒲生. 科技与社会互动视域下的利益冲突 [M]. 北京：知识产权出版社，2013：207.

专家与银行科技型中小企业项目不存在利益冲突和任何关联关系",这就是一种禁止性手段。

3. 回避或限制

回避或限制是在承认利益冲突客观存在的基础上,在个别环节对有关科研人员的行为进行约束,相较于清除或禁止,显得不那么严厉。例如,在实验数据筛选和分析环节、在医学试验的受试人员招聘环节,排除有利益冲突的人员参与。

回避或限制主要是有关单位在认识到利益冲突的存在可能对有关科研决策造成干扰的基础上所采取的举措。对利益冲突的识别可能来自科研人员的主动声明,也可能是单位的主动筛查(比如,在论文审稿过程中,根据拟考虑的审稿专家与作者是否合作发表过论文、是否在同一单位工作,判断是否存在利益冲突)。在科研项目申请书的评议或科研项目成果的评议环节,组织方应当根据评议人与被评议人之间利益冲突的性质和可能产生的影响,作出评议人需要或不需要回避的决定。

(二)我国的有关实践

1. 科研利益冲突管理

(1)国家层面的有关政策。

2015 年 8 月 9 日,国务院公布《国务院关于改革药品医疗器械审评审批制度的意见》,针对评审队伍建设,要求根据审评需要,外聘相关专家参与有关的技术审评,明确其职责和保密责任及利益冲突回避等制度。2021 年 12 月 24 日公布的修订后的《科学技术进步法》第六十条规定,利用财政性资金设立的科学技术研究开发机构和高等学校的科学技术人员,在履行岗位职责、完成本职工作、不发生利益冲突的前提下,经所在单位同意,可以从事兼职工作获得合法收入。

2007 年 6 月 22 日,中国科学技术协会印发《科技工作者科学道德规范(试行)》,将"在各类项目评审、机构评估、出版物或研究报告审阅、奖项评定时,出于直接、间接或潜在的利益冲突而作出违背客观、准确、公正的评价"认定为学术不端行为。2009 年 10 月 13 日,中国科学技术协会印发《学会科学道德规范(试行)》,要求加强对学术期刊的管理,建立并完善同行评议、成果保密、信息共享和防止利益冲突的相关政策,确保编辑出版的诚信,维护学术期刊的信誉。2017 年 7 月 10 日,中国科学技术协会印发《科技工作者道德行为自律规范》,要求坚持客观、公平、公正原则,在参与各种推荐、评审、鉴定、答辩和评奖等活动中,规范利益冲突管理,坚决摈弃部门和小团体利益。

2009 年 8 月 26 日,科学技术部、教育部等多个部门联合印发《关于加强我国科研诚信建设的意见》，在"推进科研诚信法制和规范建设"部分，要求政府部门引导和支持科技界加强科研行为规范建设，科技社团和有关科技行业组织应积极制定有关准则和行为规范，科技机构、高等学校及相关管理部门应研究制定处理科学研究、同行评议、成果发表、决策咨询、技术转移等活动中利益冲突的管理规定。2020 年 7 月 17 日，科学技术部颁布《科学技术活动违规行为处理暂行规定》，将"违反回避制度要求，隐瞒利益冲突"列为受托管理机构工作人员的违规行为之一。2021 年 8 月 9 日，《人力资源社会保障部 教育部关于深化实验技术人才职称制度改革的指导意见》发布，提出建立完善评审专家的利益冲突回避等制度，严格规范专家评审行为。

2016 年 9 月 30 日，国家卫生和计划生育委员会通过《涉及人的生物医学研究伦理审查办法》，第七条要求从事涉及人的生物医学研究的医疗卫生机构是涉及人的生物医学研究伦理审查工作的管理责任主体，应当设立伦理委员会，并采取有效措施保障伦理委员会独立开展伦理审查工作。第二十条将"研究是否涉及利益冲突"列为伦理委员会收到申请材料后重点审查的内容之一，该条款是从 2007 年发布的《涉及人的生物医学研究伦理审查办法（试行）》中的"研究人员与受试者之间有无利益冲突"修改而来，从表述上看显然扩大了利益冲突的范围。第二十一条要求，伦理委员会委员与研究项目存在利害关系的，应当回避；伦理委员会对与研究项目有利害关系的委员应当要求其回避。2023 年 2 月 18 日，国家卫生健康委、教育部、科技部、国家中医药管理局印发《涉及人的生命科学和医学研究伦理审查办法》，多次提及利益冲突，并要求健全利益冲突管理机制。

（2）机构层面的有关政策。

2007 年 2 月 26 日，中国科学院发布《中国科学院关于加强科研行为规范建设的意见》，在"明确科研行为的基本准则"部分列出遵守声明与回避原则，"在研究、调查、出版、向媒体发布、提供材料与设施、资助申请、聘用和提职等活动中可能发生利益冲突时，所有有关人员有义务声明与其有直接、间接和潜在利益关系的组织和个人，包括在这些利益冲突中可能对其他人利益造成的影响，必要时应当回避"。2018 年 4 月 24 日，中国科学院科研道德委员会发布《关于在学术论文署名中常见问题或错误的诚信提醒》，包括"未利用标注等手段，声明应该公开的相关利益冲突问题。应根据国际惯例和相关标准，提供利益冲突的公开声明。如资金资助来源和研究内容是否存在利益关联等"。

2003 年 12 月 17 日，清华大学通过《清华大学关于加强学术道德建设的若干意见》，要求"我校研究人员在进行科研活动时，要树立献身科学事业的崇高理想，正确对待科学研究的名誉和回报。要认真、严谨、客观、公正地进行学术评价，采取公开申报、回避等措施避免利益冲突"。同时通过的《清华大学教师学术道德守则（试行）》进一步要求，评议专家与评议对象存在利益冲突（如存在亲属关系、师生关系、校友关系、同事关系、竞争关系）时，为保证评审的公正性，评议专家应及时向评审组织机构申明利益冲突，由评审机构决定是否应予以回避，或采取其他相应措施；为维护科技工作的公正客观，要遵守有关避免利益冲突的规定和义务，通过向有关机构披露利益冲突、回避决策过程等避免科学研究中的利益冲突；参与各种推荐、鉴定、职称评定、答辩、项目审批、评奖等学术活动时必须秉公，不因利益冲突或人情关系而影响其判断与决策的科学性、可靠性和公正性，避免损害学校和他人利益。

2006 年 11 月 27 日，上海交通大学发布《上海交通大学学术道德行为规范（试行）》，要求"为保证评审的公正性，在评议专家与评议对象存在利益关系或冲突时，评议专家应主动向评审机构提出回避，或如实说明情况"。"被评议对象不得干扰评价过程；评议专家不得收取评议对象赠予的有碍公正评议的礼物或其他馈赠。否则，应对其不正当行为引发的一切后果负责。" 2008 年 1 月 11 日中国人民大学印发的《中国人民大学科学研究行为规范及管理办法（试行）》，2009 年 8 月 31 日南京大学印发的《南京大学科学研究行为规范与学风建设管理办法（试行）》，都强调利益冲突管理要遵守声明与回避原则。

（3）期刊层面的有关实践。

我国的期刊在不同程度上制定了利益冲突管理政策（见表 11-2）。共性的政策是要求作者对利益冲突进行声明，这也是利益冲突管理的主要手段、基础手段。

表 11-2　我国部分科技期刊的利益冲突管理要求

期刊名称	期刊情况	利益冲突管理要求
《中草药》	中国药学会和天津药物研究院共同主办，中药学领域，2022 版，复合影响因子 4.241	所有作者需陈述是否在研究过程中或得到的研究结果受到了某机构或厂商的影响，置于正文末、参考文献前
《数据分析与知识发现》	中国科学院文献情报中心主办，图书情报与数字图书馆领域，2022 版，复合影响因子 3.259	要求所有投稿论文附加潜在利益冲突声明，并与论文同步发表
《水产学报》	中国水产学会主办，水产和渔业领域，2022 版，复合影响因子 1.916	分别针对作者、审稿人、编辑人员、出版社的利益冲突提出管理要求
《中国中西医结合杂志》	中国中西医结合学会、中国中医科学院主办，中西医结合领域，2022 版，复合影响因子 2.683	分别针对研究者、期刊编辑、审稿人的利益冲突提出管理要求
《中国癌症杂志》	复旦大学附属肿瘤医院主办，肿瘤学领域，2022 版，复合影响因子 2.588	要求审稿人和作者对利益冲突进行声明

续表

期刊名称	期刊情况	利益冲突管理要求
《催化学报》	由中国化学会和中国科学院大连化学物理研究所主办，化学领域，2022版，复合影响因子5.553	分别针对作者、审稿人、编辑人员的利益冲突提出管理要求

注：复合影响因子是以复合统计源（包括期刊、学位论文、会议论文）计算的影响因子，数据来源于中国知网数据库。

部分期刊对利益冲突进行了界定，界定的方式包括两种，一种是通过明确概念进行界定，另一种是通过给出示例进行界定。《催化学报》在其官网给出了利益冲突的定义：利益冲突是指科学活动中的不同个人或团体之间，或个人与团体之间在次要利益（如经济利益、友情、亲情等）与其职责所代表的主要利益（如确保研究结果的客观性等）之间所发生的冲突。《数据分析与知识发现》从2016年起，要求所有投稿论文附加潜在利益冲突声明，并与论文同步发表。杂志网站设有专门的"出版道德声明"栏目并公布了《利益冲突声明提交要求》，明确了利益冲突声明的目的和提交方式。

在《数据分析与知识发现》关于利益冲突的示例中，列出了以下三种情形。

①作者或所在团队、所在机构受到过被研究对象的资助，包括资助科研经费、赞助参与会议、资助考察、受赠实验室或办公软硬件条件等。

②作者或作者所在团队、所在机构与被研究对象或其提供者存在经济和任职关系，包括担任董事会成员、咨询顾问、代理人、担任兼职教授、参与关联公司、合作联合项目、转让技术专利等。

③作者或作者所在团队在研究过程中得到研究中所涉及公司或机构的支持，包括经费、研究数据、工具、研究人力、咨询研究等形式。

《水产学报》杂志网站提供了利益冲突披露指南，明确需要声明的潜在利益关系包括以下几种。

①任何时间内，任何企事业单位为作者或作者所在机构提供和研究有关的各类经济支持。

②研究期间，任何企事业单位为研究提供的非经济支持，如帮助进行研究设计、数据收集、数据分析，提供药品或仪器、软件等的使用，帮助写作、语言润色等。

③持有相关公司企业的股份，存在顾问、兼职或其他雇佣及合作关系，接受利益相关企业的劳务报酬、差旅支持、礼品等。

④在专利、版权等方面和相关公司企业存在共同利益关系。

⑤作者认为的其他可能影响论文客观性的利益关系。

部分期刊在制定利益冲突有关政策时，不仅考虑到了作者的利益冲突，还考虑到了审稿人、编辑、出版方等有关主体的利益冲突。《中国癌症杂志》要求审稿人和作者对利益冲突进行声明。《中国中西医结合杂志》分别针对研究者、期刊编辑、审稿人的利益冲突提出管理要求。

《水产学报》杂志的网站设置了专门的"出版伦理声明"栏目，分别针对作者、审稿人、编辑人员、出版社的利益冲突提出管理要求。

要求作者：应当尽力避免因成果发表带来的潜在利益竞争，在可能难以避免的情况下须主动声明利益冲突；作者需在稿件末尾声明利益冲突，确实没有冲突的也应声明"不存在利益冲突"。

要求审稿人员：在收到待审稿件后，主动判断和回避自己与稿件之间存在的利益冲突；若确实存在利益冲突，或在评审期间受到作者干扰，应当立即退审并向编辑部说明。

要求编辑：应选取与稿件研究方向尽量接近但与作者不存在利益冲突的审稿人，至少收回两份有效审稿意见，当意见存在较大分歧时考虑邀请更多专家评审，但不得干扰评审；编辑自己撰写的稿件一般不在自己编辑出版的期刊上发表，若确要投稿应当交给编辑部其他有资格的编辑处理，避免在稿件审查上的利益冲突；若编辑在初审稿件时发现可能与自己存在利益冲突，应主动回避，并由编辑部将该稿件转交给其他编辑处理，不得利用编辑权利谋取不正当利益。

《催化学报》在出版伦理及保密规范政策中，分别针对作者、审稿人、编辑人员的利益冲突提出管理要求。

要求作者：在投稿时应声明是否存在利益冲突；如存在利益冲突，应说明可能对其研究结果产生影响的所有经济利益。

要求审稿人员：与作者存在利益冲突（如亲属、师生、校友、同事、竞争等关系）时，为保证评审的公正性，应及时向编辑部申明利益冲突，由编辑部决定是否应予以回避。

要求编辑：对于作者推荐的同行评议专家，编辑应核实审稿者信息是否真实，并根据被推荐的评审专家的研究领域和专长，与作者是否存在利益冲突等情况决定是否采用被推荐的审稿者；如果作者要求回避某专家评审其稿件，并且这一要求是合理的，则编辑应给予尊重；编辑与作者存在利益冲突（如亲属关系、师生关系、校友关系、同事关系、竞争关系）时，应回避处理该稿件。

2. 科研伦理管理

近年来，我国开始自上而下地加强科研伦理的管理。以中国科学院和国家自然科学基金委为代表的有关部门都制定了专门政策（见表11-3）。

表 11-3 科研伦理管理有关文件

发文部门	发文日期	文件名称
中国科学院科研道德委员会	2022 年 2 月 8 日	《关于规范学术论著署名问题负面行为清单的通知》
中国科学院科研道德委员会	2022 年 5 月 11 日	《关于在科技奖励推荐过程中常见问题的诚信提醒》
科技部等二十二部门	2022 年 8 月 25 日	《科研失信行为调查处理规则》
国家自然科学基金委员会	2023 年 5 月 23 日审议通过	《国家自然科学基金项目评审请托行为禁止清单》
国家自然科学基金委员会	2022 年 12 月 6 日修订通过	《国家自然科学基金项目科研不端行为调查处理办法》
中国科学院科研道德委员会	2021 年 11 月 4 日	《中国科学院科研道德委员会办公室关于规范论著引用的通知》
中国科学院科研道德委员会	2021 年 4 月 26 日	《关于在公众媒体上发布学术成果常见问题或错误的诚信提醒》
中国科学院科研道德委员会	2020 年 5 月 12 日	《关于科研活动原始记录中常见问题或错误的诚信提醒》
中国科学院科研道德委员会	2019 年 4 月 30 日	《关于在生物医学研究中恪守科研伦理的"提醒"》
中国科学院	2007 年 2 月 25 日	《中国科学院关于加强科研行为规范建设的意见》

在立法层面,《科学技术进步法》第五十一条要求,科学技术研究开发机构建立和完善科研诚信、科技伦理管理制度;第一百零四条要求,国家加强科研诚信建设,建立科学技术项目诚信档案及科研诚信管理信息系统,坚持预防与惩治并举、自律与监督并重,完善对失信行为的预防、调查、处理机制。

在政府层面,2022 年初,中共中央办公厅、国务院办公厅印发《关于推进社会信用体系建设高质量发展促进形成新发展格局的意见》,要求强化科研诚信建设,全面推行科研诚信承诺制,加强对科研活动全过程诚信审核,提升科研机构和科研人员诚信意识,依法查处抄袭、剽窃、伪造、篡改等违背科研诚信要求的行为,打击论文买卖"黑色产业链"。

(三) 我国科研利益冲突管理展望

1. 面临的困难和挑战

我国有关方面对于科研领域利益冲突的认识还有待提升,部分科研人员不清楚利益冲突是什么,也不了解自身是否处于利益冲突的情形下,进而不能有意识地对利益冲突的潜在危害进行防范。国内学者,无论是自然科学领域学者还是社会科学领域学者,对于利益冲突的关注和研究也相对较少。

通过检索中文和英文核心期刊发表的与科研利益冲突有关的文献发现,截至 2022 年底,英文文献有 996 篇,中文文献有 92 篇(见表 11-4)。

表 11-4　科研利益冲突的中英文发表情况

	中文论文	英文论文
数据库	CNKI—学术期刊—北大核心、CSSCI、CSCD、AMI	WOS 核心合集（Web of Science Core Collection）中的 SCI 和 SSCI
检索式	TI = '利益冲突' AND（SU ='科学' OR SU ='科研' OR SU ='科技' OR SU ='学术' OR SU ='产学' OR SU ='专家' OR SU ='论文' OR SU ='期刊' OR SU ='医学'）	（TI =（conflict and interest）OR TI =（compet*near/2 interest））AND TS =（science OR scientific OR technolog* OR scientist OR researcher OR author OR fund* OR academia OR academic OR peer OR journal OR university OR drug OR medical OR medicine OR pharma*）
文献类型	论文（不含编辑部政策/通知）	论文（Article）和综述（Review Article）
截止日期	2022 年 12 月 31 日	
检索结果	92	996
主要期刊	《医学与哲学》（15 篇） 《编辑学报》（7 篇） 《中国科技期刊研究》（6 篇） 《自然辩证法研究》（5 篇）	*Science and Engineering Ethics*（38 篇） *Plos One*（35 篇） *BMJ Open*（23 篇） *Academic Medicine*（17 篇） *JAMA Journal of the American Medical Association*（17 篇） *Journal of Clinical Epidemiology*（17 篇） *Journal of Medical Ethics*（17 篇）

注：表中检索式得到的结果是有关科研利益冲突的不完整结果。部分有关科研利益冲突的文献在标题和主题中可能缺乏有关"科研"的文字表述，这部分文献有可能被上述检索式排除在外，否则将可能导致大量与科研领域无关的利益冲突研究文献（比如金融领域、政治领域）被纳入检索范围。

我国有关部门和单位的政策没有对科研利益冲突的概念和范围进行界定。尽管关于什么是利益冲突并没有在全球范围内形成完全一致的概念界定，但是欧美国家既有的实践仍然为我国提供了较好的参考基础。我国的政府和机构政策初步明确了利益冲突管理的以下几个方面：①情形——科学研究、同行评议、成果发表、决策咨询、技术转移、奖项评定等；②有关主体——科技机构、高等学校、相关管理部门、学术期刊、研究人员、评议专家等；③主要原则——声明与回避。但是，却没有对利益冲突进行基本的界定，这就从根源上导致有关科研利益冲突管理的一系列政策在实践操作过程中缺乏足够的基础和依据。

虽然我国有关部门和单位在有关政策中对科研利益冲突的管理进行了一定程度的明确，但是还较为宏观和笼统，缺乏细致的操作流程。尤其是在科研机构和大学中，由什么部门负责有关工作、科研人员进行利益冲突声明时需要提交哪些文件等有关问题都缺乏规范。目前，多数学术科研机构将利益冲突作为单列条款在有关学术道德的文件中进行规范，缺乏专门性的制度，并且没有相应的责任部门、责任人员。

2. 科研利益冲突管理迫在眉睫

加强科研利益冲突的管理是塑造良好科研风气、维护科研活动公平性、促进科技进步的根本渠道之一。利益冲突管理的核心在于防范，通过一系列手段防范科研人员的不同角色之间、科研人员与不同主体之间的利益冲突可能造成的不利影响，自然而然就能减少科研不端、违背学术道德的情况的发生。

在我国，全社会对于科研投入已经有了充分的认识，并给予高度重视，对于学术道德、科研伦理有关问题也不断提高重视程度并采取有力措施，但是在利益冲突管理方面还需要进一步加强。这其中涉及几个方面的关键主体：科研管理方面的政府部门、科研资助方面的政府部门、高校和研究所等学术科研机构、各类期刊和学会、各类科研人员和科研辅助人员。

科研管理部门应当制定完善有关利益冲突管理的政策，指导学术科研机构制定内部程序。科研资助部门应当结合科研项目资助，建立符合科研管理需求的利益冲突管理机制。学术科研机构应当结合机构情况，针对机构自身和机构所属科研人员，制定内部利益冲突管理政策，明确责任部门、责任人员，明确声明、公开、披露的程序，制定有关文件模板。学术期刊应当在投稿、审稿、发表等环节对利益冲突进行管理，要求作者进行声明，要求审稿人进行声明或回避，并且期刊编辑也要对利益冲突进行声明并在必要的情况下回避。各个领域的协会、学会等学术团体应当加强利益冲突有关宣传教育和知识普及，制定内部规范。科研相关人员应当遵守国家和单位有关政策，学习了解利益冲突有关内容，加强自律，在研究设计、项目申报、研究执行、评议、成果转化等环节妥善处理利益冲突可能造成的偏见；在担任审稿专家、评议专家、咨询专家的过程中，对利益冲突进行主动声明，防止因利益冲突可能造成的不公平，并且留意审稿、评议和咨询内容是否受到了利益冲突的影响。

| 第十二章
| 科技服务业

科技服务之所以重要，主要有两方面的原因。一方面，创新是一种系统性活动，各类创新主体、创新要素以及这些主体、要素之间的复杂联系，共同构成了创新系统，科技服务已经成为维持这个系统有效运转的一个重要方面。另一方面，随着经济社会的发展和创新组织的演化，行业分工不断细化，组织内部的分工也不断细化，科技服务起到辅助和支撑作用，这种作用有时是非常关键的，为了维持社会的持续发展、创新发展，科技服务不可或缺。当然，这两方面是内在统一的。

一、科技服务业概述

2014 年 10 月，国务院印发《国务院关于加快科技服务业发展的若干意见》，指出科技服务业是现代服务业的重要组成部分。这是国务院首次对科技服务业发展作出全面部署，目标是支撑创新驱动发展战略实施。文件中指出，科技服务业具有人才智力密集、科技含量高、产业附加值大、辐射带动作用强等特点；加快科技服务业发展，是推动科技创新和科技成果转化、促进科技经济深度融合的客观要求，是调整优化产业结构、培育新经济增长点的重要举措，是实现科技创新引领产业升级、推动经济向中高端水平迈进的关键一环，对于深入实施创新驱动发展战略、推动经济提质增效升级具有重要意义；重点发展研究开发、技术转移、检验检测认证、创业孵化、知识产权、科技咨询、科技金融、科学技术普及等专业科技服务和综合科技服务，提升科技服务业对科技创新和产业发展的支撑能力。

这个政策文件的发布实施，夯实了科技服务业发展的政策基础。国家统计局依据这个文件，为科学界定科技服务业的统计范围，建立科技服务业统计调查制度，先后分别以《国民经济行业分类》（GB/T 4754—2011）和《国民经济行业分类》（GB/T 4754—2017）为基础，制定发布了《国家科技服务业统计分类（2015）》和《国家科技服务业统计分类（2018）》，指导科技服务业统计工作。

国家政策中的科技服务业，是从宏观经济管理角度出发，对相应的经济活动做的界定和分类，其理论基础是宏观经济学中的第一产业、第二产业和第三产业（即服务业）。从科研成果保护和利用的具体工作角度看，科技服务业和科技中介是基本对应的。也可以说，提及科技服务，关注的是属性；提及科技中介，关注的是功能。通常情况下，属性和功能是一致的。本书就在等价意义上使用这两个概念。

二、与科研成果保护有关的科技服务

从保护的形式来看，知识产权是保护科研成果的主要形式之一，因此与申请/注册知识产权有关的代理服务是科研成果保护环节的主要服务类型之一；从保护的依据来看，法律是保护科研成果的基础性依据，是规范各类主体有关行为的基础，也是各类主体主张权利的基础。

（一）知识产权代理服务

2012年11月，国家知识产权局、国家发展改革委等九部门联合印发《关于加快培育和发展知识产权服务业的指导意见》，把知识产权服务业分为：知识产权代理服务、知识产权法律服务、知识产权信息服务、知识产权商用化服务、知识产权咨询服务和知识产权培训服务等六类。知识产权代理服务主要包括专利、商标、著作权、集成电路布图设计、植物新品种的申请、注册、登记、复审、无效、异议等代理服务。

（二）科研活动法律服务

知识产权法律服务包括企业上市、并购、重组、清算、投融资等商业活动中的知识产权法律服务，知识产权尽职调查服务，中小微型企业知识产权法律援助服务，海外知识产权维权服务等。

法律是维护权益的依据，诉讼是维护合法权益的最后屏障。经济社会发展对科研活动依赖程度的不断提高，也意味着科研投资回报率的提高。同时，相关的利益主体也更加多样，利益的缠绕纠纷更加多样，最终走向诉讼的情形也更多。对于法律规则的精准运用是维护权益的重要条件。但是在与科研有关的诉讼中，对于技术性知识的需求越来越高，很多时候需要求助特定领域的技术专家。诉讼服务与纠纷类型、科研成果类型紧密相关。例如，论文和著作的署名纠纷所涉及的技术判别问题可能相对较少；与职务成果纠纷有关的问题主要涉及法律规则的使用和有关事实的认定。

值得关注的是，近年来科研领域的跨国诉讼开始增加。一方面的原因在于高校、研究所等学术性机构的科研人员参与国际科技交流更加频繁，带来纠纷的增加；另一方面的原因是科技型企业的经营活动更趋全球化，增加了市场上相关行为的冲突。由于跨国诉讼涉及管辖问题、法律适用等技术性问题，还涉及语言文化差异、地理距离等现实性问题，有关诉讼服务显得更加迫切。

三、与科研成果利用有关的科技服务

搭桥服务、评价服务、金融服务和创业服务是科研成果利用过程中比较重要的四类服务。搭桥服务解决了供需匹配的问题，评价服务解决了交易对价的问题，金融服务解决了资金需求的问题，创业服务解决了市场主体的问题。

（一）搭桥服务

科技成果转化或技术转移是高新技术产业发展中一个至关重要的环节，也是国家创新体系中最薄弱的环节。当今，技术转移已演变为世界范围内不同行业、不同规模的企业、研究机构及政府都十分关注并广泛参与的战略选择。2018年1月，中信出版集团出版了常年活跃在硅谷的美国作家玛丽娜·克拉科夫斯基（Marina Krakovsky）的著作《中间人经济：经纪人、中介、交易商如何创造价值并赚取利润？》，探讨了互联网时代中介服务的创新发展。作者认为，在互联网高度发达的今天，中间人比以往任何时候都更加普遍、更加可贵，甚至可以说，他们是我们经济生活中不可或缺的一部分。搭桥者是中间人的六种主要类型之一，主要作用是缩短交易的距离。

在科研成果利用的过程中，搭桥者帮助科研成果的买卖双方进行匹配，既包括帮助成果的持有方寻找潜在用户或客户，也包括帮助有技术需求的主体寻找技术来源。2007年9月，科学技术部印发的《国家技术转移示范机构管理办法》指出，技术转移机构是指为实现和加速技术转移过程提供各类服务的机构，包括技术经纪、技术集成与经营和技术投融资服务机构等，但单纯提供信息、法律、咨询、金融等服务的除外；技术转移机构可以是独立的法人机构、法人的内设机构。

从实践表现来看，法人内设的技术转移服务机构以高校和科研机构内部设立的技术转移办公室、成果转化办公室为主；独立的法人机构主要是市场上专门从事成果转化服务的企业。在信息技术时代，网络平台成为技术转移机构的常用手段，无论是内设机构还是独立法人，都建设了不少在线平台，用于展示拟转让的科研成果。

（二）评价服务

评价是一种价值观导向行为，凡涉及价值观，必根植于主体，即主体不同，价值

观不同，价值亦随其变化。对科研成果而言，如果说保护阶段的评价以自我为主，利用阶段的评价则需要在自我评价和其他主体评价之间寻找和确定平衡点，而专业服务的介入可以更高效地找到和确定一个更稳定持久的平衡点。因此，评价服务更多地集中在科研成果的利用阶段，而且为了更具体地表达利益，评价服务更倾向于给出具体数字，即估值。在这种情况下，评价演变为评估。

在汉语里，"评价"一词历史长、含义丰富，有明显的价值观含义。评价主要有三个意思：一是衡量、评定价值，侧重动作和过程；二是评定的价值，侧重结果；三是购物时讲价钱。"评估"一词历史短、含义窄，有明显的财产含义。例如，评价可以直接用于人、人的品行、人的行为、人的创作和创造。评估不直接用于人和人的品行，但可以用于人的能力、人的创作和创造。也就是说，评价包含精神性判断和财产性判断，评估只是财产性判断。

在我国，知识产权评价、知识产权评估两个表述都在使用，而且使用知识产权评估的时候比较多。使用"评估"的场合大多是知识产权价值评估，即侧重知识产权财产性的价格评定和估计。这和当前我国强调知识产权的商业性运营有直接关系。同时，应该注意到，知识产权价值评估的价值，实际上是价格的含义。即当说起知识产权价值评估时，希望得到的结果是一个具体的价格。事实上，我国绝大多数知识产权价值评估的业务也是这样进行的。

知识产权价格的评估（即估算性评定）是不容易做到的。虽然为了一定目的（如质押贷款、作价入股、转让交易、法庭判决等）不得不给出一个具体的价格，但这样做时，已经发生了两个损坏知识产权价值的行为。一是对知识产权价值的潜力（潜在价值，即将来在不同场景下的可再开发的价值）做了当下切割；二是忽略了知识产权的精神性价值。鉴于此，从 2010 年起，国家知识产权局陆续推出了专利价值分析和知识产权分析评议等政策概念，旨在避免简单的、直接追求价格的评估带来的弊端。在2023 年 8 月，由国家知识产权局作为主要起草单位制定的国家标准《专利评估指引》（GB/T 42748—2023）向社会发布；同月，中国资产评估协会还发布了《资产评估执业准则——知识产权》。

从知识产权资产标准化处置的业务看，使用知识产权评价这一表述有更明显的优势。一是在标准化处置过程中，强调对知识产权的权属状态，也就是对知识产权的精神性价值的关注。二是有多个不同业务属性的主体参与标准化处置过程，知识产权的潜在价值能够被关注的概率大大增加。也就是说，为了更好地推进知识产权资产标准化处置工作，有必要引入不同于知识产权评估、又容易全面表达知识产权价值的概念，知识产权评价恰好能担此重任。

2021 年 8 月，《国务院办公厅关于完善科技成果评价机制的指导意见》发布，明确了完善科技成果评价机制的总体方向，提出全面准确评价科技成果的科学、技术、经济、社会、文化价值。根据科技成果不同特点和评价目的，有针对性地评价科技成果的多元价值。科学价值重点评价在新发现、新原理、新方法方面的独创性贡献。技术价值重点评价重大技术发明，突出在解决产业关键共性技术问题、企业重大技术创新难题，特别是关键核心技术问题方面的成效。经济价值重点评价推广前景、预期效益、潜在风险等对经济和产业发展的影响。社会价值重点评价在解决人民健康、国防与公共安全、生态环境等重大瓶颈问题方面的成效。文化价值重点评价在倡导科学家精神、营造创新文化、弘扬社会主义核心价值观等方面的影响和贡献。

（三）金融服务

科技金融包括了从研究开发、成果转化到高新技术产业的不同阶段的金融问题。如何加强技术转移过程中的金融支持直接决定着科技成果在企业中的使用以及对经济增长的贡献。科技研究与实验发展中的金融问题主要是各国政府、企业、高校如何筹集研究资金的问题，包括财政拨款、自筹资金、银行贷款、接受企事业单位委托开展科研活动的收入、国外援助和其他经费。其中财政拨款是重要的组成部分，为科学研究与发展提供了基本的经费保障。

1. 知识产权运营基金

知识产权运营基金是指为实现知识产权价值的各个过程提供资金支持，以保证每个过程更有效进行，特别是针对提升专利价值的各个过程（包括专利申请、专利实施、专利转化、专利组合授权、专利诉讼等过程）设立的基金。例如，成都市知识产权运营基金是由市级财政资金出资设立，总规模为人民币 3 亿元，委托成都生产力促进中心代表财政出资，行使出资人权利，成都科创动力投资发展有限公司按市场化方式具体运作运营基金。该运营基金的运作遵循"政府引导、市场运作、利益共享、风险共担"的原则，通过母基金的方式，联合投资机构、产业功能区运营机构、高校和科研院所等合作发起设立多支围绕成都市新经济产业领域和重点产业领域的知识产权运营子基金，聚焦知识产权运营。截至 2023 年 5 月底，已获批组建知识产权运营基金子基金 7 支，基金总规模为 27.41 亿元，已完成投资项目 80 个（次），投资总额为 16.39 亿元。

2012—2020 年，全国各地成立了众多知识产权基金。2014 年 4 月，北京市海淀区政府、中关村科技园区管理委员会联合社会资本，启动了全国首支市场化运营的知识产权基金——睿创专利运营基金。2015 年 12 月 31 日，北京市重点产业知识产权运营基金成立，该基金计划规模为 10 亿元，这只基金是我国首支由中央、地方财政共同出资引导发起设立的知识产权运营基金。

2. 产业投资基金

产业投资基金主要是对未上市企业进行股权投资和提供经营管理服务的利益共享、风险共担的集合投资。在产业投资基金的运行中，一般由基金公司担任基金管理人或另行委托基金管理人管理基金资产，投资者按照其出资份额分享投资收益，承担投资风险。根据所投产业的商业化程度，产业投资基金可分为三类：一是创业风险投资基金，主要投资处于起步阶段的高新技术产业；二是基础设施产业基金，也称为参与型基金，主要投资于已有一定规模且能保持稳定增长的部门，如能源、原材料、交通等基础设施领域；三是企业重组基金，也称并购型基金，主要侧重企业并购、产业重组等，用于大型企业集团或支柱产业资本扩张及重大调整的过渡性融资。2016年12月30日，国家发展改革委发布的《政府出资产业投资基金管理暂行办法》明确，政府出资产业投资基金主要投资于非公开交易企业股权的股权投资基金和创业投资基金。

创业风险投资也称创业投资、风险投资，是产业投资基金的重要方面。我国1996年发布的《促进科技成果转化法》就提出以风险投资促进科技成果转化。2007年1月，《财政部 国家发展改革委关于产业技术研究与开发资金试行创业风险投资的若干指导意见》印发，以促进创业风险投资事业发展。创业风险投资是高风险高回报的投资，主要投资于高成长性初创企业，尤其是战略性高新技术企业。从企业成长来看，创业风险投资已经成为高新技术企业成长初期最重要的外部融资途径。从创业投资的资本来源和运营目的来看，创业风险投资可以分为公共创业投资和私人创业风险投资，其中引导基金和母基金是公共创业风险投资的重要形式。

3. 多层次资本市场

资本市场是科技企业发展壮大过程中直接融资的重要渠道。除融资功能外，资本市场还具有风险定价、风险转移、风险共担、利益共享等功能，为创业风险投资提供退出渠道。多层次资本市场涵盖股权债权、现货期货、公募私募、场内场外等市场，包括主板、科创板、创业板、北交所、新三板等股权市场。不同规模的、处于不同生命周期的高新技术企业适合不同层次的资本市场。一般认为，创业板、新三板、股权交易市场是适合科技型企业上市融资的市场。

主板市场即一板市场，主要为已经取得一定成就的大型企业提供融资，许多高新技术企业都是通过在资本市场融资不断做大做强的。为解决高新技术企业，特别是科技型中小企业上市融资问题，在创业板未推出之前，中小企业版在主板市场框架下创立。中小企业板上市的门槛比一般创业板高，但比一般的主板上市标准低。创业板市场即二板市场，主要是为具有高成长性的创新型、中小高新技术企业提供融资服务的证券市场。目前，创业板市场相对于大部分中小科技企业门槛依然较高。科创板于

2018 年宣布设立，2019 年正式开板，主要针对科技创新企业。新三板市场是为具有一定发展潜力、处于初创期和扩张期的未上市的创新企业提供融资和股权转让的区域性资本市场，也是全国中小企业股份转让系统的俗称。

（四）创业服务

创业服务是对创业者提供创业指导、创业咨询、创业帮助的服务模式，是创业企业和创业个人在事业发展中寻求外部支持、减少创业风险、取得成功的重要因素。创业服务不仅提供资金、帮助销售产品或提供人才，还针对创业者进行分析研究，提出有针对性的解决方案，是综合性管理和咨询服务。创业服务平台是为创客、自由职业者、中小微企业提供项目、资金、人才、空间、工具、传播等覆盖创新创业全过程的服务。

四、综合性科技服务

综合性科技服务贯穿于科研成果保护和利用的各个环节，以基于信息、情报、战略分析的科技咨询为主，如在研发立项时和知识产权布局时的知识产权信息检索、知识产权战略咨询、政策咨询等。

前文提到，诉讼是维护合法权益的最后屏障。从诉讼流程来看，与科研活动有关的服务以诉前服务和诉中服务为主。诉前服务主要涉及侵权行为的监测和判断、诉讼对象的选择、诉讼策略的明确等方面。由于科研活动具有智力性、科研成果具有无形性，在很多时候，有没有被侵权是很难被发现的。以专利为代表的技术成果，通常会被应用于具体产品的生产，但是该产品生产所使用的技术究竟是否落入专利权利要求的保护范围，认定本身就是较为困难的；即使是存在侵权事实的情况，由于信息不对称的原因，权利人也未必能够及时准确地确定侵权行为的存在。当识别出确切的侵权行为后，权利人可以通过非诉讼机制解决有关纠纷；当确定提起诉讼时，需要进一步作出起诉哪些被告、在哪里的法院提起诉讼的有关决策。无论是侵权行为的筛选和判断，还是有关诉讼策略的制定，都不是简单的过程，而是依赖于一系列调查研判，这种调查研判已经成为一种市场化的专业服务内容。诉中服务主要是进行诉讼策略的优化调整，补充有关证据，在一定程度上是诉前服务的延续，但是针对性、目的性更加明确。

第四部分
实践和展望

  本部分围绕科研成果的保护和利用，从不同视角选择典型案例进行介绍。这些案例既有国外的实践，也有国内的情况；既包括传统科研院所，也包括新型研发机构；既涉及科研成果的保护，也涉及科研成果的利用，以及保护与利用的协同。在案例分析的基础上，进一步提出科研成果保护和利用的几个时代性问题，并讨论了新发展格局下的科研成果保护和利用。

第十三章

市场导向的科研活动安排*

当前，我国正在推进创新型国家建设，加速科技体制改革、推进产学研科研力量优化配置、探索科研活动的创新组织模式对创新具有重要作用。如何通过有效的科研活动组织安排模式扩大科研活动的经济影响，是科技事业发展的一个重点和难题。高效运行的科研组织是我国建设创新型国家和实现高水平科技自立自强的关键支撑，而治理结构和运行模式是影响科研组织发挥作用的重要因素。通过研究爱尔兰科学基金会资助的 17 个国家级研究中心发现，高水平科研产出及其产业化的关键在于市场化的治理结构和运行模式。治理结构方面的特征包括高效率整合优势科研力量，多维度的目标和绩效管理，稳定支持与滚动筛选结合，灵活完善的内部治理；运行模式方面的主要特征包括网络化的科研活动，市场化的运行管理，多渠道的经费筹集，与产业合作的研究平台。

一、爱尔兰国家级研究中心

随着科技进步自身迭代的加速化和世界各国对于科技实力竞争的激烈化，科研机构的治理结构创新和运行模式创新在科技进步、成果转化中体现出重要作用，是影响其科研产出水平、科研成果应用的重要因素。本章从国际视角出发，对爱尔兰科学基金会（Science Foundation Ireland，SFI）资助的爱尔兰国家级研究中心（以下简称 SFI 研究中心）进行研究。SFI 研究中心是爱尔兰政府长期稳定支持的非法人科研组织，于 2013 年开始分批建立，集合了爱尔兰的大学、科研机构等优势科研力量，已经取得了良好的经济社会成效。

2008 年金融危机之后，爱尔兰政府对本国的创新发展状况进行反思，认为应将政府投入重点放在能够为国家经济发展创造战略机遇的关键领域。2012 年，爱尔兰政府联合产业界研究制定了科研优先发展领域指导小组报告，筛选出 14 个优先发展的研究

---

* 此部分内容发表于 2023 年 9 月《科学学研究》（网络首发），本书进行了删改。

领域①；同年，SFI 制定并实施 SFI 研究中心计划，计划包括 10 个具体目标②，旨在将学术界的科学家与产业界的工程师联合起来，应对重大的科学、工程和技术问题，促进企业的创立与壮大，通过产品创新创造就业岗位，为爱尔兰创新发展做出贡献。2013 年，SFI 制定的"2020 议程"，提出把爱尔兰建设成全球知识领导者，其中一项关键绩效指标就是建设具有国际知名度的研究中心。为了实现"2020 议程"，爱尔兰在 2015 年发布的 5 年研发战略"创新 2020"和 2018 年发布的国家发展 10 年规划中都强调要加大对研究中心的支持，还提出建设 20 个世界研究中心的目标。目前，SFI 的大部分经费都投入研究中心的建设中，2019 年的这一经费比例为 52%。

研究中心通过整合分散在各大学的研究活动，在战略领域遴选培养一批关键的国际领先研究人员，并吸引产业界加入，为搭建学术界和产业界的伙伴关系奠定基础。目前，爱尔兰已经分 3 个批次建立了 17 个 SFI 研究中心（见表 13-1），第一批的 7 个在 2012 年获得资助（于 2013 年成立），第二批的 5 个于 2013 年获得资助（于 2015 年成立），第三批的 5 个在 2017 年得到资助（于 2018 年成立）。这些研究中心在领域布局上体现了爱尔兰科技创新发展的重点领域和优先领域，在能力结构上集成了爱尔兰的主要科研力量，包括高校和科研机构等。

表 13-1　SFI 研究中心概况

批次	机构名称	依托单位
第 1 批	先进材料与生物工程研究中心（AMBER）	TCD
	大数据分析研究中心（INSIGHT）	DCU，NUIG，UCC，UCD
	微生物组研究所（APC）	UCC，Teagasc
	海洋可再生能源中心（MaREI）	UCC
	合成和固态制药研究中心（SSPC）	UL
	胎儿和新生儿转译研究中心（INFANT）	UCC
	光电子集成研究中心（IPIC）	Tyndall
第 2 批	数字媒体技术研究中心（ADAPT）	TCD，DCU
	未来网络与通信中心（CONNECT）	TCD
	医疗器械研究中心（CURAM）	NUIG
	应用地球科学研究中心（iCRAG）	UCD
	软件研究中心（LERO）	UL

① 2018 年，优先发展领域更新为包括信息通信技术、卫生和健康、食品、能源/气候行动和可持续发展、制造和材料、服务和商业流程在内的 6 个领域。
② 具体目标主要涉及研究的卓越性和领导力、研究的经济和社会影响、企业研发投入、高技术创业、技术转移、人才培养等内容。

续表

批次	机构名称	依托单位
第 3 批	慢性病和罕见神经疾病研究中心（FutureNeuro）	RCSI
	先进制造研究中心（I-FORM）	UCD
	乳品生产和加工数字化研究中心（VistaMilk）	Teagasc
	智能制造研究中心（CONFIRM）	UL
	生物经济研究中心（BIORBIC）	UCD

注：TCD——都柏林圣三一大学（Trinity College Dublin）；DCU——都柏林城市大学（Dublin City University）；NUIG——爱尔兰国立大学高威大学（National University of Ireland, Galway）；UCC——科克大学（University College Cork）；UCD——都柏林大学（University College Dublin）；Teagasc——爱尔兰农业与食品发展部；UL——利莫瑞克大学（University of Limerick）；Tyndall——Tyndall 国家研究所；RCSI——爱尔兰皇家外科医学院（Royal College of Surgeons in Ireland）。

借鉴 Moore[①]、薛澜和陈坚[②]的研究，从治理结构和运行模式两个方面建立科研组织运行分析框架（见图 13-1）。治理结构指科研组织内部和外部整合形成的控制机制，包括治理的层级安排和部门设置、治理的内容等，具体涉及科研组织的领导者、管理层、机构设置、决策过程、评估和考核等内容[③]。运行模式是指科研组织的运行机制和方式，包括从科研活动所需要的各种资源投入到科研成果产出的整个过程，主要涉及科研活动的开展、科研经费的获取、合作关系的建立、科技成果转化等内容。

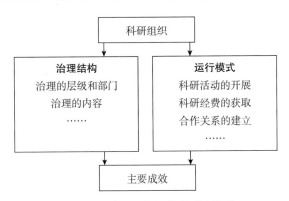

图 13-1　科研组织运行的分析框架

① MOORE MARK H. Creating public value: strategic management in government［M］. Cambridge: Harvard University Press, 1995.

② 薛澜，陈坚. 中国公立科研机构转制改革是否完成？——基于使命、运行、治理分析框架的实证研究［J］. 公共管理评论，2012，13（02）：49-64.

③ CHEN J H, CHEN Y. The evolution of public industry R&D institute-the case of ITRI［J］. R&D management. 2014，46：49-61.

二、研究中心的治理结构

本部分主要对 SFI 研究中心的组织形态、内部结构、目标管理和经费资助进行分析。

(一) 高效率整合优势科研力量

研究中心集成了爱尔兰的顶尖科研力量，包括高校和科研院所，整合优势科研力量。这种集中优势资源的模式有效地避免了科研工作低水平重复、同质化竞争、碎片化扩张等问题，使各个研究中心特色鲜明地为爱尔兰经济和社会发展提供科技支撑。

SFI 在投资组建研究中心时，对其研究方向和团队的遴选制定了严格标准。依托单位必须位于爱尔兰境内，由 SFI 确定具体范围并提供名单。申报方必须具备一流的研究水平和团队、积极的合作态度和组织灵活性；必须由一个主导申请人和若干联合申请人共同组成申请团队，所有申请人必须是（或即将成为）合格研究机构的员工，获得博士学位（或同等水平）8 年以上，并且以主要作者身份发表过 10 篇以上国际论文。在主导申请人和联合申请人之下，设有特聘研究员。特聘研究员拥有一定的预算职责，必须获得博士学位（或同等水平）3 年以上，且以主要作者身份发表过 3 篇以上国际论文。SFI 对申请团队的项目经历也有较高要求。以 2016 年启动的第三批申报为例，申请团队在 2010 年至 2016 年期间必须获得总计不少于 1000 万欧元的研究资助。SFI 给予研究中心长期的稳定资助。在 SFI 研究中心计划中，SFI 给予每个研究中心为期 6 年的稳定经费支持，平均每个中心约 3000 万欧元。在目前公布的前三批研究中心申报要求中，SFI 规定其投入经费不超过中心总预算的 70%。

(二) 多维度的目标和绩效管理

SFI 在遴选研究中心时把潜在的经济和社会影响作为关注重点，这也是最终决定是否资助的重要因素。SFI 把"影响"界定为卓越研究为经济和社会带来的显著贡献，并且给出具体的类型：经济影响、社会影响、国际参与影响、政策和公共服务影响、健康福利影响、环境影响、专业服务影响、人类技能影响。具体来看，SFI 对研究中心进行考核的关键绩效指标（KPI）如表 13-2 所示。这些指标不仅涉及学术产出，还包括人力资本产出（包括培养学生数、为企业提供培训情况等）、资助来源多元化、科技成果商业化等。[①]

---

① 资料来源于 SFI 官方网站。

表 13-2　SFI 研究中心绩效指标

类型	具体指标
学术产出	期刊论文数量
	会议论文数量
人力资本产出	硕士研究生数量
	博士研究生数量
	培养的人才前往企业就业的人数比例
资助多元化	参与欧盟项目数量
	协调欧盟项目数量
	欧洲研究理事会（European Research Council，ERC）资助数量
	非财政性、非商业性的经费来源
	银行存款
商业化	成立溢出公司数量
	爱尔兰企业局商业化资助数量
	许可协议数量

（三）稳定支持与滚动筛选结合

SFI 对研究中心的治理体现出稳定支持、定期评估、滚动资助等特征。SFI 制定了严格的研究中心遴选标准，并给予较长时间的稳定支持。同时，SFI 对研究中心制定了严格的评估标准和规范流程。首席研究员（中心主任）必须每年提交一份工作报告，对研究中心的进展、产出和成果、其他成就等进行总结。研究中心如未能按照要求提交报告，可能会面临被终止资助的风险。报告的主要内容即年度考核的主要内容，包括研究中心的出版物、研究成果的影响力、产业伙伴的资助情况、溢出机构、技术保护措施、为企业培养/输送人才、与企业合作发表情况、学术培养等。SFI 邀请国际同行专家根据研究中心计划的目标，结合年度报告和现场考察的情况进行评估。2019 年，第一批的 7 个研究中心有 6 个[①]顺利进入第二期，获得来自 SFI 共计 2.3 亿欧元的直接经费投入，有一家因未通过 SFI 的考核被停止资助。2021 年，SFI 宣布对第二批的 5 个研究中心进行第二期资助，资助额为 1.93 亿欧元。

（四）灵活完善的内部治理结构

研究中心的主要部门包括运营部门和核心研究平台。运营部门的职能主要包括管

---

① 进入第二期资助的 6 个中心包括 AMBER、APC、INSIGHT、IPIC、MaREI、SSPC。INFANT 未获得继续资助。

理、行政、商务扩展、营销沟通、教育和公共参与、IT 技术支持等。很多研究中心都聘用专职的财务经理、欧盟项目经理、教育和公众参与经理、知识产权经理、商业扩展经理等，负责不同的业务。核心研究平台是实现研究中心愿景的必要元素，主要依托具体的项目实现，针对行业共性技术开展研究；核心研究平台还包括大型设备或基础设施，可以为许多单独的研究项目提供支撑。"核心—轮辐"模式中的轮辐部分即研究中心的外围力量，是研究中心在学术界或者产业界的合作伙伴，这些伙伴与研究中心合作密切，但是并不直接参与研究中心设立时的申报。在研究中心的运行过程中，核心部分和轮辐部分共同构成了其运行体系的关键力量。

研究中心实行委员会建制下的治理框架。SFI 规定各个研究中心必须建立由主导申请人、共同申请人、中心经理组成的执行管理委员会，负责研究中心的管理、行政、财务、研究执行等。中心主任作为中心项目的主导申请人和执行管理委员会的主要成员，对中心的发展目标和战略规划有决策权，对国际同行专家的遴选有自主权，对运行、行政事务有管理权，对经费的分配和使用有决定权。治理委员会在研究中心同样发挥着重要作用，委员会成员由来自合作伙伴的代表、学术和产业界领袖组成，负责监督并就中心取得的绩效向依托单位的主席和 SFI 提供咨询意见。研究中心一般还会成立科学顾问委员会、产业顾问委员会和治理委员会。科学顾问委员会主要由国际学术专家组成，负责就研究中心发展的科学、技术方向对执行管理委员会提供咨询意见。产业顾问委员会主要由来自产业界的代表组成，包括但不限于研究中心的产业伙伴，负责就研究中心相关产业领域的企业的需求和发展方向为执行管理委员会提供咨询意见。此外，执行管理委员会下还可能设有其他各类委员会，比如知识产权咨询委员会、环境保护咨询委员会等（见图 13-2)[①]。

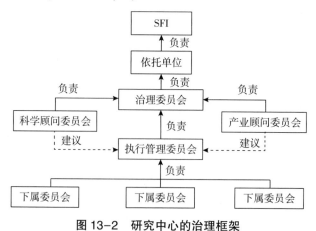

图 13-2　研究中心的治理框架

---

① Science Foundation Ireland. SFI research centres management and governance requirements [R/OL]. (2013-12) [2022-01-03]. https://www.sfi.ie/resources/Research-Centres-Management-and-Governance.pdf.

三、研究中心的运行模式

运行模式主要对 SFI 运行过程中的有关特征进行总结提炼，主要涉及与各类外部主体的互动。

（一）开展网络化的科研活动

研究中心的有效运行是政府、产业、大学、科研院所高效协作互动的结果。通过研究中心之间、研究中心与大学、研究中心与产业的合作，带动了网状科研组织的建立，有利于知识的共享和高水平科研成果的产出。研究中心虽然以机构的形式存在，但其实并非独立的法人，而是以非法人单位的形式，依托大学与科研院所的科研设施、科研及管理队伍运行。研究中心一般有一家主依托单位，并有多家初始的合作申请单位①。这些单位一般是爱尔兰境内在各个领域具有领先科研优势和高水平科研实力的大学或科研机构。作为非法人机构，研究中心采取网络化的运行模式，以项目为依托对中心成员进行组织与管理。大部分科研人员分别隶属于爱尔兰各个大学、研究机构和企业，平时在所属的工作单位开展研究工作。研究中心管理层会定期（每两周左右）召开例会，分配研究经费、掌握研究进展；中心下设的各个研究方向都有项目负责人，他们会根据研究工作的需要频繁地召集会议。

SFI 研究中心的治理采用"核心—轮辐"的组织结构模式。"核心—轮辐"模式在研究中心日常运行中发挥重要作用。研究中心好比由轴心和轮辐共同组成的轮子，运营团队和研究平台组成了轮子的轴心，与产业的合作则可视为轮辐。轮辐为中心与产业界的合作互动增强了支撑力。每个研究中心将由若干"辐条"组成，这些"辐条"由一个或多个主题相关的目标项目组成。每一个目标项目都将是学术合作伙伴和一个或多个行业合作伙伴之间的合作结晶。在研究中心成立后，为了支持研究中心的学术人员与更多的企业进行合作，开发新的机会，扩展更多的"辐条"或目标项目，SFI 还设立了"轮辐计划"，该项目可以滚动申请，不受时间节点限制，但是必须由已有的研究中心的主任提交申请。在所有的项目申请中，产业需要承担的资助份额不得低于50%，项目批准后也作为研究中心计划的一部分。

（二）市场化的运行管理机制

研究中心的批准以获取一定的企业资助为前提。申报 SFI 研究中心要求合作企业投

---

① 合作申请单位指研究中心申报时作为联合单位参与申报的单位，而非研究中心获批后新发展的一般性合作单位。

入不低于 30%，并且总经费中至少要有 10% 为企业现金支持。在项目申请中，如果研究中心能够筹集更多来自企业的资助（比如超过 10%），会增加其获批的竞争力，因为这代表其市场贴合度和经济影响力可能更高。一个资助周期结束后，SFI 将对研究中心开展国际评估，如果研究中心的运行状况被认为未达到预期目标，将不再被继续资助。2018 年，第一批研究中心的第一期资助结束，SFI 对第二期（6 年）经费资助比例由第一期的 70% 减少为 50%，即产业投入不得低于 50%；而对第二批研究中心的第二期资助进一步把产业投入比重提高到 67%。

SFI 的这一规定保证了研究中心运行过程中企业的高度兴趣和深度参与，客观上要求每个研究中心在运行过程中都与企业保持密切联系和实质性的合作，也潜在地促进了研究中心所产出成果的商业化。研究中心实质上以项目的形式运行，SFI 负责对研究中心的众多申报方案进行遴选，在确定资助对象后，还会进行定期的评估。研究中心在企业研发经费投入的支持下，双方科研人员针对企业的实际技术问题开展实质性的科研合作，对科研成果的产业化发展产生了带动作用。为了实现高效科研成果市场化和商业转化的目标，研究中心广泛地与国内外企业开展合作。根据一份对第一批 7 个研究中心的评估报告①的数据显示，所有合作企业中 45% 为本国企业，55% 为外国企业，其中外国企业主要来自美国、英国、欧盟其他国家及亚洲等主要国家和地区，所有合作伙伴中有 1/3 是大公司（员工超过 250 名）。

（三）多渠道的科研经费筹集

研究中心的预算经费主要来自三个部分：一是来自 SFI 的现金形式的资助，也是研究中心的直接经费；二是来自产业的现金形式的资助；三是来自产业的非现金形式的资助，具体包括设备、软件、材料、数据等形式。其中，来自企业的资助主要通过特定项目支付。如果研究中心的主导申请人和共同申请人不在同一家单位，资助经费将由主导申请人所在单位进行协调。研究中心由不同的部门组成，在所有的预算中，可以用于运营部门的比例不超过 20%②。研究中心还借助其国家级平台积极争取各类科研资助。欧盟是爱尔兰开展国际合作研究的首要平台，也是获取科研资源的重要途径。SFI 将主持和参与欧盟研究计划、获取科研经费作为评估研究中心竞争力和科研水平的一项重要指标。

依托单位主要负责研究中心的整体财务和行政协调。由于研究中心不是独立法人单

---

① Indecon International Research Economists. Interim evaluation of Science Foundation Ireland Research Centres Programme [R/OL]. (2017-08) [2022-12-22]. https://www.sfi.ie/research-news/publications/.
② 该比例是 2016 年研究中心申报通知的规定，此前的 2012 年和 2013 年申请通知中的规定是 10%。

位，研究中心的经费要借助依托单位管理，同时研究中心的研究人员和行政管理人员也要借助依托单位聘任或雇佣。依托单位会获得 SFI 拨付的间接费用，作为其支持研究中心的成本，使其能够更好地开发具有国际竞争性的研究设施和支撑服务，其中也包括依托单位开展技术转移和申请/维持专利的成本。依托单位的科研人员可同时兼顾研究中心的科研任务，并被赋予较高的科研自由度和选择权，无论其职位高低，只要有相应的专业背景或与企业有实质性的科研合作，就能以中心的名义向政府申请项目支持，在科研经费允许的条件下，还可以通过招收博士生、招聘博士后等组建研究团队。

（四）打造产业合作研究平台

研究中心的重点目标是推动爱尔兰的科技成果产业化，促进学术界与企业合作，并提升产业竞争力，促进整个国家的经济发展。每一家研究中心都有若干具体项目，每个项目可与一个或多个行业伙伴合作。研究中心建立了促进创新成果转化的"一条龙"团队，包括专门负责与企业合作项目协调的副主任，领导专业的商业谈判团队、法律团队和商业开发团队等。这些团队在与企业谈判和寻找企业合作伙伴的过程中，发挥各自的领域专长，同时保持高度的沟通协调，共同致力于中心的研究成果向产业界的过渡。

SFI 要求研究中心每个月都要向 SFI 提交其与产业合作伙伴签订的合作研究协议更新情况。研究中心与产业的合作有丰富的体现形式，比如在企业担任咨询专家、为企业提供培训、与企业开展联合研究、为企业进行原型测试等。为了确保企业与研究中心顺利合作，SFI 还制定了 SFI 研究中心产业合作伙伴指南，就相关问题进行规定。关于签订合作研究协议，要求企业在与各个研究中心开展有针对性的项目合作前，须与中心负责项目合作的部门签订合作研究协议，并在协议中明确项目中知识产权的归属。行业合作伙伴必须同意，即使是其全额资助的项目，研究中心也可以将相关信息分享给 SFI。在绩效评估方面，SFI 每两年会组织由科学家和工程师组成的国际评估小组，对研究中心进行为期两天的评估。

四、研究中心的主要成效

通过应用前文所总结的治理结构和运行模式，SFI 在成立后相对较短的时间里，就在人才培养、促进产业发展等方面取得了一系列良好成效。

（一）建设网络化的科研合作关系

研究中心积极构建全球科研合作研究网络，与国内外的产业伙伴及科研机构保持

着密切的联系，形成了网络化的合作模式。截至 2019 年，SFI 研究中心已经与全球 812
家研究机构的科学家、工程师建立广泛联系，包括爱尔兰的 9 所大学和 7 家研究所[①]。
通过双边和多边合作与全球多个国家的高校、科研机构及企业开展了学术交流与合作，
与英国、美国和欧盟等国家及地区的合作论文成果丰硕，与亚洲国家（如伊朗、印度、
韩国、中国、土耳其、马来西亚、亚美尼亚等）合作也比较密切。来自不同机构的科
研人员共同组成了研究中心的科研团队，通过相互协作有助于争取更多的外部科研经
费，并且跨机构的科研组织有利于知识的共享和交流。

研究中心的成立进一步促进了爱尔兰学术成果产出和质量的大幅提升。研究中心学
术成果产出包括期刊论文和会议论文。截至 2019 年，累计发表期刊论文和会议论文分别
为 8303 篇和 4892 篇。2019 年，共有 27 名爱尔兰科研人员被科睿唯安（Clarivate）选为
"高被引作者"。其中，有 9 名是来自微生物组研究所（APC）的研究人员，该中心 2018
年有 10 名研究人员进入"高被引作者"名单。此外，慢性病和罕见神经疾病研究中心
（FutureNeuro）的很多研究成果被发表在《自然—通讯》（*Nature Communications*）、《美
国医学会杂志—神经病学》（*JAMA Neurology*）等顶级期刊上。

（二）实现多元化的科研经费筹集

截至 2019 年，研究中心除从 SFI 获得 6.84 亿欧元资助外，还从欧盟"地平线
2020"计划获得资助累计 1.726 亿欧元，从企业获得 1.935 亿欧元，并且企业承诺资助
额达到 4.66 亿欧元。研究中心获取的欧盟资源保持上升的趋势，从 2015 年至 2019 年，
参与欧盟项目的数量从 71 项增长至 429 项，协调欧盟项目的数量从 24 项增长至 105
项，获得欧洲研究理事会项目的数量从 11 项增至 37 项（见表 13-3）。

表 13-3 研究中心主要经费来源

经费来源	2015 年	2016 年	2017 年	2018 年	2019 年
SFI 累积资助额（百万欧元）	355	355	428	434	684
产业累积资助额—承诺（百万欧元）	190	190	228	235	466
非财政、非商业累积资助额（百万欧元）	58.0	132.5	173.0	195.9	257.1
参与 EU 项目累积数量（项）	71	168	271	336	429
协调 EU 项目累积数量（项）	11	52	74	84	105
ERC 资助项目累积数量（项）	11	19	23	26	37

数据来源：SFI 年度报告与报表（*SFI Annual Report and Accounts*）。

[①] Science Foundation Ireland. Annual report and accounts 2019 [R]. Dublin: Science Foundation Ireland, 2019.

（三）促进成果转化并带动产业发展

研究中心取得的世界一流研究成果日益得到国内外企业的青睐，并成为吸引企业与研究中心开展实质性合作的重要因素。目前，研究中心已成为爱尔兰创新体系的一支中坚力量和引领产业转型升级的重要推动力。研究中心通过与产业界合作、向产业界转让/许可技术、孵化创业企业等方式形成明显的产业发展带动作用。截至2019年，研究中心已经与全球470家企业签订了900项合作研究协议，签订了222件技术许可协议（见表13-4）。基于研究中心的创新成果，还孵化了36家创业企业。各个研究中心都在具体领域做出贡献，以数字媒体技术研究中心（ADAPT）为例，ADAPT已与国内外22个公司签订了43个合作协议，签署了58项许可协议，从2015年至2017年，ADAPT签署的许可协议占爱尔兰研发机构签署的所有许可协议的8%，评估结果发现，ADAPT每获得1欧元国家投入将为爱尔兰带来5.3欧元的经济增长[①]。

表13-4　研究中心的经济和社会影响

对比项目	2015 年	2016 年	2017 年	2018 年	2019 年
累积期刊论文发表数（篇）	1837	3778	5443	7144	8303
累积会议论文发表数（篇）	940	2278	3347	4212	4982
累积硕士毕业生人数（人）	28	48	92	118	134
累积博士毕业生人数（人）	108	327	587	854	1040
累积培养人才前往企业的比例	23%	33.0%	32.8%	33%	37%
累积许可协议数（项）	61	101	132	182	222
累积溢出机构数（家）	10	13	20	27	36
累积爱尔兰企业局商业化资助数（项）	122	190	245	324	405

数据来源：SFI 年度报告与报表（*SFI Annual Report and Accounts*）。

（四）面向全球引进和培养创新人才

研究中心的一个重要职能是引进和协助高校培养创新人才。研究中心根据研究项目需求制定面向全球的人才引进计划，招聘硕士和博士研究生，通过良好的就业前景和待遇吸引全球顶尖的科学家和工程师来中心工作，研究人员除来自欧盟地区之外，还来自中国、印度、巴西、美国等多个国家。近年来，博士研究生的培养数量远超既定目标。截至2019年，博士研究生培养总数达到1040人，培养的各类人才中前往企业

---

① SFI. Report reveals artificial intelligence research has generated 300 million for the Irish economy [EB/OL]. (2019-09-24) [2022-12-22]. https://www.sfi.ie/research-news/news/AI-generates-millions/.

工作的比例在 2019 年达到 37%（见表 13-4）。例如，2015 年至 2018 年，SFI 研究中心的 ADAPT 有 64 名博士和硕士研究生毕业，其中 64% 的毕业生选择去企业工作，33% 的毕业生转为教职。合成和固态制药研究中心（SSPC）通过行业就业计划，确保 80% 的博士毕业生继续在爱尔兰从事本领域工作，毕业生的就业率达到 100%，并且有 69% 进入产业界。

第十四章

国家战略科技力量知识产权保护和运用*

当前我国知识产权工作已经被提升到一个全新的历史高度。习近平总书记在主持中共中央政治局第二十五次集体学习时提出"创新是引领发展的第一动力，保护知识产权就是保护创新"的重要论断。中国科学院肩负国家战略科技力量职责使命，一贯重视知识产权工作，在知识产权运营方面积极行动，取得良好成绩。本章主要介绍中国科学院在知识产权保护和运用方面的相关实践。

一、中国科学院知识产权保护和运用的基本情况

中国科学院是我国自然科学最高学术机构和科学技术最高咨询机构，是科技创新和知识产权输出的重要力量，拥有 100 多个研究所和三所大学，员工 69000 余名，研究生 79000 余名。中国科学院在知识产权方面取得了丰硕成果，知识产权管理工作也具有代表性。中国科学院历来重视知识产权的保护、运用和管理，在机构建设方面，1985 年就在计划局设立了专利管理处，1986 年制定《中国科学院专利工作暂行管理办法》，1993 年制定《中国科学院保护知识产权的规定》，2007 年制定《中国科学院关于进一步加强我院知识产权工作的指导意见》，2020 年发布《中国科学院院属单位知识产权管理办法》。

中国科学院知识产权保护和运用的成效主要体现在知识产权申请注册、转化运用等方面。在申请注册方面，2021 年，中国科学院共计申请专利 22355 件，获得专利授权 16581 件，并且主要为发明专利；申请国际专利 1572 件。截至 2021 年底，中国科学院共有有效专利 84151 件，其中发明专利 68500 件，实用新型专利 12467 件，外观设计专利 454 件，国际专利 2730 件。从具体研究单位来看，100 余家院属单位中有 53 家的

---

* 此部分内容发表于 2021 年 4 月的《中国科学院院刊》和 2023 年 9 月的 *World Patent Information*，本书进行了删改。

专利申请量超过 100 件，专利申请数量较多的单位为大连化学物理研究所、深圳先进技术研究院、长春光学精密机械与物理研究所等。

中国科学院的知识产权转化运用是国家战略科技力量面向国民经济主战场开展工作的重要体现。根据《中国科技成果转化年度报告 2022（高等院校与科研院所篇）》[①]，在 2171 家被调研的科研院所中，科技成果转化合同额前 50 名中有 24 家为中国科学院所属机构。2021 年，中国科学院通过转让、许可、作价入股三种方式共计实现合同金额 66.59 亿元，其中转让 21.87 亿元、许可 15.55 亿元、作价入股 29.17 亿元，三种方式转化的知识产权数量分别为 950 件、524 件和 748 件；知识产权转化收入较高的院属单位主要有长春光学精密机械与物理研究所、上海药物研究所、金属研究所等。

二、中国科学院知识产权保护和运用实践

中国科学院从制度建设、工作体系、人才队伍、管理流程、转移转化多方面建立了知识产权保护和运用有关工作的体系框架。

（一）夯实制度基础

内部的成文制度规范是推动知识产权的重要手段。以我国专利制度的正式实施为起点，根据标志性时间节点，中国科学院的知识产权保护和运用可划分为四个阶段（见表 14-1）。

表 14-1　中国科学院知识产权保护和运用的四个阶段

阶段	文件名称	发布时间	主要内容
第一阶段（1985—1992 年）	《中国科学院专利工作暂行管理办法》	1986 年	总则；专利管理工作；专利服务工作；专利代理人；专利费用；专利许可证贸易；专利纠纷调处（共七章、四十条）
第二阶段（1993—2006 年）	《中国科学院保护知识产权的规定》	1993 年	涉及知识产权的内容、申请、转让、奖励等（共二十七条）

---

① 中国科技评估与成果管理研究会，科技部科技评估中心，中国科学技术信息研究所. 中国科技成果转化年度报告 2022：高等院校与科研院所篇 [M]. 北京：科学技术文献出版社，2023：329-331.

续表

阶段	文件名称	发布时间	主要内容
第三阶段 （2007—2013 年）	《中国科学院关于进一步加强我院知识产权工作的指导意见》	2007 年	指导思想；发展目标；激励机制；知识产权管理和支撑服务体系；知识产权战略研究与规划；知识产权培训
	《中国科学院研究机构知识产权管理暂行办法》	2008 年	总则；知识产权应用；知识产权创造与归属；知识产权保护；知识产权管理；附则（共六章、三十八条）
	《中国科学院"十二五"知识产权工作推进计划》	2012 年	总体目标；工作重点；主要举措
第四阶段 （2014 年至今）	《中国科学院促进知识产权转化运用奖励办法（试行）》	2014 年	主要对知识产权转化运用的奖励进行规范（共十条）
	《中国科学院院属单位知识产权管理办法》	2020 年	总则；知识产权创造；知识产权运用；知识产权保护；知识产权管理；附则（共六章、三十五条）

第一阶段（1985—1992 年），中国科学院的知识产权工作伴随着中国知识产权制度的建立而开展。1984 年，我国颁布《专利法》，并于 1985 年正式实施。1986 年，中国科学院制定《中国科学院专利工作暂行管理办法》，指出中国科学院的专利工作包括专利管理和专利服务两个方面，明确了这两个方面工作的责任机构和职责内容，规定了专利代理人、专利费用、专利许可证贸易、专利纠纷调处等内容。这一阶段还伴随着我国科技体制的改革和中国科学院办院方针的调整，1985 年《中共中央关于科学技术体制改革的决定》的出台揭开了全面科技体制改革的序幕，中国科学院将办院方针调整为全院的主要科技力量投入国民经济建设的主战场，同时保持一支精干力量从事基础研究和高技术跟踪。中国科学院的知识产权工作正是在这样的背景下展开的。

第二阶段（1993—2006 年），中国科学院的知识产权工作重点在于突出知识产权保护，1993 年发布《中国科学院保护知识产权的规定》。该文件对职务成果的条件、知识产权的内容等有关知识产权保护的一些细节进行了规范。该阶段的一个重要历史背景是，1998 年中国科学院开始实施知识创新工程。知识创新工程是中国科学院科技创新跨越发展的先行开拓，而知识产权保护工作为其提供了重要支撑。

第三阶段（2007—2013 年），中国科学院的知识产权工作进一步强调保护，同时突出运用，并不断完善管理体系。2007 年，《中国科学院关于进一步加强我院知识产权工作的指导意见》发布，确立了中国科学院知识产权工作的指导思想是鼓励创造，重视保护，加强转化，创新管理；提出了优化和完善知识产权创造和运用的激励机制的 5 个方面和建立知识产权管理支撑服务体系的 5 项举措，对中国科学院的知识产权保护和运用产生了重要影响。2008 年，中国科学院发布《中国科学院研究机构知识产权管理暂行办法》，对知识产权创造、运用、保护和管理等关键内容进行了详尽的规定。2012 年，中国科学院发布《中国科学院"十二五"知识产权工作推进计划》，这是中国科学院第一份系统的知识产权战略规划，确立了中国科学院在"十二五"期间知识产权工作的总体目标、工作重点和主要举措，涉及知识产权工作体系、知识产权人才、知识产权支撑服务体系、知识产权转移转化体系等内容。

第四阶段（2014 年至今）。知识产权保护和运用服务于中国科学院在新历史时期的战略定位。2014 年，中国科学院制定《中国科学院"率先行动"计划暨全面深化改革纲要》，并于 2015 年对外发布新时期的办院方针"三个面向"和"四个率先"。"率先行动"计划成为中国科学院新时期改革、创新、发展的行动纲领，也是中国科学院在新时期创造知识产权、运用知识产权和管理知识产权的行动纲领。2014 年，中国科学院发布《中国科学院促进知识产权转化运用奖励办法（试行）》，对提高专利的质量、提升知识产权运用效益、提高发明人创新积极性发挥了重要作用。2020 年，中国科学院发布《中国科学院院属单位知识产权管理办法》，结合中国科学院的实际情况，对知识产权的创造、运用、保护、管理进行了新的规范。该阶段我国的经济、科技、法律都发生了重要变化，经济发展进入了新常态，社会主要矛盾发生了转变，科技体制改革不断深入，研发投入力度不断加大，科技进步不断加速，《促进科技成果转化法》和《专利法》都得到修正，在国家层面为中国科学院的知识产权保护和运用提出了要求，也创造了环境。

（二）健全工作体系

中国科学院早期的知识产权工作由计划局负责，1985 年就在计划局设立了专利管理处负责全院专利管理工作，并先后成立了 15 个专利事务所，大多数研究所设有专职专利管理人员。1999 年，专利事务所转制为具有法人资格的专利代理机构。2008 年，成立中国科学院知识产权管理委员会，履行对全院知识产权工作的宏观领导职能；并在委员会下设立中国科学院知识产权办公室，作为日常办事机构挂靠在计划财务局。目前，中国科学院的知识产权管理工作主要由发展规划局下的知识产权管理处负责。

各个院属单位内部的知识产权保护和运用实践也是中国科学院知识产权管理的重要组成部分。截至 2019 年，有 60 家院属单位已经设立知识产权管理机构，有 101 家院属单位制定了知识产权管理办法。

中国科学院通过成立专业化机构促进知识产权运用。2009 年，中国科学院国有资产经营有限责任公司投资成立深圳中科院知识产权投资有限公司，旨在通过知识产权投资运营盘活存量知识产权，推动科技成果转移转化，通过知识产权全流程服务支持中国科学院所属机构形成高价值知识产权。2016 年，中国科学院知识产权运营管理中心揭牌，旨在加强对院属单位知识产权的集中管理和运营。

（三）培养专门人才

中国科学院针对不同的对象建立知识产权专业培训体系。2008 年《中国科学院研究机构知识产权管理暂行办法》专门提出"建立知识产权培训工作体系"。2009 年成立中国科学院知识产权研究与培训中心，主要开展"两个层次，三种形式"的培训，两个层次分别面向科研和管理人员、领导干部；三种形式包括集中普及型培训、集中提高型培训和普及针对型培训。

中国科学院还创新性地建立了知识产权专员制度，是保障中国科学院院所两级知识产权管理、健全研究所知识产权管理机制的关键支撑。知识产权专员主要在项目立项论证、中期评估、验收结题等环节发挥作用。2007 年发布的《中国科学院进一步加强我院知识产权工作的指导意见》提出，通过试点先行逐步建立知识产权专员制度；2008 年首次开展知识产权专员培训和执业资格考试；2009 年专门出台《中国科学院知识产权专员执业资格考试管理办法》。截至 2019 年，全院共培养了 475 名院级知识产权专员。除院级知识产权专员外，中国科学院还有所级知识产权专员（2019 年时数量为 1488 名）。

（四）规范管理流程

中国科学院不断推进全过程的知识产权管理，并在知识产权管理标准化方面做出有益探索。2008 年《中国科学院研究机构知识产权管理暂行办法》提出，研究机构应实行科研项目知识产权全过程管理，必要时为科研项目配备知识产权专员，负责科研项目立项、执行、验收和后评估等环节的知识产权跟踪、策划工作。2012 年《中国科学院"十二五"知识产权工作推进计划》提出，规范知识产权工作规程，将知识产权管理融入单位科研、管理和转化工作的全过程。在中国科学院的各类知识产权培训过程中，也有意识地渗透知识产权全过程管理的思路。全过程的知识产权管理涉及科研项目的各个阶段，有利于促进高质量知识产权产出和高效益知识产权运用。

中国科学院是我国科研机构知识产权管理标准化的重要推动者和实践者。作为《科研组织知识产权管理规范》的起草单位之一，中国科学院积极推动院属单位参与贯标。截至 2022 年底，有 43 家院属单位通过了知识产权管理体系的认证。《科研组织知识产权管理规范》是我国知识产权领域的推荐性国家标准，标准的实施有利于为科研机构在知识产权管理实践中提供对标，引导科研机构建立规范的知识产权管理体系。

（五）融合转移转化

一是把知识产权与科技成果转化工作紧密结合。加强转化是中国科学院知识产权工作的指导思想，知识产权的转化运用在中国科学院的知识产权制度规范中也占据重要地位。中国科学院从建院初期就注重"院地合作"，积极服务地方发展，而知识产权成果转化是与地方合作的一个重要抓手。新时期，作为实施"率先行动"计划的组成部分，中国科学院启动了科技服务网络计划（以下简称 STS 计划），而知识产权运营与管理是 STS 计划的重要内涵之一，STS 计划实际上也对知识产权工作提出了新的更高要求。2016 年，中国科学院印发《中国科学院促进科技成果转移转化专项行动实施方案》，专门提出建立以知识产权为核心的科技成果管理体系，并设立中国科学院成果转化与知识产权运营基金；同年，中国科学院与科学技术部共同印发《中国科学院关于新时期加快促进科技成果转移转化指导意见》，明确了在科技成果转化过程中的简政放权，其中也突出了知识产权的角色作用。知识产权制度的核心是对智力成果的保护，但是根源还是促进成果的应用，因此把知识产权与成果转化工作结合有利于更好地发挥知识产权制度和知识产权自身作用。

二是完善知识产权激励奖励制度。《中国科学院关于进一步加强我院知识产权工作的指导意见》从多个方面提出了优化和完善知识产权创造和运用的激励机制，包括改革知识产权创造的激励办法、落实知识产权收益分配政策、优化研究所评估评价体系等，旨在更好地调动各方积极性，创造更多的知识产权，加快知识产权转移转化。

三是完善知识产权信息管理体系。中国科学院利用 ARP 系统，建立覆盖全院的知识产权管理信息系统；还建立了中国科学院知识产权与科技成果转化网（www. casip. ac. cn），提供知识产权数据检索和分析、国内外知识产权动态信息等，进行专利推荐和供需对接，促进知识产权转化运用。

三、贯彻《科研组织知识产权管理规范》

中国科学院是《科研组织知识产权管理规范》的三个起草单位之一，参与了标准的制定过程。2015 年 6 月，在该标准文件发布前，中国科学院就启动了实施知识产权管理标准的试点工作，并将 13 家科研院所纳入试点工作。《科研组织知识产权管理规范》发布后，中国科学院是最早实施该标准的研究机构之一，将贯标工作纳入工作计划之中，积极推动所属科研机构参与贯标，并分批选定试点研究所开展贯标工作。截至 2022 年底，中国科学院共安排两批 53 家科研单位实施《科研组织知识产权管理规范》。2018 年，作为落实国家知识产权战略、促进中国科学院科技成果转移转化的重要举措，中国科学院安排 32 个研究所开展了标准化工作。2018 年 1 月 22 日，中国科学院发布关于贯彻《科研组织知识产权管理规范》国家标准有关工作的通知；同年，中国科学院发布关于启动《科研组织知识产权管理规范》贯标工作的通知。2018 年 11 月 15 日，中国科学院《科研组织知识产权管理规范》标准化工作启动会在北京召开。2019 年 5 月 8 日和 6 月 5 日，大连化学物理研究所和长春光学精密机械与物理研究所通过现场审核，获得《科研组织知识产权管理规范》要求的知识产权管理体系认证，是国内最早获得该认证的研究机构。2021 年 1 月，中国科学院开始部署第二批标准工作，下发了关于进一步贯彻《科研组织知识产权管理规范》国家标准有关工作的通知以及关于确定第二批《科研组织知识产权管理规范》贯标单位并启动贯标工作的通知，安排了 18 家院属科研单位参与贯标工作。

（一）标准实施效果

科研院所实施《科研组织知识产权管理规范》的效果主要体现在以下三个方面。

一是科研院所知识产权管理水平在组织形式和人员专业化方面有所提高。在流程规范方面，大多数研究所都制定了知识产权保护、管理和运用的内部政策，并通过发布知识产权（管理）手册来指导全所知识产权工作。在机构建设方面，部分研究所设立了知识产权办公室、所级知识产权委员会。从人才队伍来看，多数研究所至少拥有一名中国科学院院级知识产权专员，部分研究所在内部建立了所级知识产权专员制度。

二是科研人员知识产权意识和工作能力得到增强。通过贯标，科研人员的知识产权保护和风险防范意识显著增强，体现在项目知识产权布局、谈论知识产权的频率以及知识产权管理部门收到的知识产权咨询数量上。科研人员的知识产权能力也得到显著提升，体现在知识产权事务谈判能力、知识产权申请文件撰写能力、知识产权信息检索分析能力等方面。西安光学精密机械研究所有关人员表示，知识产权的规范化管理加强了科技成果的保护，降低了项目研究全过程的知识产权风险，整体提高了员工和研究所的知识产权意识，有效控制了知识产权风险。

三是推动科研成果高水平产出和转化。促进科技创新和高价值科技成果产出是实施贯标的主要成果之一。贯标研究所的知识产权管理人员和科研人员表示，知识产权管理水平与研究工作之间存在密切关系。

（二）主要经验

组织层面的正式制度和工作机制保障是《科研组织知识产权管理规范》有效实施的关键。大多数研究所都制定了知识产权相关政策文件，设计了所级知识产权管理标准工作流程。例如，长春光学精密机械与物理研究所设计了专利管理流程，制定了所级知识产权专员管理办法。多数知识产权相关管理人员认为中国科学院、当地政府、知识产权部门的支持和推动对于标准化工作的推进非常重要。大连化学物理研究所成立了以所长为组长的知识产权标准化工作领导小组，全体所务会成员为组员。青海盐湖研究所还成立了以所长为组长的贯标领导小组、以党委书记为组长的协调小组和以分管副所长为组长的工作小组。

标准化工作需要专业的知识产权工作人员。近十年来，大连化学物理研究所培养了近 100 名所级知识产权专员和 34 名中国科学院级知识产权专员，覆盖了大连化学物理研究所的重点学科和研究领域。这些知识产权专员帮助撰写高质量的专利申请文件，并战略性地思考和规划知识产权的布局。为服务大连化学物理研究所知识产权管理体系，研究所已培训了 10 余名《科研组织知识产权管理规范》外部标准审核员和近 100 名内部标准审核员，这些审核员为改进知识产权管理提出了许多建设性建议。天津工业生物技术研究所组建了 50 人的院所两级知识产权专员队伍，知识产权专员与地方知识产权局建立了有效的联动。

跨部门合作和研究人员的参与是发挥《科研组织知识产权管理规范》作用的关键。实施《科研组织知识产权管理规范》是一项系统工作，涉及多流程、多部门、多类型人员。只有通过有效的跨部门协作和研究人员的有效参与，才能帮助建立有效的知识产权管理体系，使该体系有效地促进和支持研究的发展。青岛生物能源与过程研究所建立了跨部门的协调机制，将《科研组织知识产权管理规范》与各部门的日常工作结合起来。各部门均设有知识产权管理体系内审员，协调本部门的知识产权相关管理工作，共同推动《科研组织知识产权管理规范》的实施，并召开会议讨论解决标准的重要问题。在大连化学物理研究所，知识产权办公室与科研项目管理办公室、项目组协同工作，协调、动员各方力量。知识产权体系年度内部审计几乎覆盖所有部门，组织对知识产权管理、合同、专利质量等全过程进行专项审计，全面排查体系运行中的困难。青海盐湖研究所力争将知识产权管理体系与研究所战略目标相结合，消除知识产权管理与其他管理的脱节、文件规定与实际行动的脱节。

中国科学院尤其重视重大科研项目的知识产权管理。知识产权管理的系统化对于重大科研项目特别是应用型重大科研项目发挥着突出作用。在大连化学物理研究所，《科研组织知识产权管理规范》所要求建立的知识产权管理体系的一个直接目的是促进重大研究成果和高价值知识产权。大连化学物理研究所承担的清洁能源重大科研项目，将知识产权管理贯穿项目管理的全过程。需要提及的是，在 2022 年 6 月中国科学院发布的《中国科学院战略性先导科技专项管理办法》中，要求先导专项实行知识产权全过程管理制度。

（三）主要困难

尽管《科研组织知识产权管理规范》的实施给研究所带来了好处，但也存在一些需要解决的困难。

《科研组织知识产权管理规范》实施的直接效果不明显，科研组织推进工作缺乏内在动力。各研究所已经意识到知识产权工作的重要性，但《科研组织知识产权管理规范》要求的知识产权管理体系的建立和运行并没有产生明显的直接效果。研究人员可能只能看到短期结果，这可能会影响他们的活动。一位相关人员表示，实际效果并不显著，标准化缺乏内生动力。大部分知识产权管理人员认为，标准化过程对于帮助所在机构提高项目竞争力，特别是在争取研究项目方面效果不够，对提高产学研合作能力的作用也较弱。一位相关人员认为，研究人员对知识产权的重视不够，没有意识到知识产权的重要性，在研究项目申请和结案的评估中没有制定有关知识产权的标准，阻碍了标准化进程的进展。

知识产权管理专业队伍仍然不足。知识产权工作是一种专业性工作，需要专业人员来执行。尽管中国科学院或研究所层面已经建立了培训体系和知识产权专员制度，但研究所层面的专业人才仍然短缺。知识产权办公室专职知识产权管理人员数量有限，不到50%的机构设立了知识产权办公室。缺乏具有评估和识别知识产权质量、风险和价值能力的专业人员，难以更好地实施知识产权管理体系，满足全所多学科、多领域对科技成果管理和转化的差异化需求。

知识产权专员的职业规划缺乏明确性。部分人员表示，目前知识产权专员很难获得明确的职业晋升保障，这对标准体系运行的持续完善产生了影响。部分相关人员表示，自己的同事或自己升职遇到困难。尽管"知识产权专业人员"已被纳入《中华人民共和国职业分类大典》，北京、上海等部分省市已出台相关政策，确认和明确知识产权专业人员的专业等级顺序，但中国科学院知识产权专业人士仍难以获得明确的职业晋升保障，没有被纳入专业技术人员的晋升序列，一定程度上影响了工作的主动性和创造性，并对标准体系运行的持续改进产生影响。

标准化过程相对复杂，需要提高研究人员的参与度。知识产权管理体系认证的有效期为三年，但必须通过年度监管来维持有效性，标准化过程相对烦琐。研究所内各部门相互协调在一定程度上增加了标准化工作的实施难度。在现有的科技评价体系中，知识产权管理体系对一些科研院所（尤其是基础研究领域）的适应性还不够，科研人员之间的协调性也不好，科研人员对其重视不够，并且没有意识不足，他们没有太多的时间和精力。

四、知识产权保护和运用的实践特征

通过前文分析，可以进一步总结出中国科学院作为国家战略科技力量，其知识产权保护和运用工作具有一些具体特征。

（一）紧跟时代要求

中国科学院是国家的战略科技力量和国家创新能力的重要源泉，因此其定位必须考虑到服务公共利益和社会经济的发展。基于这样的前提，中国科学院的自身定位、办院方针、机构设置、研究重点都具有浓厚的时代背景。相应地，中国科学院的知识产权工作也紧紧围绕时代发展的需求和自身的机构定位开展，紧密联系并全力服务于中国科学院的战略环境、战略方针和战略目标。当前，在我国积极推动创新驱动发展，努力实现高质量发展的背景下，知识产权保护和知识产权转化运用是中国科学院知识产权工作的重点任务。

对于中国科学院而言，大多数院属科研单位的研究领域都不是完全的基础研究，都包含应用型研究的内容，体现出比较明显的"巴斯德象限"特征。这也意味着中国科学院的科研产出具有通过商业化渠道进入市场的潜力，甚至一些科研项目在立项之初就以商业化为导向。在这样的情况下，知识产权产出成为从研发投入到实现经济效益链条中的一个环节。必须把对知识产权产出的保护和运用与科技成果转化工作紧密结合到一起，才能更好地实现机构目标。中国科学院开展的"院地合作"工作、STS计划和促进科技成果转移转化专项行动都是在这方面作出的探索与尝试。

（二）院所协同发力

院所两级通过协同过程实现知识产权保护和利用。院级层面负责制定院知识产权战略规划与工作计划，负责知识产权工作的指导、协调、组织和管理。院属单位负责本单位的知识产权策划和管理，要建立健全内部知识产权保护制度（包括技术秘密制度）和工作体系，（除特殊情况外）享有承担国家、中国科学院项目获得的知识产权，推动本单位知识产权的运用和转化实施，并向中国科学院提交年度报告。为防止"知识产权沉睡"，促进知识产权运用，2020年《中国科学院院属单位知识产权管理办法》专门规定，院属单位获得授权3年以上无正当理由未转化实施的专利由院主管部门指定相关机构开展评估与运营，形成院所两级之间的互动。

(三)"制度—机构—人才"协同

中国科学院通过制度规范、机构建设、人才培养打造了多方融合的知识产权工作体系。制度规范是知识产权保护和运用的成文依据,为院所两级机构如何开展知识产权工作提供了指引。机构建设是知识产权保护和运用的责任主体,专业化的知识产权管理机构保障了知识产权保护和运用工作的精准化开展。人才培养有助于实现知识产权保护和运用工作过程中人的主动性,提高了支撑人员的业务能力、科研人员的知识产权意识和领导干部的知识产权战略决策意识。中国科学院通过打造"制度—机构—人才"融合的知识产权体系,进一步把全过程知识产权管理嵌套进该体系中,形成了知识产权保护和运用的闭环。

| 第十五章
统筹科研成果的保护和利用*

新型研发机构已经成为国家创新体系的重要组成部分，寄托着国家深入实施创新驱动发展战略、加快实现高水平科技自立自强的期望。新型研发机构的研究领域多分布在当前重点、热点的科技发展方向，完善的知识产权管理工作是推动研究成果顺利转化的重要措施，有助于激发创新活力、推动构建新发展格局。本章内容基于社会学制度理论，以规则性、规范性和文化—认知性三类制度基础要素为出发点，应用传递者视角下的制度分析框架对新型研发机构知识产权管理的制度现状进行探讨，发现新型研发机构在知识产权管理过程中存在不同程度的制度基础要素缺位环节。

一、新型研发机构的北京实践

近年来，我国积极推进新型研发机构建设并取得一定成就，但是仍面临领域布局趋同化严重等问题。在新型研发机构建设过程中，概念的扩大化也导致了功能定位不清晰、协同效能不高、评价体系和管理方式不明确等问题的出现。一是存在领域交叉重复的问题，新型研发机构在成立之初都有明确的目标定位，但是在具体的领域布局上，往往难以与现有创新主体形成有效区分。二是机构调整和资源整合过程中的效率问题，一些新型研发机构是在原有机构的基础上拆分、重组建立的，虽然对资源进行了整合，但是资源整合的具体效果还有待实践检验。三是机构之间和区域之间的有效竞争问题，随着新机构的不断成立，相互之间对于人才的竞争愈发激烈，人员流动的有效性也还不明确。

从知识产权全过程管理的视角看，知识产权主要经历了"前端管理，后端转化"的过程。由此，知识产权管理过程可以划分为前端的知识产权管理和后端的技术转移

---

* 此部分内容发表于 2022 年 6 月《科学学研究》，本书进行了删改。

管理的两个阶段。前端知识产权管理过程包括立项、研发、成果报告与评估、专利申请、发表论文等；后端技术转移管理过程包括市场调研、制定申请策略、后续维护运营等。知识产权管理阶段具有较强的知识管理色彩，技术转移管理则意味着知识从实验室跨入市场。当前的新型研发机构大多将知识产权管理的工作重点集中于前端知识产权管理阶段。

（一）新型研发机构促进创新的"鲶鱼效应"

我国对于新型研发机构的定位经历了从"发展市场导向的新型研发机构"[①] 到"发展产学研深度融合的新型研发机构"[②]，再到"发展市场化的新型研发机构"[③] 的过程。2019 年，科技部印发的《关于促进新型研发机构发展的指导意见》是我国首个以新型研发机构发展为主要内容的政策文件，强调通过发展新型研发机构，进一步优化科研力量布局，强化产业技术供给，促进科技成果转移转化，推动科技创新和经济社会发展深度融合。市场化意味着知识从实验室跨入市场，而这个成果转化的过程对有效的知识产权管理有着迫切需求。2021 年，国家知识产权局等部门发布《国家知识产权局 中国科学院 中国工程院 中国科学技术协会关于推动科研组织知识产权高质量发展的指导意见》，专门对科研机构的知识产权工作进行部署。为更好地发挥新型研发机构对提升国家创新体系整体效能的积极作用，完善知识产权管理是必要且重要的工作内容。

与传统高校院所等研究型组织相比，新型研发机构成立时间较短，又要兼顾市场化目标，受到资源和能力约束的影响，因此在机构建设的早期存在知识产权管理方面的不足。从新型研发机构的知识产权管理现状来看，还存在知识产权全过程管理中的制度缺失现象。根据《关于促进新型研发机构发展的指导意见》，新型研发机构是聚焦科技创新需求，主要从事科学研究、技术创新和研发服务，投资主体多元化、管理制度现代化、运行机制市场化、用人机制灵活的独立法人机构，可依法注册为科技类民办非企业单位（社会服务机构）、事业单位和企业。促进新型研发机构发展的主要目标在于深入实施创新驱动发展战略，推动新型研发机构健康有序发展，提升国家创新体系整体效能。

---

① 出自《中华人民共和国国民经济和社会发展第十三个五年规划纲要》（2016 年 3 月 16 日第十二届全国人民代表大会第四次会议批准）。

② 出自《第十三届全国人民代表大会第一次会议关于 2017 年国民经济和社会发展计划执行情况与 2018 年国民经济和社会发展计划的决议》（2018 年 3 月 20 日第十三届全国人民代表大会第一次会议通过）。

③ 出自《第十三届全国人民代表大会第三次会议关于 2019 年国民经济和社会发展计划执行情况与 2020 年国民经济和社会发展计划的决议》（2020 年 5 月 28 日第十三届全国人民代表大会第三次会议通过）。

新型研发机构在国家创新体系中的"鲶鱼效应"已经得到相对广泛的认可。我国新型研发机构的发展开始于20世纪90年代后期的东南沿海地区，早期新型研发机构在论文研究中尚未有确定的含义。曾国屏等[①]较早提出新型科研机构的概念，通过对深圳四所新型科研机构的研究，认为这类科研机构对于克服科技研发中的"市场失灵""组织失灵"及"系统失灵"发挥着重要作用。谭小琴[②]从组织创新、模式创新和文化创新的三维创新角度阐述了新型研发机构能更好地促进知识与资本的结合，改善传统科研组织面临的知识生产与产业经济的疏离局面，从而完成跨域链接知识链、资本链和政策链的目标，跨越知识资本化过程中的"死亡之谷"。

新型研发机构促进创新功能的重要体现就是加快科技成果转化，而加强新型研发机构的知识产权管理则是促进其科技成果转化的直接措施。

（二）四家新型研发机构的知识产权实践概况

以北京地区的四家新型研发机构为案例，分别为北京生命科学研究所（以下简称北生所）、北京智源人工智能研究院（以下简称智源院）、北京量子信息科学研究院（以下简称量子院）、北京脑科学与类脑研究中心（以下简称脑中心）。新型研发机构是科研机构的新模式，上述四家机构多以原创性基础研究为核心科研任务，并期待通过完善的知识产权体系与产业界加速结合实现成果转化。虽然汲取了传统高校和科研院所知识产权管理的部分经验，但新型研发机构知识产权管理过程仍存在明显的缺位环节。北生所成立于2003年，相较于其他三所机构早十余年，因此其知识产权管理方面的实践经验较多，而智源院、量子院和脑中心的知识产权管理经验相对薄弱。基于知识产权管理"前端管理，后端转化"的过程特征，总结四家新型研发机构的知识产权管理现状如表15-1所示。

表15-1 四家新型研发机构知识产权管理现状

	前端知识产权管理	后端技术转移管理
北生所	由法律部负责，法律部由一名法律顾问和一名助理构成，法律顾问负责国际专利的申请工作。在专利与论文的优先性问题上，鼓励"先专利后论文"。 专利撰写主要由研发团队自己负责，专利的权利人为北生所，专利后续的维护费用由 PI 自行负责	由辅助中心下设的技术转化中心负责。 自 2015 年开始实行明确的成果转化流程，其转化流程可概括为"决定—公示—上报"。 专利转让采用成本法对需要转化项目进行估值。 转化收益按照各占 50% 的比例分配给研究所和团队

① 曾国屏，林菲. 走向创业型科研机构——深圳新型科研机构初探 [J]. 中国软科学，2013（11）：49-57.
② 谭小琴. 跨越"死亡之谷"：新型研发机构的三维创新 [J]. 自然辩证法研究，2019，35（01）：39-43.

续表

	前端知识产权管理	后端技术转移管理
智源院	暂无前端知识产权管理计划。 暂无全职知识产权管理人才。 管理理念是其所支持的科学家的知识产权归其团队和单位所有，研究院不参与其产权的归属问题	后端技术转移管理阶段以投资的方式跟进。 已有知识产权共享与转化机制：知识产权归团队和单位所有，对符合首都城市战略定位的重大科技成果在京实施转化的，优先支持在京转化
量子院	暂无前端知识产权管理制度。 暂无全职知识产权管理人才。 知识产权管理工作由行政管理部门下设的科研管理部门负责	暂无后端技术转移管理制度。 市财政资金支持产生的科技成果及知识产权，由量子院依法取得；量子院自主规划其成果转化及推广应用，重大成果转化事项由理事会审定
脑中心	暂无前端知识产权管理制度。 暂无全职知识产权管理人才	暂无后端技术转移管理制度。 由外部专人来提供专利服务

二、新型研发机构知识产权管理的制度性分析

对于新型研发机构在知识产权管理方面存在的问题，从文化认知等角度解读，可以对知识产权管理意识培养起到更温和有效的作用，并为制度机制等规范规制性工作的完善打下良好的基础。斯科特的传递者视角下的制度分析框架充分讨论了制度的传递主体问题，传递者的非中立性会影响信息的性质和信息被接受的方式，进一步影响传递过程中参与者和接受者的理解、感受和行为。知识产权管理过程体现了知识在不同主体间的传递过程，富有效率的传递是完善知识产权全过程管理的关键因素。

（一）斯科特制度分析框架

制度理论作为一种社会科学的重要理论，在 19 世纪晚期到 20 世纪中期的经济学、政治学、社会学领域均有思想理论的发展历史。20 世纪中后期，制度理论与组织研究开始合流，分别在哥伦比亚大学、哈佛大学和卡内基技术学院形成以韦伯的科层制、帕森斯的文化制度理论和西蒙的组织决策研究为主的三大流派。最终，社会学的新制度理论建立在根源于认知心理学、文化研究、现象学和常人方法学的思想框架之上[①]。制度理论的多样性不仅体现在学科之间，也体现在同学科的不同学派之间。而学派之

---

① 蒋晓平. 话语理性到实践理性：社会学研究中的制度—行动关系——兼论社会学制度主义理论内核的嬗变 [J]. 天府新论，2014（04）：108-113.

间既表现出多样的相似性，也表现出多样的差异性。因此，完全厘清不同学科学派之间的主张是很难的。

理查德·斯科特①通过对不同学术脉络的整理，提出了一个具有包容性的制度概念与分析框架。斯科特认为，制度包括为社会生活提供稳定性和意义的规制性、规范性和文化—认知性要素，以及相关的活动与资源。其中，规制性要素是指具有强制性扩散机制的规制性规则，表现为法律、规则、奖惩等；规范性要素是指具有规范性扩散机制的约束性期待，表现为合格证明和资格承认；文化—认知性要素是指具有模仿性扩散机制的建构性图式，表现为共同信念和共同行动逻辑。

制度有效地发挥作用，不可避免地会体现在其扩散的程度与效率方面，即制度的传递功能。由此，斯科特在制度的三个基础要素的基础上引入了四类传递者，分别为符号系统、关系系统、惯例和人工器物，并对三种基础要素与四类传递者进行了交叉分类②。如表 15-2 所示，各项内容描述了作为中介的传递者传递的是什么信息。具体而言，符号系统多被视为以文化为象征的一种符号集合，包括法律、规则、价值观、范畴、图式等，不同的制度要素强调不同内容的符号系统。关系系统作为传递者，主要通过与社会位置相联系的网络（即角色系统）互动来发挥作用。同时，关系系统大多会跨越组织边界，并在组织的边界处交叉重叠。在新制度经济学领域，有学者认为关系系统是制度力量的首要传递者。惯例是能反映行动者意会性知识的重复性模式化行动，即基于非明文式知识产生的习惯性程序。惯例多存在于共同体内部，即在关系系统内习得并由此维系。人工器物是指具体的物质客体，在自然环境或文化环境的影响下，由人类活动有意识地生产和传播的物质客体，比如原始的人造石器和当今电脑硬件及软件中的信息技术。

表 15-2　制度的基础要素及其传递者

传递者	制度的三类基础要素		
	规制性要素	规范性要素	文化—认知要素
符号系统	规则/法律	价值观/期待	范畴/典型/图式
关系系统	治理系统/权力系统	权威系统	结构性模型
惯例	协议草案/标准运行程序	工作/角色/对义务的遵守	脚本
人工器物	遵守命令性规定的客体	整合惯例/标准的客体	处理符号价值的客体

① W. 理查德·斯科特. 制度与组织：思想观念与物质利益 [M]. 姚伟，王黎芳，译. 3 版. 北京：中国人民大学出版社，2010：56-59.
② W. 理查德·斯科特. 制度与组织：思想观念与物质利益 [M]. 姚伟，王黎芳，译. 3 版. 北京：中国人民大学出版社，2010：56-59.

（二）　四家代表机构知识产权管理的制度性分析

根据传递者视角下的制度分析框架，以不同阶段制度要素拥有的传递者要素数量为衡量标准，对新型研发机构知识产权全过程管理现状进行分析，进一步细化新型研发机构在知识产权管理过程中的缺位环节的构成要素。

北生所的知识产权管理过程相对完善，需要在薄弱环节进一步强化。在前端知识产权管理方面，北生所由法律部负责知识产权获得、管理、许可专利、国际专利申请以及与外部合作科研协议等工作，并且在"先专利后论文"的鼓励下，也有部分研发成果顺利申请专利以及进入转化阶段。因此，北生所具备关系系统、惯例和人工器物在规制性、规范性与文化—认知性要素中的表现特征。但专利的撰写与维护是由不同研发团队各自负责，因此在符号系统方面存在相对缺失的统一维护规则，不利于整体专利布局。在后端技术转移管理方面，北生所在其辅助中心下设技术转化中心，负责成果转化相关工作，基本具备关系系统在三类要素中的表现特征。自2015年开始，北生所实行了明确的成果转化流程以及项目估值与收益分配方法，因此也基本具备符号系统与惯例在三类要素中的表现特征。北生所有进展到转化阶段的科研成果，但由于项目多处于转化前期，尚未到达产品阶段，因此回款情况较少。虽然目前回款较少，但北生所拥有符合其符号价值的客体，因此基本具备人工器物在三类要素中的表现特征。总体而言，北生所的知识产权管理的规范性较好，对强化知识产权管理的认同度较高。在规制性要素方面，还需进一步完善知识产权管理的整体制度。

智源院的知识产权全过程管理以惯例性标准为主，缺少具体的管理与转化制度。在前端知识产权管理方面，其理念是支持科学家的知识产权归其团队和单位所有，研究院不参与其产权的归属问题，不具备符号系统、关系系统与人工器物在三类要素中的表现特征，把该管理理念作为惯例要素处理。在后端技术转移管理方面，虽有相对明确的知识产权共享与转化机制，即知识产权归团队和单位所有，对符合首都城市战略定位的重大科技成果在京实施转化的，优先支持在京转化并以投资的方式跟进，但研究院暂无相应的部门人员和细则对此负责。因此，把该转化机制作为惯例要素处理，不具备明确的符号系统、关系系统与人工器物在三类要素中的表现特征。总体而言，智源院在知识产权管理过程中的规制性要素不足，规范性要素也比较薄弱。其对自身存在的知识产权风险有一定认识，但对完善其知识产权管理的主动性不强，因此在文化认知要素方面也有待加强。

量子院的知识产权全过程管理具备基础的体制机制，但缺少细致全面的管理制度。在前端知识产权管理方面，研究院的知识产权管理工作由行政管理部门下设的科研管理部门负责，但暂无相应的管理制度与专职人员。由于学科研究现状的基础性较强，难以确定未来发展前景最好的领域，目前的学术交流方式以学术论文为主，专利和技术方面的交流较少，并且交流处于全公开数据阶段。因此，研究院在关系系统方面初步具备要素特征，但在符号系统、惯例与人工器物方面尚不具备三类要素中的表现特征。在后端技术转移管理方面，研究院会依法取得市财政资金支持产生的科技成果及知识产权，且自主规划其成果转化及推广应用，重大成果转化事项由理事会审定，但暂无完整的技术转移管理制度。因此，把现有规定当作惯例要素处理，不具备明确的符号系统、关系系统与人工器物在三类要素中的表现特征。总体而言，量子院在知识产权管理过程中的规制性要素不足，规范性要素也比较薄弱。但在研究院组建初期有对成果转化的管理构想，即根据其不同研究部门的研究特点对知识产权进行分类管理，因此其加强知识产权管理的意愿较强，对于完善文化认知要素提供了良好的基础。

脑中心由于学科特征与研究的基础性，尚未在知识产权管理方面投入建设。在前端知识产权管理方面，研究中心以原创性科研任务为主，并且基础研究不以需求为导向。因此，暂不具备符号系统、关系系统、惯例和人工器物在三类制度要素中的表现特征。在后端技术转移管理方面，研究中心从外部找到专业人员来提供相关服务，但并无自身的管理制度。因此，把研究中心采取的技术转移管理措施当作惯例要素处理，而不具备明确的符号系统、关系系统和人工器物在三类要素中的表现特征。总体而言，脑中心认为现阶段考虑成果转化为时尚早，并且中心的科学家认为成果转化问题与其无关。因此，脑中心在知识产权全过程管理的每个环节中均存在三类制度要素的缺失情况，需全面加强知识产权管理的基础建设。

（三）新型研发机构知识产权管理的共性与个性特征

虽然北生所、智源院、量子所、脑中心这四家新型研发机构的研究领域各不相同，但都存在着不同程度的共性特征。如表15-3所示，可以看到四家新型研发机构在不同知识产权管理阶段的制度要素所拥有的传递者要素数量。总体而言，除北生所外，成立时间较短的智源院、量子院和脑中心都存在规制性要素不足、规范性要素基础薄弱以及文化认知要素有待提高的问题。在惯例要素处理的情况方面，智源院、量子院和脑中心惯例处理的实际情况，并非拥有成功的成果转化及产业化的经验，而是把现在相对模糊、零散的管理规定当作一种有据可循的简单制度要素。

表 15-3　制度理论框架下的知识产权管理

传递者视角下的制度分析要素		北生所		智源院		量子院		脑中心	
三类要素	传递者	前端管理	后端转化	前端管理	后端转化	前端管理	后端转化	前端管理	后端转化
规制性要素	符号系统	□	■	□	□	□	□	□	□
	关系系统	■	■	□	□	■	□	□	□
	惯例	■	■	■	■	□	■	□	■
	人工器物	■	■	□	□	□	□	□	□
规范性要素	符号系统	□	□	□	□	□	□	□	□
	关系系统	■	□	□	□	■	□	□	□
	惯例	■	□	□	□	■	□	□	□
	人工器物	■	■	□	□	□	□	□	□
文化—认知要素	符号系统	□	□	□	□	□	□	□	□
	关系系统	■	□	□	□	■	□	□	□
	惯例	■	■	■	■	□	■	□	■
	人工器物	■	□	□	□	□	□	□	□

注："■"表示该研发机构具备相关要素；"□"表示该研发机构不具备相关要素。

除上述共性特征之外，由于研究领域的不同，这四家承载着创新期望的新型研发机构也存在不容忽视的个性特征及其因由。北生所已经有进展到转化阶段的科研项目，因此其知识产权管理全过程中的制度要素比较全面。仅在前端管理阶段存在符号系统的不足，是由于不同项目组之间具有成果转化自主性所致。智源院的特别之处在于研究院不参与科研成果知识产权的归属问题，以达到研究院轻量级运行的战略规划，同时该研究院的研究人员均为兼职研究员。因此，当兼职研究员将原有知识产权项目带到该研究院并走向成果转化之时，与其原单位之间则存在发生知识产权纠纷的隐患。量子所最大的特征是量子研究的学科基础性太强，量子领域的研究从理论走到应用还有很长的路。因此，研究院即便在建院之初就具备较强的知识产权管理意愿，但管理实践受限于科研基础性现状，还需耐心等待。脑中心对知识产权管理与建设的认识具有与其研究阶段相应的特色。该研究中心认为现在考虑知识产权管理与转化问题为时尚早，主要是由于该研究中心的驱动力是以医药及基础研究为主，而非消费驱动。基础研究具有明显的非需求导向性，其研究过程应先展开无差别的发现，再经历大量的临床积累，最后走到转化的阶段。因此，正处于组建初期阶段的研究中心尚未考虑太多知识产权管理的细节问题。

三、协同保护和运用的制度性举措

以北京地区为例的四家新型研发机构都聚焦于基础研究领域，对未来重点科研成果的发展方向存在不确定性，离产业化阶段尚有距离，由此加剧了知识产权管理难度。基于应用传递者视角下制度分析框架对新型研发机构知识产权管理实践的分析结果，从规制性、规范性和文化—认知性要素出发提出以下三点建议。

一是补足规制性要素，逐步制定适用于新型研发机构知识产权全过程管理的制度体系。根据案例分析，新型研发机构的知识产权管理在规制性要素方面，主要需要加强的是代表了法律和规则的符号系统。除北生所在后端转化阶段有明确的转化流程外，其他机构在知识产权管理全过程都缺少明确的制度建设，仅有些尚不全面的惯例性管理要素，或者没有明确工作流程的相关部门设置。因此，为使新型研发机构能够充分发挥其创新效能及与市场接轨的愿景，亟须逐步建立起全面的知识产权管理制度，把悬而未决的知识产权风险落入制度的保障中。

二是完善规范性要素，培养知识产权管理专业人才并完善相应的人才管理体系。根据案例分析，新型研发机构的知识产权管理在规范性要素方面，已基本具备惯例要素，而关系系统、符号系统和人工器物要素中各个环节都相对缺失。鉴于符号系统由规制性要素角度加强更具完备性，人工器物要素于新型研发机构而言又属于基础科研问题，因此体现在规范性要素方面的问题主要为关系系统的不完善和专业人才的不足。为更好地厘清和完善知识产权人才管理情况，可借鉴前文 IPU 与 TTU 的接力模式。IPU 与 TTU 的接力模式是完成知识产权管理的一种有效模式，其中最理想的状态是 IPU 与 TTU 良性互动。知识产权管理团队服务于高校和科研院所等科研机构的经营目的，而技术转移团队则可以追求自己的商业目标。双方团队在充分的制度体系保障下，各有侧重地完成新型研发机构的知识产权管理工作，既为基础科研保驾护航，又为成果转化开拓市场。

三是强化文化—认知要素，加强新型研发机构与科研人员对知识产权管理的文化认同。根据案例分析，新型研发机构及其科研人员对知识产权管理并非都有足够重视和迫切的认知，甚至由于其研究领域的基础性和不确定性，对科研成果的转化持有暂不考虑的态度。但新型研发机构对其科研任务的定位是学科前沿的核心技术研发，并期待成为可以实现成果转化与产业化的国家创新中心。因此，提高科研人员对知识产权管理的重视和参与度，加强机构对知识产权管理重要性的认同，是完善新型研发机构知识产权管理并保证管理的可持续与高效能的根源动力。

在实践中需要注意，不同要素缺位环节的补足难度略有不同。如果说规制性与规范性要素方面的缺位环节可以通过既定的制度建设、工作流程与人员管理逐步完善，那么科研人员对知识产权管理在文化—认知性要素方面的忽视程度就很难在实际工作中衡量。对此，需要长期营造更加重视知识产权管理的环境氛围，让科研人员了解并认可知识产权管理的重要性。对于未来的知识产权管理工作来说，应鼓励于研究之初对知识与技术的发展做出适当预判，并完成知识产权管理工作在专利布局方面的同步实施，以期能够更好地把握知识产权管理在创新中的主动权。

第十六章

匹配技术成熟度*

在科技成果转化过程中，技术供给方如何基于成果的技术成熟度对转化模式进行策略方面的选择，如何基于技术成熟度对成果转化模式进行优选从而促进科技成果转化的做法本身具有独特性，需要对有相关经验的研究对象进行深入了解和分析。中国科学院宁波材料技术与工程研究所（以下简称中科院宁波材料所），基于科技成果的技术成熟度进行成果转化模式的管理优化，在科技成果转化工作方面取得重大突破，有效促进了科研单位和企业之间的技术合作，为我国技术供给方科技成果转化工作的推进提供了有益的参考和借鉴，具有理论研究价值与实践意义。

一、中国科学院宁波材料技术与工程研究所

根据理论抽样标准，考虑案例选择的典型性、影响力和可推广性，本研究选择中科院宁波材料所作为样本单位。一方面，中科院宁波材料所建所以来，科技成果转化取得显著成效，是浙江省科技成果转移转化示范工程首批示范机构，其科技成果转化工作被新华网、科学网、人民网等多次报道，属于具有地区乃至全国影响力的典型案例。另一方面，中科院宁波材料所通过不断实践和经验积累，形成了基于技术成熟度的科技成果产业化发展模式，具有可推广性和可复制性，能为其他技术供给方的科技成果转化工作提供启发和思路。

中科院宁波材料所于 2004 年成立，2009 年获得首项发明专利，并实现首个重大科研成果的转移转化；2012 年，拥有首个过亿元的科技成果转化项目，探索出一套行之有效的科技成果转化合作模式，有效打通成果转化通道。中科院宁波材料所在探索科技成果转化的过程中，遇到过各类因素导致的成果转化失败案例，其中最核心的问题

---

* 此部分内容发表于 2021 年 12 月《科学学研究》，本书进行了删改。

在于技术成熟度不足导致后续成果转化不顺利。因此，中科院宁波材料所在后续开展科技成果转化过程中，始终坚持"技术成熟后再转化"的原则，对科技成果的技术成熟度评估后再进行转化模式的优化选择，进而开展科技成果的合作转化。目前，中科院宁波材料所与国内 700 多家企业和全球 60 多个知名机构开展了广泛合作，实现了金刚石、大豆胶、石墨烯等 40 余项重大科技成果产业化。

为了控制成本和风险，美国审计总署在重大设施建设中要求技术研发活动中各项关键技术的技术成熟度达到 TRL7 及以上。此外，技术成熟度达到 TRL5 及以上代表具备应用价值的基础，可以进入科技成果转化过程。技术成熟度处于 TRL5 以下的科技成果需要在实验室里进一步培育，中科院宁波材料所一般对该等级的科技成果进一步培育再进行对外转化。技术成熟度达到 TRL9 的科技成果，说明技术已经实现了实际应用，在技术许可、技术转让和技术入股等各种转化模式之间可根据技术特点和合作双方需求进行自由选择。针对我国科技成果转化中技术成熟度不高、成果转化率偏低的现状，本章以中科院宁波材料所的科技成果转化工作为例，重点分析技术成熟度处于 TRL5-TRL8 的科技成果如何进行转化模式的选择，从而促进科研机构的科技成果尽快落地实施。为此，本章根据技术成熟度等级对科技成果转化的影响把科技成果划分为技术成熟度完备、成熟度高、成熟度中、成熟度低四个层次，不同技术成熟度对应的科技成果特点以及转化选择具体如表 16-1 所示；其中处于高技术成熟度（TRL7-TRL8）、中技术成熟度（TRL5-TRL6）的科技成果转化模式选择是本书研究的中心内容。

表 16-1　不同技术成熟度的科技成果特点及转化选择

技术成熟度等级	科技成果特点	对科技成果转化影响
TRL9（成熟度完备）	达到实际应用标准	技术成熟度不再影响转化
TRL7-TRL8（成熟度高）	达到应用价值标准	技术成熟度对成果转化影响深刻
TRL5-TRL6（成熟度中）	达到应用价值标准	技术成熟度对成果转化影响深刻
TRL1-TRL4（成熟度低）	没达到应用价值标准	继续实验室培育成熟再转化

二、高技术成熟度的科技成果转化模式

技术成熟度处于 TRL7-TRL8 的科技成果，已经在实际的环境中完成了模型演示，属于成熟度较高的技术。针对该级别的科技成果，中科院宁波材料所从早期单一的技术许可、技术转让和技术入股转化模式探索出"现金+股权""技术授权""合作开发"和"企业培育"模式。在具体的转化项目中，可根据合作双方的实际需求和转化模式

的特点进一步匹配。多样化的科技成果转化模式增加了科技成果转化合作双方的合作意愿。

（一）"现金+股权"模式

"现金+股权"模式是指合作双方经过交流与评估，对认可的技术进行深度绑定，共同成立新企业进行产业化运作。该模式需要合作双方相互信任，都看好科技成果产业化前景，是科技成果转化合作双方进行利益深度捆绑的一种模式；利益深度捆绑的机制使得合作双方的人员激励作用放大，因而该模式能迅速推进科技成果的落地实施。在中科院宁波材料所的重大成果转化项目中，"现金+股权"模式的案例数量最多。中科院宁波材料所将技术产生的知识产权作为无形资产出资入股，并进行后续的技术开发，提供技术支撑；合作企业提供市场经营、技术应用等资源，每年提供一定的研发投入，做好经营团队、产品定型和市场定位等工作。

氧化锌靶材产业化项目是其中的代表。中科院宁波材料所光伏共性技术团队开发出高性能磁控溅射靶材技术，中科院宁波材料所与投资方对该技术的应用和市场前景一致认可，双方共同注册成立产业化公司。中科院宁波材料所把该项技术作价入股，并投入科研团队进行后续技术开发；投资方提供资金支持并维护公司运营，持续给予科研团队研发经费用于支撑公司产品技术改进，最终成果顺利转化实施。

（二）"技术授权"模式

"技术授权"模式是指技术供给方以专利实施许可或转让方式与企业合作，通过约定许可及转让费等方式实现收益。该模式要求技术接受企业本身有很强的技术承接能力，能降低企业在技术研发前期的资金投入与风险。同时避免了科研单位因技术入股产生的一系列国有资产管理问题，能快速地将技术转化到市场。与"现金+股权"模式相比，科研单位在"技术授权"模式中进行科技成果转化时主导权和激励机制有所降低，同时对企业的技术承接能力提出了更高的要求。

中科院宁波材料所与上海晨鑫电炉有限公司的合作是其中典型代表。上海晨鑫电炉有限公司在与中科院宁波材料所交流中看好中科院宁波材料所功能碳素材料团队在真空装备及化学气相沉积涂层材料方面的技术并展开合作。中科院宁波材料所通过技术开发费及后期产品销售提成的模式，将技术成果授权上海晨鑫电炉有限公司使用。合作四年以来，该技术产业化进展顺利。

（三）"合作开发"模式

"合作开发"模式是指双方先展开合作，对技术进一步开发，再进行技术的转化。

该模式的典型特征在于合作企业可以根据自身需求定制成果,与有相关技术背景的科研团队展开合作。当企业需要一项新技术但缺乏相关技术背景时,"合作开发"模式能减少企业的前期投入与预期风险;对于科研单位来讲,该模式能在一定程度上缓解科研人员因项目失败带来的压力。合作企业基于科研团队的研发技术背景,围绕自身需求定制成果。科研团队负责技术成果的完善和后续研发,使科技成果在技术上不断成熟;合作企业利用自身的工艺、生产、市场营销优势助力科研团队完善技术、开拓市场,以此实现成果的转化落地。

中科院宁波材料所与江西铜业集团的合作是"合作开发"模式的典型代表。江西铜业集团看好中科院宁波材料所的石墨铜复合材料技术并展开合作。双方协议前期以合作开发为主,研究团队继续技术的工程化开发,企业进行市场开拓。明确市场方向后,双方按照前期协议成立公司并进行技术成果产业化。

(四)"企业培育"模式

"企业培育"模式鼓励科技人员在一定阶段(2~3年)以产品为导向,以科技熟化为目标,带着科研成果孵化创业,借助科研单位的科技资源优势和市场倒逼机制,在短时间内使科技成果转化为商业化前景或盈利模式明确的产品。该模式是在科技成果转化项目初期时科研人员以技术成熟化为目标的一种创业模式;在我国的双创背景下,随着科研人员自主创业和离岗创业等相关支持政策及配套设施不断完善,"企业培育"模式为科技成果的落地实施提供了一种拉近技术与市场的更好选择。

中科院宁波材料所康复与辅助机器人团队参与的神经康复机器人工程是其中的典型代表。2015年,该科研团队引入天使基金,以技术成熟化为目标,与深圳黑天鹅医疗健康合伙企业共建神经康复机器人技术创新与产业化平台,并成立新公司实施康复机器人产业化工作,科研团队负责人担任公司法人代表和执行董事,继续出资委托科研团队开展技术研发。

技术成熟度较高的科技成果所对应的转化模式、基本特征及优点如表16-2所示。

表16-2 高技术成熟度科技成果的转化模式、基本特征及优点

转化模式	基本特征	模式优点
现金+股权	技术供给方以技术入股成立新公司,并进行后续的技术研发;合作方负责资金支持与新企业的管理运营	利益深度捆绑的机制使得合作双方的人员激励作用放大
技术授权	科研单位以专利实施许可或转让方式与企业合作,通过合同约定每年的许可及转让费和涉及的项目总额	降低企业研发前期的投入与风险;科研单位避免技术入股产生的国有资产管理问题

转化模式	基本特征	模式优点
合作开发	双方对技术先开发再转化。科研团队负责成果完善和后续研发；合作企业利用自身优势助力研究并获得转化权	企业减少前期投入与风险，根据需求定制成果；科研人员缓解项目失败压力
企业培育	科技人员以产品为导向，以科技熟化为目标，带着科研成果孵化创业，短时间内使科技成果转化为商业化前景或盈利模式明确的产品	科研人员自主创业和离岗创业等相关支持政策及配套设施不断完善；突破现有技术和市场的边界

三、中技术成熟度的科技成果转化模式

技术成熟度处于 TRL5-TRL6 的科技成果，只是在模拟的环境中完成了模型演示，还没有在实际的环境中进行模型演示，属于成熟度中等的技术，这类科技成果应当进一步培育成熟再进行转化。对于技术成熟度处于 TRL5-TRL6 的科技成果，中科院宁波材料所的做法是通过优化社会资源，尽早引入社会资金，根据不同的情况和需求开展合作，借此加快技术的培育过程。为此，中科院宁波材料所结合技术特点和企业实际情况创建了"战略合作""共建工程中心""共同开发"等模式。

(一) "战略合作"模式

"战略合作"模式主要针对行业领军企业。行业领军企业最关注的是行业共性技术解决方案及未来可能应用的前沿技术储备。该模式面向行业领军企业和科研单位的合作，主要用来解决行业共性技术以及前沿技术的储备等关键技术问题，需要多个科研单位和企业进行长时间的跟踪合作，对科研单位的创新能力有很高的要求。

中科院宁波材料所的科技成果转化合作策略主要是与行业领军企业结为战略合作伙伴，共建创新平台，开展长期和超前的技术储备研究。

(二) "共建工程中心"模式

"共建工程中心"模式主要针对科研单位与地方中小企业的合作。该模式面向创新能力不足的中小企业，可以有效弥补中小企业创新资源的不足，降低中小企业的研发成本，加速孵化科研单位已有的科技成果，促进科技成果的成熟和市场化应用，能有效促进地方高校和科研院所服务区域经济和地方发展。

中科院宁波材料所一般采取共建技术中心（工程中心）形式，双方基于这一技术中心平台，开展技术咨询、人才培养、工程放大、成果孵化等合作。浙江省民营企业

众多，其中大部分为中小企业，这些民营企业虽然规模不大，研发能力不强，但运作模式灵活，企业家对市场需求的判断比较敏锐，对高新技术渴求比较高。这些企业希望通过与高校及科研院所合作，实现技术、人才培养、分析测试等多方面的提升。

（三）"共同开发"模式

"共同开发"模式是中科院宁波材料所依据企业的具体技术需求，接受企业委托技术攻关，帮助企业解决技术难题的一种科技成果转化模式。该模式的特点在于技术合作双方通过签署具体的委托开发或技术开发协议来解决企业的具体技术需求，在相关技术成熟后进一步推进技术成果的产业化，该模式能有效应对实验室技术与市场需求脱轨的现状，推进实验室科技成果的成熟培育，同时与产业需求实现良好的对接。

目前，中科院宁波材料所与全国超过 700 家企业签署了具体的委托开发或技术开发协议，解决企业提出的具体技术难题。这些技术难题一部分是对企业现有产品进行改进，有些则是帮助企业研制新产品。项目合作成功后，将会进一步进行工程放大，技术成熟后可实行成果导入，进一步推进科技成果的产业化。

技术成熟度处于中等的科技成果所对应的转化模式、基本特征及模式优点如表 16-3 所示。

表 16-3　中技术成熟度科技成果的转化模式、基本特征及优点

转化模式	基本特征	模式优点
战略合作	面向行业领军企业和科研单位的合作，主要用来解决行业共性技术以及前沿技术的储备等关键技术问题	科研单位和企业能进行长时间的跟踪合作，开展长期和超前的技术储备
共建工程中心	针对地方中小企业的合作，双方基于共建中心平台，开展技术咨询、人才培养、工程放大、成果孵化等合作	弥补中小企业创新资源不足，降低研发成本；加速科研单位成果孵化，服务地方经济
共同开发	依据企业的具体技术需求，接受企业委托技术攻关，帮助企业解决技术难题	解决实验室技术与市场需求脱轨问题，推进实验室成果的成熟培育

四、低技术成熟度的科技成果转化模式

值得注意的是，技术成熟度处于 TRL5 以下（主要是 TRL4）的科技成果，也有适合的科技成果转化模式，可以实现技术需求与供给的超前对接。中科院宁波材料所对该技术成熟度等级的科技成果一般实行"先培育成熟，后向外转化"的原则，缺少该等级科技成果直接向外转化的相关实践。基于此，该等级的科技成果转化模式可以借

鉴外部优秀经验。

低技术程度的科技成果尚不具备应用价值，风险和不确定性是转移转化的主要制约因素。对此，可以通过风险预测与方案验证的方式实现对科技成果转化可行性的评估。比如在美国高校兴起的概念验证中心模式，该模式以实现专利、创新想法的商业化为目标，通过提供种子资金、商业顾问、创业教育等服务对概念验证活动进行个性化的支持，为高校基础性科研成果转向可市场化的成果提供了有效支撑。概念验证中心模式的优势在于不仅有效减少了科技成果转化的风险和不确定性，实现了高校基础研究的前进方向与市场需求的无缝对接，也完善了科技成果转化链条前端的运行机制。

此外，我国公共基础设施领域中经常使用的公私合作模式，也可以应用于低技术成熟度的成果转化过程。以合作主体之间的深度绑定，降低科技成果转化的风险和不确定性。公私合作模式可以帮助科研单位与企业之间形成"利益共享、风险共担、全程合作"的长期伙伴合作关系，提高了科技成果转化过程中社会资本的参与，解决了技术成熟度低的科研成果融资困难和高风险的问题。

| 第十七章
科研成果保护和利用的四个时代性选择

本书提出这几个时代性选择问题，无意于制造冲突或矛盾，而且在实践中，不同的选择之间也并非对立。不可否认的是，在国家意志的牵引下、在市场利益的驱动下，或是在其他因素的主导下，科研事业的焦点会不可避免地偏向某个单一逻辑，从而造成对其他方面的冲击，影响科研资源的分配，进而对科技创新发展乃至经济社会发展造成长期影响。

一、大科学与小科学

2023 年 2 月 21 日，习近平总书记在中共中央政治局第三次集体学习时指出，世界已经进入大科学时代。需要明确，在大科学时代，小科学并没有消失。

（一）基本认识

大科学与小科学的说法较早出现于科学学研究主要奠基人普赖斯的著作《小科学，大科学》中。普赖斯在书中提到，小科学时期，各学术团体的成员在不同的学术机构、研究中心、暑期学校等串联而成的"通勤线路"上流动，这些学术团体成为"无形学院"①。小科学的典型代表包括伽利略、牛顿、法拉第的研究工作。从历史演进来看，大科学进入历史舞台的一个重要标志是"二战"，"二战"前的科学活动以小科学为主，"二战"后的大科学活动越来越广泛，科研的方式和经费来源都发生了重大转变。黄振羽和丁云龙结合交易成本理论和科层制理论对小科学与大科学进行界定，认为小科学是一种关系专用性资产投入程度低，以市场治理结构为主，由责任自发机制、分散化权力机制和强激励利益机制界定组织边界，内部呈现离散构型的组织形态；大科

---

① 王建平，叶锦涛. 无形学院发展史 [J]. 济南大学学报（社会科学版），2018，28（04）：135-143.

学是一种关系专用性资产投入程度高，以科层治理结构为主，由责任配置机制、集中式权力机制和弱激励机制界定组织边界，内部呈现网络构型的组织形态①。

小科学与大科学的主要区别在于科研活动的组织形态。小科学通常是科学家以个人或者小团体形式开展研究，相对缺乏组织性，具有人员高流动性特征，科研活动的分散化、自由化、随机化程度较高。科学家主要根据个人兴趣，依靠个人财力开展研究，"穷人"们很少能够参与到科研事业中。早期开展的小科学研究并不是为了改变世界，而主要是为了认识世界，或者满足科学家的好奇心。

大科学通常是有组织的、集体的，这进一步衍生出大科学的几个其他特征。第一，大科学是分布式的、跨学科的，通常需要围绕某个大目标，将其拆解为若干小目标，并由不同的科学家或科研团队在分工协作的基础上开展有组织的研究。第二，政府部门在大科学中发挥更重要的作用，因为政府可以通过行政力量或者政府投资实现组织功能，比如美国发起的"曼哈顿工程"、中国的"两弹一星"计划、苏联的人造卫星计划等。第三，大科学通常有更加明确的目标，并且这一目标在国家和经济社会发展方面具有战略性意义。第四，大科学通常在规模上较大，比如"人类基因组计划""人类脑计划""人类肝脏蛋白质组计划""全球变化研究计划"等科学研究项目。第五，大科学对于研究设施有更高的依赖，或者说大型研究设施为大科学提供了更多机会，比如平方公里阵列射电望远镜（SKA）、500米口径球面射电望远镜（FAST）等大科学装置都是大科学时代开展大科学研究的产物。

小科学与大科学在实践中具有一定的互补性、嵌入性和关联性。一方面，小科学研究可能会用到大科学装置，而大科学装置由于具有一定的公共属性，通常会设置开放项目供外部用户申请或者将装置使用时机开放给外部用户，这些用户通常是开展小科学研究的小团体或者个人。比如，我国的北京正负电子对撞机、兰州重离子研究装置、500米口径球面射电望远镜、上海光源、合肥光源等大科学装置都制定了装置申请使用或者开放项目申请的流程规范。我国很多有组织、成建制的国家级实验室，也会发布各类对外开放的资助项目，比如，依托上海交通大学设立的人工智能教育部重点实验室设立开放基金为人工智能相关领域海内外研究人员提供研究项目经费，依托中国科学院自动化研究所设立的多模态人工智能系统全国重点实验室也设立了供国内外学者申请的、可以自由选择的开放项目。另一方面，在开展有组织的大科学研究过程中，可能会纳入一定的小科学研究项目。比如，美国国防部高级研究计划局（DARPA）在部署需求任务时，有时会根据需要由资助团队自由发展，以保证自身处

① 黄振羽，丁云龙. 小科学与大科学组织差异性界说——资产专用性、治理结构与组织边界 [J]. 科学学研究，2014，32 (05)：650-659.

于科技前沿。另外，小科学还能够为提出和实现大科学目标提供前提，小科学研究的自由探索通过开展"点状"的前瞻性研究，能够起到一定的"开路"作用；随着若干"点状"前瞻研究的深入和成熟，会衍生出具有重大科学和实践意义的方向，这时就对大科学提出了要求。

大科学从小科学发展而来，相对来看，小科学富于个人和自由主义，而大科学倾向于国家和集体主义。在缺乏国家力量干预的情况下，科研范式更容易向分散的小科学演变，这在大学是非常普遍的，因此很多大学的科研人员都是以个人或小团队形式开展研究。当然，随着国家的引导和部分科研人员在意识到团队合作重要性基础上的自发组织，大学内部也成立了不少实验室、研究中心等机构，提高了科学研究的组织性和团队规模。需要强调的是，对于习惯开展小科学研究的科研人员来说，如果强制其迅速转换到大科学研究范式，不一定能够取得很好的效果，因为这些人员已经习惯于原有的自由式研究，在适应大科学研究的组织管理过程中可能面临困难。

（二）时代选择

普赖斯在其书中写道，认为从小科学过渡到大科学的过程纯属其规模的改变是一种"天真的思想"，而大科学与小科学之间的"一致不变性"是必须关注的[①]。蒲慕明在其撰写的文章《大科学与小科学》中指出，科学的发展是不易预测的，它需要有许多实验室用不同的途径来探索，并援引了英国科学家马克斯·佩鲁茨（Max Perutz）说过的话"科学上的创新是不能够组织的，从上而下的指引将抹杀创新"[②]，以引起对大科学活动的谨慎态度。我国科学学家赵红州也提出"小科学大搞，大科学小搞"的国策建议[③]。

近年来，国家特别强调健全科研领域的新型举国体制，开展"有组织科研"。2021年修订的《科学技术进步法》专门加入"健全社会主义市场经济条件下新型举国体制"的表述，以彰显重要性。2021年，中国科学院发布"基础研究十条"，提出开展致力于使命驱动的建制化基础研究。2022年，教育部专门印发《关于加强高校有组织科研 推动高水平自立自强的若干意见》，明确了加强高校有组织科研的重点举措。

我国提倡的科技创新举国体制和有组织科研比较接近大科学。科技创新举国体制要求动员全国力量和资源，开展符合经济社会发展需要、符合国家战略需要的科学技术研究攻关，其具有突出的政府主导性，并且通常具有明确的目标导向、职责划分、

---

① 普赖斯. 小科学，大科学 [M]. 宋剑耕，戴振飞，译. 北京：世界科学社，1982：13-14.
② 蒲慕明. 大科学与小科学 [J]. 世界科学，2005（01）：4-6.
③ 赵红州. "小科学大搞，大科学小搞"——"大科学"国策二则 [J]. 科技导报，1995（01）：38-39，45.

组织领导。在既有的国家创新系统中，要想更好地发挥新型举国体制的效用，必须重视和处理好小科学与大科学之间的关系，激励个体创造性，提高个体之间的协同性，科学有效地进行资源和利益的分配。在分配科技资源的过程中，应当注重大科学与小科学的协同发展，不能忽视小科学存在的意义和小科学对科技进步的贡献，尤其是小科学对于大科学的"开路"作用。

无论是大科学还是小科学，要想实现其在经济发展、社会进步、疾病治疗、环境改善、资源利用等方面的目标，都离不开对科研成果的保护和利用，但是不同范式对保护的手段、利用的模式可能存在差异，这是实践中需要特别注意的。

二、技术国家主义与技术全球主义

随着技术在多个方面的战略属性的凸显，技术不仅作为国家产业发展的重要支撑要素被广泛认识，还与国家主权、国家安全产生了进一步关联。

(一) 基本认识

现代意义上的经济全球化以商品的全球流动为起始点，即国际货物贸易，并逐步发展为服务、投资、技术等多个方面的全球化。在国际贸易的发展过程中，始终伴随着贸易保护主义和贸易自由化之间的争论。典型的贸易保护理论包括：强调限制进口外国商品和保持贸易顺差的重商主义，以托马斯·孟 (Thomas Mun) 为代表；主张通过国家干预保护本国幼稚产业的幼稚产业保护理论，以弗里德里希·李斯特 (Friedrich List) 为代表。从静态视角来看，由于不同国家之间存在比较优势，鼓励货物自由流动的自由贸易理论具有科学性、合理性。但是从动态视角来看，无论是对于发达国家还是落后国家，进口国外产品都会对本国产业造成冲击，不利于本国产业的发展壮大。需要明确，贸易保护有关理论所主张的并不是封闭和拒绝贸易，主要是对贸易自由主义的批判，强调贸易顺差和对本国产业的扶持保护。

随着技术在经济社会发展中重要性的彰显和经济增长理论对于技术内生性的认识，技术本身也作为一种要素参与到全球化进程中，即国际技术贸易或技术进出口。与货物贸易类似，在技术进出口方面也存在技术国家主义（技术民族主义，Techno-Nationalism）和技术全球主义（Techno-Globalism）的争论。技术国家主义在经济学家凯恩斯 (J. M. Keynes)、纳尔森 (R. R. Nelson) 的研究中都有所体现，强调国家对科技和经济发展的广泛干预，强调对于地缘政治、国家安全等一系列依赖新技术的有关因素的综合考量，在大国竞争中比较突出①。沈辛成区分了理解技术国家主义的两个视角：技术发达国家依靠技术国家主义对技术后发国家进行遏制是政策性的手段，比如 20 世纪末美国对日本的遏制、21 世纪初美国对中国的遏制；对于技术落后的国家而言，技术国家主义是驱动其实现赶超的科技发展路径。近年来，新技术国家主义正在兴起，与传统技术国家主义不同，传统技术国家主义接受全球化，尤其是将技术全球化作为本地经济和产业升级的工具；但是当前的技术国家主义排斥全球化，在特定产业或技术领域不仅限制进口，也限制出口②，这实际上是贸易保护主义的表现③。

当各国意识到技术的先进程度可以对国家的产业竞争力和贸易竞争力产生关键影响时，就对技术的出口尤其谨慎，而对技术的进口尤其欢迎。技术领先国家为了维护其在高技术领域的国家竞争优势，长期实施技术出口管制制度。技术出口管制的目标包括国防目的、政治目的、经济目的等。早在 1949 年，出于冷战需要，美国就制定了出口管制条例，防止对共产主义国家出口能够用于军事的产品和技术；1979 年，美国开始实施出口管理法（*Export Administration Act of* 1979，EAA）。

在历史实践中，技术国家主义最早出现于 20 世纪 80 年代在美日科技竞争中美国对日本的政策转化。20 世纪后期，日本科技产业竞争力的提升给美国的经济地位造成威胁，美国国内兴起技术国家主义。在技术国家主义的驱使下，美国采取多种措施保护国内知识不被日本轻易获取，包括限制日本人赴美参加学术活动、限制日本公司与美国公司的商业往来、限制与日本有关的科研资助。与美国相对，日本则提出"技术立国""技术全球主义"，以对抗美国的"技术国家主义""技术保护主义"。

近年来，欧盟及欧洲国家频繁使用一个与"技术国家主义"比较相似的说法——技术主权（Technological Sovereignty，Tech Sovereignty）。"主权"指的是一个国家所拥有的独立自主地处理其内外事务的最高权力，包括固有的在国内的最高权力和在国际上的独立自主权利。可见，"主权"应用更多的情境是"国家主权"，具有明显的政治宣示性。当"技术"与"主权"并列时，无疑是将技术的重要性上升到了国家主权的层面，甚至是在一定程度上包含了这样的潜在意义：技术上的不足会对国家主权造成冲击。尽管欧盟提出"技术主权"的概念是为了促进欧盟境内技术的发展和应用，并声称欧洲的技术主权并不针对任何人，而是通过关注欧洲人民和欧洲社会模式的需求而确定的④，但依然避免不了技术政治化的倾向。

2020 年初，欧盟委员会（European Commission）连续发布了三份重要的与数字相

---

①　沈辛成. 技术民族主义：源流、局限与前景［J］. 探索与争鸣，2022（02）：27-37，177.

②　LUO Y. Illusions of techno-nationalism［J］. Journal of international business studies，2022：1-18.

③　沈辛成. 技术民族主义：源流、局限与前景［J］. 探索与争鸣，2022（02）：27-37，177.

④　European Commission. Shaping Europe's digital future［R］. Luxembourg：European Commission，2020.

关的战略文件：《塑造欧洲的数字未来》（*Shaping Europe's Digital Future*）、《人工智能白皮书》（*The White Paper on Artificial Intelligence*）和《欧洲数据战略》（*A European Strategy for Data*）。三份报告的共同点是，都对技术主权进行了强调。2021 年 12 月，欧洲议会（European Parliament）发布《欧洲技术主权及其关键赋能技术》研究报告，认为技术主权的宗旨在于，保护和发展欧洲公民福利与欧洲企业繁荣所需的关键技术，提高欧洲在全球化环境中独立行动的能力。2023 年 7 月，欧洲议会通过了《欧盟芯片法案》（*European Chips Act*），该法案的主要目的就是提升欧洲的技术主权、竞争力和韧性，并为数字和绿色转型做出贡献。近年来，欧盟通过采取一系列政策举措保护其经济主权，寻求技术"战略自主"，《欧盟芯片法案》的发布也属于系列工具之一。

德国是积极响应"技术主权"提法的欧洲国家之一。2020 年 7 月，德国弗劳恩霍夫协会系统与创新研究所发布《技术主权：从需求到概念》（*Technology Sovereignty：From Demand to Concept*）报告，将技术主权界定为一个国家或联邦提供其所认为的对其福利、竞争力和行动能力至关重要的技术的能力，并能够开发这些技术或从其他经济体获得这些技术且没有单方面的结构依赖性。2021 年 9 月，德国联邦教育与研究部发布《技术主权塑造未来》文件，全面论述技术主权的内涵和实现路径，指出德国追求技术主权将兼顾经济、技术、安全和价值观等多重目标。

自新中国成立以来，以美国为代表的西方国家从未放松过对我国出口技术的管制，在大量高科技产品领域对中国实施出口管制。1949 年，以美国为首的国家组建出口控制统筹委员会（也称巴黎统筹委员会，以下简称巴统），其根本目的就是防止和限制西方的战略物资、高技术和产品流向包括中国在内的社会主义国家。1952 年，"巴统"专门在亚洲建立分支机构"中国委员会"，实施针对中国的禁运政策。"巴统"终结后，包括美国在内的 33 个国家于 1996 年签署《瓦森纳协定》，开始实施新的控制清单。2017 年 12 月，美国发布新的《国家安全战略报告》，将中国定位为美国的战略竞争对手。此后，技术出口管控制度变革频繁，且内容对中国针对性强，作为遏制中国的主要手段，扮演了重要角色。2018 年，美国新的出口管制法出台，开始对新兴和基础性技术进行管控。

我国同样也制定了有关技术进出口管制的政策。《中华人民共和国对外贸易法》（2022 年修正）（以下简称《对外贸易法》）第十三条指出，"国家准许货物与技术的自由进出口。但是，法律、行政法规另有规定的除外。"第十五条明确，可以限制或者禁止有关技术的进口或者出口的原因主要涉及国家安全、社会公共利益、公共道德，人或动植物的健康，出口经营秩序等方面。根据《对外贸易法》，我国专门制定了《中华人民共和国技术进出口管理条例》，并进一步制定了《禁止进口限制进口技术管理办法》《禁止出口限制出口技术管理办法》和相应的目录。我国还制定了《中华人民共和国出口管制法》，主要涉及对两用物项、军品、核以及其他与维护国家安全和利益、履行防扩散等国际义务相关的货物、技术、服务等物项的出口管制；以及《两用物项和技术进出口许可证管理办法》及相应目录。2018 年 3 月 18 日，国务院办公厅印发《知识产权对外转让有关工作办法（试行）》，旨在规范知识产权对外转让秩序。

由于技术可能具有危害性，比如核技术的扩散可能危及全人类生命安全，因此对于这类技术的进出口管制是必要的，这也是具有国际共识的。

（二）时代选择

科学技术的竞争是国家竞争的关键，因此技术的国家主义具有根本性。尽管技术的全球化趋势已经得到广泛认可并且成为既有事实，但是技术的国家化仍然"大有市场"。技术国家主义强调国家发展过程中技术的工具性，认为技术是国家竞争的关键，而技术的工具性可以通过政府力量干预和构造。技术国家主义包括以积极研发为代表的"进攻"方面和以严格保护为代表的"防守"方面[1]，但是其中的"防守"方面明显对于国际经济发展影响更为深远。从国家角度来看，虽然出口管制限制了先进技术的流出，但是对非关键、通用商品和技术的出口限制可能会削弱本国公司在全球市场中的竞争地位[2]，对企业创新、市场竞争力、投资和贸易流动产生负面影响[3]，甚至会影响国内产业基础和科技进步[4]。

在新发展格局下，科研事业在自立自强、保持自主性的同时，也不能错过融入全球创新体系的机遇；在不断深化科研领域对外开放合作的同时，也要统筹好有关发展和安全的问题。

一方面，科学技术发展态势和规律呼吁技术全球化。从一般性规律来看，全球范围内科学知识的交流、科研活动的协作、科研数据和材料的交换有助于促进科研人员在前沿领域的互通，提高科研效率，促进科研创新。从全球科研分布来看，不同国家有各自的科研优势领域，相互之间取长补短才能促进共同进步。结合前文所述的大科学研究范式，基础性、突破性成果的诞生也对全球科研资源的协作提出要求，尤其是生命、环境等关于全人类生存发展领域的科学研究。

---

① 丹尼斯·弗雷得·西蒙. 技术国家主义对取得技术的影响 [J]. 深圳特区科技, 1996, 02: 38-45.

② PARKHE A. US national security export controls: implications for global competitiveness of US high-tech firms [J]. Strategic management journal, 1992, 13 (1): 47-66.

③ SEYOUM B. Export controls and international business: a study with special emphasis on dual-use export controls and their impact on firms in the US [J]. Journal of economic issues, 2017, 51 (1): 45-72.

④ BURRIS MD. Tilting at windmills-the counterposing policy interests driving the U. S. commercial satellite export control reform debate [J]. Air force law review, 2010, 66: 255-330.

另一方面，在建设国家安全体系的过程中，离不开科技安全体系的建立。科技安全是确保国家经济社会可持续发展的必然要求，在信息、数据等非传统安全领域至关重要。但是，随着科学技术的自身变革和经济社会的自然演进，科技安全的工作内涵需要不断进行动态调整，从而使安全与发展得到更好的平衡。

三、科研市场化、科研国家化与科研自由化

科研市场化、科研国家化、科研自由化，这三者并不是对立存在的，在特定的情形下可以兼容共存，但是三种科研导向有各自的侧重点，进而可能导致不同的后果。

（一）基本认识

科研市场化指的是科研活动的市场化导向，一个与之类似的概念是斯劳特（Sheila Slaughter）提出的"学术资本主义"（Academic Capitalism）。斯劳特将院校和教授为获取外部资金而进行的市场的或类似市场的活动称为学术资本主义[1]。他认为，从20世纪80年代开始，教学科研人员所从事的专业工作发生了实质性的、而非程度上的模式变化，教学科研人员日益开展对外部资金的竞争，这些资金主要用于开展与市场有关的应用的、商业的、策略的研究等，而政府通过制定政策推动从基础研究或好奇心驱动的研究转向有目的的、商业的或策略的研究[2]。大学是科研活动的主阵地和科研成果产出的关键来源，大学内部科研活动的市场化催生了"市场型大学"。贝尔曼的著作《创办市场型大学：学术研究如何成为经济引擎》系统分析了大学内部学术研究性质从"作为资源的学术研究"到"作为引擎的学术研究"的变化，认为市场逻辑或资本主义逻辑在学术研究领域崛起，而政府鼓励和政策驱动是推动高校学术研究转向市场的关键因素[3]。

按照斯劳特和贝尔曼的界定，我国其实在20世纪80年代也开始有了学术资本主义和市场型大学的表现。从我国发展历史来看，在1978年3月召开的全国科学大会开幕式上，邓小平在长篇讲话中提出了"四个现代化，关键是科学技术的现代化""科学技术是生产力"等重要论断，时任中国科学院院长郭沫若在闭幕式上发表了题为《科学

---

① 希拉·斯劳特，拉里·莱斯利. 学术资本主义：政治、政策和创业型大学 [M]. 北京：北京大学出版社，2008：198.

② 希拉·斯劳特，拉里·莱斯利. 学术资本主义：政治、政策和创业型大学 [M]. 北京：北京大学出版社，2008：5-13.

③ 伊丽莎白·波普·贝尔曼. 创办市场型大学：学术研究如何成为经济引擎 [M]. 温建平，译. 上海：上海科学技术出版社，2017：2-4.

的春天》的书面讲话。可见，在我国，对"科学技术是生产力"的科学认识和"科学的春天"的到来是同步的，这也意味着在科学事业勃兴的过程中，"科学技术"被赋予了发挥"生产力"作用的使命，而科学技术的市场化和从事科学技术研究开发的大学向市场的靠近则是实现上述使命的必经之路。在一定程度上，"市场型大学"在我国的发展是改革开放后伴随"科学的春天"同步进行的。而且，由于政府部门认识到科学技术的生产力作用，这种观念的转变促使其更加积极地制定有关政策。1985年发布的《中共中央关于科学技术体制改革的决定》提出，科学技术体制改革的根本目的，是使科学技术成果迅速地广泛地应用于生产，使科学技术人员的作用得到充分发挥，大大解放科学技术生产力，促进经济和社会的发展。

之所以说科研市场化与学术资本主义类似，具体表现在以下几个方面：一是在科研选题方面，把具有市场应用前景的科研问题作为优先项；二是在科研项目执行过程中，强调产学研合作，尤其是产业界的参与；三是在科研成果产出后，采取各种举措促进成果的市场化。可以说，科研市场化符合经济社会发展需求，是破解科技与经济"两张皮"问题的内在需求。科研成果只有进入市场才能发挥其作用，只有在经济社会发展中发挥作用的科研成果才是真正的"创新"，否则只能称其为创新过程中的中间品。科研市场化有助于促进知识和技术的扩散和应用，推动产业升级和经济社会进步。但是同时，科研市场化的利益回报可能会对科研人员造成诱惑，对学术自由探索造成冲击，可能不利于原始创新成果的产出。在极端情况下，科研人员为了追逐利益，有可能作出挑战科研道德的行为。

科研国家化强调国家意志对科研活动的干预甚至主导。前文提及的科技创新举国体制就是科研国家化的典型体现，与大科学研究的部分特征也有所吻合，突出表现是：科研活动所要解决的问题或达到的目的关系国家战略、国家利益、国家需求，科研活动的执行是在国家的组织下开展的。科研国家化同样可能对科研自由造成冲击，加深两者之间的矛盾。在政府力量的干预下，财政性科技资源势必被引到国家关注的目标范围，进而挤占其他领域科研空间，影响科研自主性。因此，当政策参与到科研活动中时，要充分加强政府与科研人员的互动和沟通，在目标导向与科研自主之间进行协调。

科研自由化指的是自由探索的科研活动，比较接近前文提到的小科学。由于科研工作多为智力活动，在不被约束、缺乏组织管理的情况下，更有利于激发科研人员的创造力，有时甚至越是"天马行空"的想法越能够促进原始创新的产出。我国国家自然科学基金委员会资助的面上项目、青年科学基金项目等都是科研自由化的代表。实际上，《科学技术进步法》在2007年修订时就提出"国家遵循科学技术活动服务国家目标与鼓励自由探索相结合的原则"，作出了非常明确的原则性规定。另外，2021年修订的《科学技术进步法》第八条规定，科学技术研究开发机构、高等学校、企业事业单位和公民有权自主选择课题；第四十八条要求，利用财政性资金设立的科学技术研究开发机构，应当坚持以国家战略需求为导向。尽管服务国家战略需求和自由探索之间并不必然产生冲突，但是在实践中，科研机构为了响应国家需求而采取的一些举措在客观上挤占了科研人员开展自由探索的空间。

（二）时代选择

对于高校和科研机构而言，科研市场化、科研国家化和科研自由化，无论是朝着哪个单一方向发展，都有可能造成不利后果。

科研市场化有助于在科研活动前端加强与市场的联系，促进后端的成果利用。但是，绝对市场导向的科研在一定程度上与原始创新、基础研究是存在内生性矛盾的，市场导向的科研具有明显的应用目标，解决的是具体问题，难以产出基础性理论成果。另外，对于大学而言，过度的科研市场化将会冲击大学的教育职能，可能不利于大学的人才培养，这与大学的使命定位是背离的。

科研国家化有助于将有限的科研资源集中到关乎国家发展的战略领域，从而促进整体福利的提高。由于科研国家化主要通过行政力量推动实现，很容易形成对政府关注领域之外的科研方面的冲击。同时，科研国家化有国家财政的参与，资金的使用效率相对难以控制。

科研自由化通过鼓励自由探索可能会产出颠覆性的成果，但是同时也可能面临多次失败和资源消耗。

因此，必须兼顾不同维度的科研导向，要在国家创新体系的大框架之中，在当前发展现状、未来发展需求的大环境之下，进行统筹考虑。

四、国家权益、单位权益与个人权益

现代社会的有序运行依赖于体系化的制度规范，科研活动及相关活动的有序开展也是如此。在我国，讨论科研成果的权益或权利时，经常会涉及归属权（或所有权）、处置权和收益权，此外还有使用权、转让权等。

（一）基本认识

知识产权制度是保护科研成果的关键制度，科研成果的所有权主要由知识产权相关法律、科学技术相关法律、合同相关法律规定。提及权利时，总是不能回避权利归属的问题。当前，有关科研成果权利归属的制度规范正在被革新，或者说既有的传统模式正在被挑战。

以高校、科研机构、企业等为代表的组织是现代经济社会的重要基本单元，在多数情况下，组织内部科研人员开展科研活动产出的科研成果构成职务成果、职务发明，即产权归属于单位。但是，近年来我国的科研管理实践已经突破了这一规则。2016年1月，西南交通大学启动了职务科技成果混合所有制改革，核心是职务科技成果由职务发明人和单位共同所有，实现路径包括对既有科技成果的分割确权和新知识产权的共同申请。2018年12月23日，《国务院办公厅关于推广第二批支持创新相关改革举措的通知》决定在8个改革试验区域推行以事前产权激励为核心的职务科技成果权属改革，主要内容是赋予科研人员一定比例的职务科技成果所有权，将事后科技成果转化收益奖励，前置为事前国有知识产权所有权奖励，以产权形式激发职务发明人从事科技成果转化的重要动力。2020年5月9日，科技部等9部门印发《赋予科研人员职务科技成果所有权或长期使用权试点实施方案》；10月12日，科技部发布赋予科研人员职务科技成果所有权或长期使用权试点单位名单，选取了40家单位开展试点工作。

在欧洲国家的专利制度设计中，将成果所有权赋予科研人员被称为"教授特权"（Professor Privilege）。瑞典在1949年颁布的专利法中规定雇主有权获得雇员创造的知识成果产权，而属于教育系统的大学、学院或其他机构的教师，不应当被视作雇员。这意味着大学教师可以保留职务科技成果的所有权，这种因为大学教师身份而被豁免于法律规定的制度，被称作"教授特权"。之后，类似的职务科技成果产权制度被引入丹麦、德国、芬兰、挪威等欧洲国家。但是，在迈入21世纪时，不少国家废除了教授特权制度，丹麦于1999年废除该制度，德国和奥地利于2002年废除该制度，挪威于2003年废除该制度。[①]

（二）时代选择

与德国、丹麦等欧洲国家的做法相反，我国的赋权试点改革实际上是对"教授特权"的回归。但是，无论是赋权给单位，还是赋权给个人，都是因应时代发展所采取的举措。由于我国当前的赋权改革还处于试点阶段，需要对试点进行科学有效的评估后，采取下一步举措。

处置权主要是针对国有资产而言。财政部2006年印发的《事业单位国有资产管理暂行办法》规定，事业单位国有资产处置，是指事业单位对其占有、使用的国有资产进行产权转让或者注销产权的行为。处置方式包括出售、出让、转让、对外捐赠、报废、报损以及货币性资产损失核销等。由于我国很多高校和科研院所都是财政资助的

---

① 沈健. "教授特权"政策适用性研究［J］. 科学学研究，2022，40（01）：37-46.

事业单位，包括知识产权在内的无形资产受到国有资产管理制度的约束，因此资产处置的有关规定对于科研成果的保护和利用至关重要。我国关于事业单位科技成果处置的规定经历了不同阶段的演变：最开始需要严格履行审批手续；规定 800 万元以下的，由财政部授权主管部门进行审批；进一步放松对高校的金额限制，规定 500 万元以下的由高校审批，并由教育部和财政部备案；试点单位自主决定对其持有的科技成果采取转让、许可、作价入股等方式开展转移转化活动；单位主管部门和财政部门对科技成果在境内的使用、处置不再审批或备案（见表 17-1）。

与科研成果有关的权益，不仅涉及成果的产权归属、处置，还涉及成果利用所产生的收益的分配。科技成果的收益权包括两个层次的内容：一是收益在国家和成果完成单位（或成果依托单位）之间的分配；二是收益在单位内部，单位与科研人员之间的分配。我国关于事业单位科技成果收益的规定经历了不同阶段的演变：最开始完全归国家所有，实行"收支两条线"；试点开展科技成果转化收入按比例留归本单位；试点开展科技成果转化全部收入留归本单位；全面开展科技成果转化全部收入留归本单位（见表 17-1）。

可以发现，我国关于科技成果归属权、处置权和收益权的规定表现出不断下放的趋势：国家权利下放到单位权利，国家权益和单位权益让渡给个人权益。这样的演变是国家因应时代发展、经济和社会需求、科技进步所采取的改革性举措，体现了对市场规律、市场逻辑的尊重，也具有制度上的创新性。

表 17-1　我国有关科技成果处置、收益的规定

时间	文件名称	处置权、收益权有关规定
1996 年	《促进科技成果转化法》	收益权：科技成果完成单位将其职务科技成果转让给他人的，单位应当从转让该项职务科技成果所取得的净收入中，提取不低于 20% 的比例，对完成该项科技成果及其转化做出重要贡献的人员给予奖励
1999 年	《国务院办公厅转发科技部等部门关于促进科技成果转化若干规定的通知》	收益权：以技术转让方式将职务科技成果提供给他人实施的，应当从技术转让所取得的净收入中提取不低于 20% 的比例用于一次性奖励；采用股份形式的企业实施转化的，也可以用不低于科技成果入股时作价金额 20% 的股份给予奖励，该持股人依据其所持股份分享收益
2002 年	《关于国家科研计划项目研究成果知识产权管理的若干规定》	处置权：项目承担单位可以依法自主决定实施、许可他人实施、转让、作价入股等，并取得相应的收益
2006 年	《事业单位国有资产管理暂行办法》	处置权：事业单位处置国有资产，应当严格履行审批手续，未经批准不得自行处置。 收益权：事业单位国有资产处置收入属于国家所有，应当按照政府非税收入管理的规定，实行"收支两条线"管理

时间	文件名称	处置权、收益权有关规定
2008 年	《中央级事业单位国有资产管理暂行办法》	处置权：单位价值或批量价值在 800 万元以下的，由财政部授权主管部门进行审批，主管部门应当于批复之日起 15 个工作日内将批复文件（三份）报财政部备案；800 万元以上（含）的，经主管部门审核后报财政部审批。中央级事业单位出售、出让、转让资产数量较多或者价值较高的，应当通过拍卖等市场竞价方式公开处置。 收益权：中央级事业单位国有资产处置收入属于国家所有，应当按照政府非税收入管理和财政国库收缴管理的规定上缴中央财政，实行"收支两条线"管理
2011	《财政部关于在中关村国家自主创新示范区进行中央级事业单位科技成果处置权改革试点的通知》	处置权：一次性处置单位价值或批量价值在 800 万元以下的，由所在单位按照有关规定自主进行处置，并于一个月内将处置结果报财政部备案；一次性处置单位价值或批量价值在 800 万元以上（含）的，仍按现行规定执行，即由所在单位经主管部门审核同意后报财政部审批
2011	《财政部关于在中关村国家自主创新示范区开展中央级事业单位科技成果收益权管理改革试点的意见》	收益权：科技成果收益分段按比例留归单位，纳入单位预算统筹用于科研及相关技术转移工作，其余部分上缴中央国库；科技成果价值在 800 万元以下，全部收益留归单位；科技成果价值在 800 万元～5000 万元（含 800 万元）以及 5000 万元以上（含 5000 万元）的部分，按不同收益分成额度和比例留归单位或上缴中央财政
2012 年	《教育部直属高等学校国有资产管理暂行办法》	处置权：高校利用固定资产、无形资产对外投资、出租、出借，单项或批量价值（账面原值，下同）在 500 万元以下的，由高校审批后 10 个工作日内将审批文件及相关资料报教育部备案，教育部审核汇总后报财政部备案；单项或批量价值在 500 万元以上（含 500 万元）至 800 万元以下的，由高校审核后报教育部审批，教育部审批后报财政部备案；单项或批量价值在 800 万元以上（含 800 万元）的，由高校审核后报教育部审核，教育部审核后报财政部审批。 收益权：高校国有资产处置收入，在扣除相关税金、评估费、拍卖佣金等相关费用后，按照政府非税收入管理和财政国库收缴管理的规定上缴中央国库，实行"收支两条线"管理
2014 年	《财政部 科技部 国家知识产权局关于开展深化中央级事业单位科技成果使用、处置和收益管理改革试点的通知》	处置权：试点单位可以自主决定对其持有的科技成果采取转让、许可、作价入股等方式开展转移转化活动，试点单位主管部门和财政部门对科技成果的使用、处置和收益分配不再审批或备案。试点单位可通过协议定价、技术市场挂牌交易、拍卖等方式确定成果交易、作价入股的价格。 收益权：试点单位科技成果转移转化所获得的收入全部留归单位，纳入单位预算，实行统一管理，处置收入不上缴国库

时间	文件名称	处置权、收益权有关规定
2015 年	《中共中央 国务院关于深化体制机制改革 加快实施创新驱动发展战略的若干意见》	处置权：加快下放科技成果使用、处置和收益权。单位主管部门和财政部门对科技成果在境内的使用、处置不再审批或备案，科技成果转移转化所得收入全部留归单位，纳入单位预算，实行统一管理，处置收入不上缴国库。 收益权：提高科研人员成果转化收益比例。修订相关法律和政策规定，在利用财政资金设立的高等学校和科研院所中，将职务发明成果转让收益在重要贡献人员、所属单位之间合理分配，对用于奖励科研负责人、骨干技术人员等重要贡献人员和团队的收益比例，可以从现行不低于 20% 提高到不低于 50%
2015 年	《促进科技成果转化法》	处置权：国家设立的研究开发机构、高等院校对其持有的科技成果，可以自主决定转让、许可或者作价投资，但应当通过协议定价、在技术交易市场挂牌交易、拍卖等方式确定价格。通过协议定价的，应当在本单位公示科技成果名称和拟交易价格。 收益权：国家设立的研究开发机构、高等院校转化科技成果所获得的收入全部留归本单位，在对完成、转化职务科技成果做出重要贡献的人员给予奖励和报酬后，主要用于科学技术研究开发与成果转化等相关工作。 科技成果完成单位未规定、也未与科技人员约定奖励和报酬的方式和数额的，按照下列标准对完成、转化职务科技成果做出重要贡献的人员给予奖励和报酬：（一）将该项职务科技成果转让、许可给他人实施的，从该项科技成果转让净收入或者许可净收入中提取不低于百分之五十的比例；（二）利用该项职务科技成果作价投资的，从该项科技成果形成的股份或者出资比例中提取不低于百分之五十的比例；（三）将该项职务科技成果自行实施或者与他人合作实施的，应当在实施转化成功投产后连续三至五年，每年从实施该项科技成果的营业利润中提取不低于百分之五的比例
2019	《事业单位国有资产管理暂行办法》	处置权：国家设立的研究开发机构、高等院校对其持有的科技成果，可以自主决定转让、许可或者作价投资。 收益权：国家设立的研究开发机构、高等院校转化科技成果所获得的收入全部留归本单位

| 第十八章 |
新发展格局下的科研成果保护和利用

构建新发展格局明确了我国经济现代化的路径选择。加快构建新发展格局是《中华人民共和国国民经济和社会发展第十四个五年规划和 2035 年远景目标纲要》中提出的一项关系我国发展全局的重大战略任务。2021 年 11 月，党的十九届六中全会通过的《中共中央关于党的百年奋斗重大成就和历史经验的决议》强调，加快构建以国内大循环为主体、国内国际双循环相互促进的新发展格局，推动高质量发展，统筹发展和安全。实现高水平科技自立自强是构建新发展格局的主要战略任务之一，也是确保国内大循环畅通、塑造我国在国际大循环中新优势的关键。科研活动的开展，科研成果的保护和利用，都要紧紧围绕构建新发展格局这一战略构想。

一、双循环与科技创新

构建新发展格局，是根据我国发展阶段、环境、条件变化，特别是基于我国比较优势变化，审时度势作出的重大决策，是事关全局的系统性、深层次变革，是立足当前、着眼长远的战略谋划。2020 年 10 月 29 日，习近平总书记在党的十九届五中全会第二次全体会议上的讲话中，提出了构建新发展格局要把握好几个重要着力点，其中第二项是要加快科技自立自强。

（一）国内大循环与科技创新

以内需为主导、内部可循环是大国经济的重要共性特征，立足国内、依托国内大市场优势，有利于化解外部冲击，保证我国经济基本正常运行和社会大局总体稳定。从经济发展的主要理论演进来看，罗默、卢卡斯等经济学家 20 世纪 80 年代提出了新增长理论，一个核心假设是技术具有内生性，强调技术进步对经济增长的决定性作用。新增长理论的这一观点与在我国广泛传播的"科学技术是第一生产力"的观点是一致的。

畅通国内大循环需要有效满足国内需求，少不了技术要素的支撑。当前，企业和产业的发展高度依赖于技术水平，对先进技术的掌控成为企业和产业获取竞争优势和获得持续发展的关键来源。但是，能否掌握先进技术面临多重关卡：一是部分技术在全球范围内仍属于空白，还需要进一步研发；二是部分技术在国外已经比较成熟并得到应用，但是技术资料未公开，国内企业难以获取和使用；三是部分技术由国外创新主体研发，但是在国内取得了知识产权保护，国内企业需要支付许可费才能使用，而许可费有时是极其昂贵的。要想跨越这些关卡，势必要加强自主研发，创造并掌握自主知识产权。

科技创新领域的自立自强是国内大循环有效运行的基本条件。技术领域"卡脖子"的说法在最近几年提得比较多，尤其是在党的十八大召开后。"卡脖子"问题指的是关键领域创新能力不强，容易对产业链供应链的安全稳定造成风险。部分关键核心技术和核心零部件依赖于进口，是我国构建国内大循环的"堵点"和"痛点"，导致我国产业发展容易受到国外技术和产品出口管制的影响。

国家对"卡脖子"问题高度重视。2013年9月30日，习近平总书记在十八届中央政治局第九次集体学习时的讲话中提到，我国科技如何赶超国际先进水平？要采取"非对称"战略，更好发挥自己的优势，在关键领域、卡脖子的地方下大功夫。2018年5月28日，习近平总书记在中国科学院第十九次院士大会、中国工程院第十四次院士大会上的讲话中再次强调，在关键领域、卡脖子的地方下大功夫。2020年12月召开的2020年中央经济工作会议，提出增强产业链供应链自主可控能力，针对产业薄弱环节，实施好关键核心技术攻关工程，尽快解决一批"卡脖子"问题。2023年1月31日，中央政治局就加快构建新发展格局进行第二次集体学习，习近平总书记指出，要加快科技自立自强步伐，解决外国"卡脖子"问题。

在国内大循环中，创造需求是促进经济增长的重要渠道。该如何创造需求？以科技带动需求是一个现实路径。加大科研投资、推动高水平科研成果产出是第一步，而促进科研成果的利用是终极目标。在承认技术是一种生产要素的前提下，促进技术交易和技术市场的繁荣是创造需求的有效举措。

（二）国内国际双循环与科技创新

我国经济已经深度融入世界经济，这就要求将国内市场和国际市场更好联通，在开放发展中争取战略主动。产业全球化是经济全球化的一个重要方面，主要特征是，越来越多的产品制造依赖于多个国家生产环节组成的产业链，典型代表是飞机、汽车、手机等复杂产品。对于复杂产品而言，产业链上的不同国家可能在不同环节具有一定的比较优势，但是单个国家很难不依赖产业链上的其他国家独立完成高质量产品的生产。这就要求产业链上的不同国家进行有效协同。但是，在同一条产业链上，却存在不同的梯队，比如，产品设计、核心零部件生产处于产业链相对高端的位置，而工业原材料出口、工业产品装配则处于产业链相对低端的位置。不同环节的技术密集度也存在差异，高端产业的技术密集度较高，附加值也较高，企业的话语权也相对较高。这进一步导致，处于全球产业链不同环节的国家实际上处于不对等的地位。处于中低端产业地位的国家为了谋求更加平等的话语权和更高的产业附加值，必须提高其技术水平，才有可能实现超越，这也是中国面临的现状。

将科技创新融入双循环本身也是科技发展的时代要求，加强国际科技合作是我国双循环发展对于科技的客观要求。近年来，我国不断加大对外开放步伐，而国际科技合作是我国对外开放的一个重要方面。随着人类对未知科学世界的深入探索，一些科学领域表现出对大装置、高投入、长周期、多人力、跨学科的需求，通过开展国际科技合作能够更好地提高效率。

加强国际科技合作是我国深度参与全球科技治理的有效渠道。尽管目前国际社会出现了一些"逆全球化"的现象，但是全球化的浪潮仍然势不可挡。在这样的背景下，开展国际科技合作是我国积极展现大国担当、主动参与全球科技治理的有效渠道。2022 年 1 月 1 日，修订后的《科学技术进步法》正式开始施行，此次修订将国际科学技术合作单独成章，从立法层面进行强调和规范。

二、加强保护和促进利用的四方面思考[*]

在"创新、协调、绿色、开放、共享"五大发展理念中，"创新"居于首位。创新解决了发展动力问题，坚持创新发展要求把创新摆在国家发展全局的核心位置。创新当然不只包括科学技术创新，但是科学技术创新是创新的一个重要方面。科学技术创新来源于科研活动，而如何将科研活动产出的成果进行有效的保护和利用，是一个值得持续思考、动态观察的全球性、时代性议题。

(一) 创新科研活动组织模式

在我国努力建设创新型国家并把科技自立自强作为国家发展战略支撑的背景下，如何通过高效率地组织科研活动推动高水平的科研产出和高效率的成果利用成为当前政府部门和学术群体共同关注的话题。从促进科研成果利用视角出发，对我国探索科

---

[*] 此部分内容发表于 2021 年 4 月《中国科学院院刊》和 2022 年 9 月《中国科学院院刊》，本书进行了删改。

研活动组织的创新模式和开展高效率、面向市场的研发活动提出以下思考。

明确新型研发机构应当承担的历史使命和战略定位。目前，我国科研组织趋同化明显，应提倡科研机构错位发展，定位明确，更清晰地厘清国家实验室、国家重点实验室、重大科技基础设施、高校、科研院所、企业科研力量的关系，开展有效协作，推进科研力量的优化配置和资源共享，避免资源重复或浪费。在中央和地方大力推进新型研发机构建设的过程中，要更加清晰地认识到新型研发机构"新"在何处，明确新型研发机构与传统研发机构的本质区别，在此基础上采取针对性举措。

集中优势资源解决"卡脖子"技术问题，着重在关键领域加大研发支持力度，推进实现科技自立自强。近年来，我国科技水平虽取得了长足进步，有些领域已达到"并跑"和"领跑"水平，但是仍然在一些技术领域受制于人。可以增加多领域协同发展的"功能性"平台，加强高水平科研机构（包括高校所属科研机构）与高科技企业的需求对接，通过集成人力、物力、财力资源进行合作开发，在关键领域下大功夫，以取得突破性进展。

在具体领域试点探索面向市场的网状科研组织。高效的治理结构和运行模式是保障科研组织高水平科研成果产出和转化的重要因素，是科研机构体制机制创新的关键。选择人工智能、新材料、生物、新能源等重点领域，结合关键核心技术攻关任务部署区域科创中心建设，集中整合优势资源，建设规模适中的非法人地位的网络型科研机构，可能是我国科研组织模式创新的一条探索之路。在卫生技术领域，围绕新药研制、医疗仪器设备、医用材料等关键领域，采取政策引导措施建立协同科研攻关机制，加大金融机构对企业创新支持力度，在不同层级建立研发财政资金直达机制；鼓励临床医务人员参与医疗器械研发，按照健康需求导向推动产学研医协作，加强协同融通创新，支持企业发挥出题人作用并由科研机构答题，支持企业发挥牵头作用建立创新联合体，支持企业整合健康领域科研院所力量；着力破解获取国外健康数据资源难题，加强我国健康领域科学数据中心建设，加快推进国家生物信息中心建设，打牢创新基础。

（二）有效运用现代产权制度

加强知识产权保护是完善产权保护制度最重要的内容。知识产权工作事关高质量发展，而我国高校和科研院所等创新主体在知识产权管理方面的能力和体系建设还不能充分满足我国建设知识产权强国和实现高质量发展、现代化建设的目标要求。为发挥知识产权保护制度的作用，具体提出以下思考。

更好地发挥专利制度在保护和激励创新中的作用。专利申请策略是创新主体在申请专利的过程中为达到特定目的而采取的各类举措，是专利质量的重要影响因素。专利申请策略是由专利制度"塑造"和"约束"的，专利申请的过程与专利审查的过程在很大程度上是重合的。在实践层面，创新主体在申请专利的过程中应当有目的地采取相应策略，以更好地保护创新成果，实现创新利益的最大化，尤其结合市场因素进行决策，比如根据市场发展水平选择申请专利的时机。在政策层面，专利申请的策略性行为有可能会增加制度运行的压力，比如申请人撰写上百项甚至上千项权利要求，而其中很大一部分是不必要的。专利管理部门在审查、授权专利的同时，也需要对制度的运行进行常态化的监测、评估，不断优化流程和规则。另外，专利申请实践与专利制度紧密相关，而专利制度是变更最为频繁的法律制度之一，为适应科技和产业发展的需要，专利制度的适应性动态调整是必要的。

推动创新主体的知识产权工作由行政管理向专业服务转变。知识产权工作需要财力、时间和人力投入，对高层次知识产权人才的需求量很大。考虑到知识产权工作的复杂性和专业性，应有专门的管理机构和专职人员负责有关工作。调查显示，我国科研机构中建立知识产权专职管理机构的比例为29.1%，有35%尚未建立任何知识产权管理机构，有22.7%没有知识产权专职管理人员[①]。建设专门团队并确保有专门的人员负责适当的工作非常重要，创新主体要在单位范围内普及知识产权工作，加强对知识产权工作人员和科研人员的培训，特别是对知识产权工作人员进行针对性的定期培训。对于高校和科研院所等非市场型机构，应通过引进高层次专业人才或培养内部专业人才等方式，建设知识产权专业队伍。建立激励和约束机制，促进知识产权保护和利用工作的开展。

促进高校和科研院所知识产权管理与科研工作进一步融合。知识产权管理是促进科研成果转化和利用的手段，因此要将科研项目管理要求与知识产权管理要求有机结合起来，实现知识产权工作与科研工作的相互融合和促进。引导国家战略科技力量建立规范的现代化知识产权管理体系，实现知识产权全过程管理，提升知识产权质量和效益。可以借鉴《科研组织知识产权管理规范》，把知识产权工作落到国家战略科技力量的日常经营管理工作中。在立项、年度报告、中期检查、结题报告、答辩评估等方面强化知识产权管理要求。科研项目申报和立项时，应对知识产权管理涉及的主要因素进行评估，包括申报团队中知识产权专员的能力和经验、申报团队的知识产权基础等。在研究项目执行过程中，在考虑知识产权的基础上规划研发路径和保护研究成果。在项目验收过程中，加强知识产权的要求和管理，将知识产权管理工作中涉及的要点与成果转化相结合。加强组织内部各部门的联动，知识产权管理应与高校和科研院所的实际科研管理活动、目标需求和质量管理体系深度结合，建立有效的沟通协调机制。

---

①　数据来源于国家知识产权局战略规划司和国家知识产权局知识产权发展研究中心发布的《2022年中国专利调查报告》。

对于从事科研活动的创新型组织而言，知识产权工作要服务于组织的总体发展战略。总体发展战略决定了组织的发展方向和目标定位，是组织开展各项工作的基本指引。开展知识产权管理工作是途径和工具，而不是目标。知识产权的一切工作都必须服务于组织总体发展战略，以组织的整体效益和综合发展为最终目标，为组织战略提供支撑，尤其重要的是知识产权管理应与研发战略紧密结合。知识产权管理应结合组织的实际情况开展，因为不同的组织有不同的研究重点，在自身资源禀赋、发展定位和技术领域等方面存在差异，知识产权资源情况也不同，需要差异化的知识产权工作，应根据自身战略需求建立相应的知识产权管理体系，结合自身的发展阶段、战略目标、禀赋情况确定合适的知识产权管理模式。知识产权保护和利用要从全局出发，既要服从总的机构发展方向，又要有符合知识产权特性的专门战略制度作为引领。在科研机构内部建立技术转移办公室是促进知识产权利用的制度基础，应当以知识产权管理和技术转移的职能统一为目标，逐步实现知识产权管理从机制型向机构型转变。

（三）迈出成果利用"第一公里"

当前，概念验证中心的建设和概念验证活动的开展在我国呈现出一定的燎原之势，一些地方将其作为促进成果转化和区域高技术产业发展的一个突破口。由于政府发挥了重要作用，在开展概念验证活动的过程中要尤其注意以下问题：一是注重资金的使用效率，明确资金定位，同时防止对概念验证的资助可能造成的对于其他创新环节投入的挤占；二是明确资助项目的遴选标准和流程，既要避免过于宽泛的资助，也要避免为了凸显成就而资助本不需要进行概念验证的项目。结合我国实际，提出以下几方面思考。

在国家层面设立针对前期资助的前沿科研成果的概念验证资助项目。目前，我国国家层面的前沿资助主要有国家自然科学基金委员会的各类资助项目、科学技术部的重点研发计划项目、中国科学院的战略先导专项等。这些资助形成了大批科技成果，但是并非所有成果都实现了有效的利用，可以借鉴美国和欧盟的经验，在国家层面增设概念验证资助项目，对有市场潜力的前期研究给予概念验证补充资助。

概念验证中心在实践过程中要充分吸引社会资本、吸纳各类外部资源。概念验证活动的开展有赖于合作方的参与、特定知识和技能，以及对外部资源的统筹等。技术的商业化、产品化是一项高投入性活动，虽然概念验证活动的目的只是对技术转移的可行性和潜力进行验证和评估，但是概念验证活动的推广也伴随大量的资金投入，而政府的财政力量相对有限，因此概念验证中心要借助各方力量募集资金，重视社会资本的引入。同时，概念验证活动的开展离不开专业力量和商业资源的参与，要求概念验证中心必须建立强大的外部网络关系，充分整合各种资源。

将概念验证活动融入依托单位自身形成和参与的生态系统。以大学为例，Gulbranson 和 Audretsch[①]认为设立概念验证中心的大学必须能够产出创新和可市场化的技术，支持与外部网络和团体合作，并且设有技术转让办公室，愿意与概念验证中心合作促进商业化进程。从定位来看，尽管概念验证活动以科技成果市场化为最终目标，但实际上更贴近实验室和研发端。只有将概念验证嵌入原有的大学生态系统中，促进概念验证与技术转移办公室职能、大学创新支持体系的融合，才能实现潜力项目的获取、科研人员的参与、与技术转移的衔接。

鼓励不同创新主体联合设立概念验证联盟，尤其是区域性概念验证联盟。部分创新主体可能不完全具备设立概念验证中心的先天条件，比如缺乏必要的物理空间、与风险资本或企业家的关系相对薄弱、能够利用的资金相对有限、技术转移办公室专业能力欠缺等。在这样的情况下，不同的高校、科研机构、科技企业等可以联合组建概念验证联盟，共同贡献力量开展概念验证活动，而地理邻近的创新主体可以通过合力联合设立区域概念验证联盟。

（四）创新成果保护利用模式

综合运用多种举措、多种模式拓展科研成果利用途径。创造和拥有成果不是目的，通过科研成果的高效利用来创造和获取价值才是最终目的。国家战略科技力量要综合运用多种举措、多种模式推动科研成果利用。比如借鉴中国科学院的"院地合作"和STS计划，广泛开展对外合作，促进高质量的科研成果产出和高效率的运用；建立内部信息管理平台和专门的知识产权平台支撑相关工作的开展；综合运用转让、许可、作价入股等多种模式推动成果利用。

加强科技与金融结合实践中的各类知识产权制度建设。在国家层面设立推动知识产权运营与科技创新深度融合的工作专班，负责知识产权特别是专利与科技创新的对接、融合工作。支持科技创新主体加强内部知识产权制度体系建设：无论是高校、科研机构还是科技型企业，有条件的应当建立独立建制部门配合专业人员的知识产权工作制度，没有条件设立独立建制部门的应当设置专业知识产权管理岗位，独立部门和专业人员都难以实现的要以设置兼职知识产权管理人员为底线。建立健全专利、商标等知识产权价值评估管理体系，加快开发智能化知识产权评估工具，进一步发挥金融在科技评价中的作用。

结合技术特征为科技与金融结合提供高质量知识产权储备。强化企业在科技与金

---

① GULBRANSON C A, AUDRETSCH D B. Proof of Concept Centers: accelerating the commercialization of university innovation [J]. The journal of technology transfer, 2008, 33: 249-258.

融结合中的主体地位和在知识产权创造中的主体地位，聚焦医药制造、医疗器械、半导体等技术领域，补齐知识产权短板。针对特定核心技术领域，持续跟踪全球专利技术进展，组织力量进行专利文献分析，为创新主体的研发路径、专利撰写、专利布局提供指导。构建科学合理的专业技术领域知识产权保护体系，发挥知识产权保护制度激励创新的功能。充分发挥国家对迫切需要突破的科技研发组织的作用，加强政府力量和国家资本在创新链早期介入战略性技术，通过有效的公私合作带动民间资本参与研发。

创新基于知识产权的市场化科技与金融结合运作模式。审慎、积极、稳妥地创新科技投资两个环节的金融模式和知识产权支持政策。需要明确，相关策略是基于现有制度框架的举措创新，而非盲目的颠覆性举措。比如，NFT 相关市场行为要在现有制度约束下开展。建设全国统一的要素和资本市场，推进建立国家知识产权和科技成果产权交易机构。考虑设立国家知识产权运营母基金，采用"母基金+子基金"的投资模式，支持相关创新主体独立设立、联合设立或参与知识产权运营子基金，开展全球知识产权布局，培育、创造高价值专利。基于现有的金融市场和金融制度情况，不断健全有关知识产权质押融资、证券化、保险的体制机制。推动区块链等相关新兴技术在知识产权交易、存证方面应用。

将知识产权嵌入产业链、创新链等促进科技与金融结合的政策。在产业链中，上游行业的知识和技术密集度通常更高，附加值也较高；而下游行业有可能从事的是组装、销售等内容，附加值相对较低。高科技领域的资本更容易在上游聚集，因此应该成为知识产权的重点布局领域。创新链可以简化为研究开发、产出技术成果、实现具体产品等关键环节。其中，从研发到技术、从技术到产品两个环节风险较高，相应的资本回报率也较高；因此，应当将金融资本、民间投资等更多地引导向创新链的早期环节，不断强化科技活动中的知识产权导向。我国还应进一步促进企业基础研究，引导有条件的企业主动加大研发投入，开展技术研究、参与国家相应的科技计划项目。

三、科研成果保护和利用的六方面关系*

在大国竞争背景下，要做好科研成果保护和利用有关工作是一项艰巨而复杂的系统性工程，各方面的主体、要素、关系需要统筹协调。本书当然没有办法穷尽，这里有选择性地探讨与体制机制有关的六方面主要关系。

---

* 此部分内容发表于 2022 年 8 月《科技日报》，本书进行了删改。

（一）有为政府与有效市场

政府和市场主体都是科研投入的主要力量，科研成果的保护和运用总是离不开政府和市场的支撑。政府制定的法律和政策以及维持这些法律政策运行的机构和机制是保护科研成果的制度基础，而科研成果利用（这里讲的主要是"商用"）则依赖于市场。在促进科研成果保护和利用的过程中，应当充分发挥政府作用和企业主体地位，充分发挥市场在创新要素配置中的决定性作用，明晰政府行为和市场机制的边界，调动各方面的积极性与创造性。政府应当结合实际情况调整并完善体制机制，使之更好地服务于以企业为主体、产学研相结合的技术创新体系，为创新活动提供制度保障。

一是不断完善科研成果保护的法律体系和基本规则。结合数字经济中新模式、新业态和新技术的发展应用，明确以知识产权保护科研成果的审查授权标准、知识产权侵权认定标准等内容。二是以合适的方式、程度介入并规范企业、高校、科研机构等创新主体的科研活动。政府部门依法、依职权开展科研管理工作，细化并落实有关项目申请和评审、科研利益冲突、科研伦理等方面的规范，注重各方面的利益平衡，推动以企业为代表的市场主体进行高质量的科研成果创造和运用。三是培育有利于发挥科研成果创新驱动发展作用的市场模式，以运用带动保护。把科研成果与创业投资、金融等市场活动有机结合，激发市场主体的活力。

（二）激励创新和防止垄断

"保护创新还是保护垄断"是知识产权制度自其诞生之时就存在的问题，至今仍然尤为重要。知识产权具有一定的垄断性特征，更高水平的知识产权保护会伴随更高水平的垄断性。如果权利人的知识产权行为超过一定边界而形成市场垄断，将有可能不利于市场竞争和创新发展，影响经济运行效率。而近年来平台企业、标准必要专利等经济现象不断涌现，使得这一问题显得更加严峻，问题的解决更加困难。在完善科研成果保护体制机制过程中，要把平衡保护作为一个重要原则，关注权利人和社会之间的利益平衡，以达到激励科技创新和维护公平竞争的双重目的。

一是对利用科研成果实施知识产权垄断、知识产权滥用等行为进行合理规制，完善公平竞争制度，在企业兼并收购审查、专利侵权诉讼审理等环节加强对潜在知识产权垄断的主动审查。二是结合市场发展和产业演变的需求，不断明确权利正当行使行为和排除限制竞争滥用行为之间的界限。三是有针对性地优化与科技创新有关的公平有序的市场环境，引导企业合理运用科研成果，特别是对非正常专利申请、恶意知识产权诉讼等行为进行规制。

（三）数量追求与质量提升

当前我国多项科研成果数量指标已经处于全球领先地位，为加快推进高水平科技自立自强，应进一步调整科技创新政策导向从数量向质量的转变，优化科研领域的政策生态环境。

一是稳步推进取消各类专利财政性资助，系统评估与专利有关的各类奖励、优惠、晋升等有关政策的实施效果，强化质量导向。二是建立完善以市场为导向、基于市场指标的科研投入和组织模式，贯通科研创新的研发环节、保护环节和利用环节。三是在科研领域的"政府出题"和"自由探索"之间进行平衡，对于命题式科研，要重视效果评估、提高经费使用效率。

（四）研发产出与成果转化

科研成果难以高效转化运用，是制约我国创新发展和高水平科技自立自强的一个重要因素，尤其是教学科研机构职务科技成果、公共研发资助产出科技成果的转化。导致这一问题的原因，一方面是科研成果自身质量的限制，另一方面是相关制度和市场机制的约束，以及这两方面内容的交织和相互作用。在推动科研成果保护和运用的过程中，有必要进一步强化促进转化的导向，从体制机制层面创造能够充分促进成果运用的条件。

一是从科研成果创造的源头建立面向转化的畅通机制，借助创新联合体等机制促进产学研合作，加大市场主体和市场力量在科研成果创造环节的参与。二是通过政策工具支持引导有利于科研成果转化运用的市场机制，用好创业投资引导基金，完善科技成果价值评估机制。三是使科技创新政策法规与人才政策、财税政策、评价政策、奖励资助政策进行更好的结合与衔接。

（五）国内循环与国际循环

在加快构建以国内大循环为主体、国内国际双循环相互促进的新发展格局过程中，科研成果的保护和利用对于激励本土创新、吸引外部技术、促进贸易往来有积极作用。这个过程还伴随着国内不同区域之间、国内与国外之间在经济科技等方面发展水平的差异性，需要统筹考虑。健全科技创新体制机制必须服务于构建新发展格局的实际需要，既要符合国际规则、有利于国际经济交流，又要满足国内需求、有利于国内经济社会发展。

一是提升我国科技创新在全球市场和全球产业链的地位。促进技术要素的国际流动，加强知识产权的自主供给并减少对外依赖，支持企业开展海外研发和知识产权布局，并在海外进行有效维权。二是在符合国际通行规则的前提下实施差异化举措。结合国内不同产业和技术发展水平的相对地位，采取有针对性的科技创新政策，在逐步缩减外资准入负面清单的过程中，加强对拟开放领域的前瞻性本土科研投入和布局。三是深入推进国际科技合作，发挥地方在国际科技合作方面的积极性和主动性，不断探索新时期新形势下国际科技合作的新模式。

（六）当前举措与长远发展

体制机制不是一成不变的，在经济、社会和科技发展的不同阶段，科研成果保护和利用的内容、重点及举措都需要进行适应性调整。当前，我国已经实现总体小康向全面小康的转变，中国特色社会主义进入新时代，经济进入高质量发展阶段，社会主要矛盾发生变化。但是，我国仍然处在社会主义初级阶段，这是我国最基本的国情，在接下来很长的时期内还要继续为实现现代化奋斗。科技创新体制机制相关工作既要满足当前需要，也要针对长远需求进行前瞻布局。

一是在国家当前实施的重点战略领域发力，发挥体制机制在关键技术创新、战略性新兴产业发展、"碳达峰""碳中和"目标实现等领域的作用。二是结合未来技术、未来产业的布局，进行有针对性的科研力量布局。三是在全面深化改革、全面扩大开放的进程中，对科技创新体制机制进行相应调整。